China: Quo Vadis?

Helmut Wagner

China: Quo Vadis?

Wirtschaftspolitische Entwicklung Chinas

Helmut Wagner
FernUniversität in Hagen
Hagen, Deutschland

ISBN 978-3-658-46815-6   ISBN 978-3-658-46816-3   (eBook)
https://doi.org/10.1007/978-3-658-46816-3

Die Deutsche Nationalbibliothek verzeichnet diese Publikation in der Deutschen Nationalbibliografie; detaillierte bibliografische Daten sind im Internet über https://portal.dnb.de abrufbar.

© Der/die Herausgeber bzw. der/die Autor(en), exklusiv lizenziert an Springer Fachmedien Wiesbaden GmbH, ein Teil von Springer Nature 2025
Das Werk einschließlich aller seiner Teile ist urheberrechtlich geschützt. Jede Verwertung, die nicht ausdrücklich vom Urheberrechtsgesetz zugelassen ist, bedarf der vorherigen Zustimmung des Verlags. Das gilt insbesondere für Vervielfältigungen, Bearbeitungen, Übersetzungen, Mikroverfilmungen und die Einspeicherung und Verarbeitung in elektronischen Systemen.
Die Wiedergabe von allgemein beschreibenden Bezeichnungen, Marken, Unternehmensnamen etc. in diesem Werk bedeutet nicht, dass diese frei durch jede Person benutzt werden dürfen. Die Berechtigung zur Benutzung unterliegt, auch ohne gesonderten Hinweis hierzu, den Regeln des Markenrechts. Die Rechte des/der jeweiligen Zeicheninhaber*in sind zu beachten.
Der Verlag, die Autor*innen und die Herausgeber*innen gehen davon aus, dass die Angaben und Informationen in diesem Werk zum Zeitpunkt der Veröffentlichung vollständig und korrekt sind. Weder der Verlag noch die Autor*innen oder die Herausgeber*innen übernehmen, ausdrücklich oder implizit, Gewähr für den Inhalt des Werkes, etwaige Fehler oder Äußerungen. Der Verlag bleibt im Hinblick auf geografische Zuordnungen und Gebietsbezeichnungen in veröffentlichten Karten und Institutionsadressen neutral.

Springer ist ein Imprint der eingetragenen Gesellschaft Springer Fachmedien Wiesbaden GmbH und ist ein Teil von Springer Nature.
Die Anschrift der Gesellschaft ist: Abraham-Lincoln-Str. 46, 65189 Wiesbaden, Germany

Wenn Sie dieses Produkt entsorgen, geben Sie das Papier bitte zum Recycling.

Vorwort

Dieses Buch soll einen kompakten Überblick über die Entwicklung Chinas in den vergangenen knapp 50 Jahren geben. Es soll Chinas sagenhaften Erfolg sowie seine gegenwärtigen Entwicklungs- und Transformationsprobleme erklären. Und nicht zuletzt soll es Chinas weiteren Weg, seine alternativen Entwicklungsmöglichkeiten und ihre jeweiligen Auswirkungen auf die Weltwirtschaft und die multinationalen Unternehmen skizzieren. Dabei soll auch aufgedeckt werden, dass China bzw. die chinesischen Regierungen seit 1949 alle mit einem „Trilemma-Problem" zu kämpfen hatten: Sie wollten gleichzeitig die Ein-Parteien-Herrschaft der kommunistischen Partei Chinas bewahren, Ordnung und Stabilität aufrechterhalten UND sich wirtschaftlich weiterentwickeln, was anfangs hieß die grassierende Armut zu bekämpfen und später den Wohlstand zu vermehren und wirtschaftlich zu den reicheren Ländern des Westens aufzuschließen. Ich werde zeigen, dass und warum dies keiner der Regierungen auf Dauer bisher gelungen ist.

Nichtsdestotrotz ist China nach 1978 innerhalb kurzer Zeit von einem verarmten, geopolitisch relativ unbedeutenden Riesenreich zu einer wirtschaftlichen Weltmacht und zum geopolitischen Gegenspieler der USA geworden. Kein Land hat in den letzten 50 Jahren eine solche Machtfülle angehäuft – wirtschaftlich und zuletzt auch geopolitisch. Es bedroht inzwischen die Hegemonialherrschaft der USA, weswegen derzeit auch häufig von einem drohenden neuen „Kalten Krieg" und einem neuen Systemwettbewerb zwischen dem „Osten" und dem „Westen", genauer gesagt zwischen China und den USA, gesprochen wird. Eine (unter US-Präsident Donald Trump) eskalierende Auseinandersetzung zwischen diesen Mächten hätte gravierende Folgen für die Weltwirtschaft, insbesondere auch für Europa und für die in China investierten und mit China Handel treibenden westlichen/europäischen Unternehmen.

Ziel dieses Buches ist, einer breiten Leserschaft einen kompakten Überblick mit den wesentlichen Erklärungen zur Entwicklung Chinas zu liefern. Ein Schwerpunkt soll dabei auf die system- und wirtschaftspolitische Entwicklung Chinas in den letzten 50 Jahren sowie auf die neuen Herausforderungen der nächsten Jahre gelegt werden. China hat sich während dieser Zeit immer wieder gewandelt, gehäutet, weiterentwickelt. Vor allem in den letzten 12 Jahren hat eine gravierende Neuorientierung unter dem Präsidenten Xi Jinping stattgefunden, die zeitlich einherging mit einer Verlangsamung des Wachstumsprozesses und einer geopolitischen Neuorientierung Chinas, die auf Wettbewerb und teilweise auch Konflikt mit dem „Westen" beruht. Was das für uns im Westen konkret bedeutet, für unsere Wirtschaft als auch für die in China engagierten westlichen Unternehmen, wenn sich China in bestimmte Richtungen entwickelt, soll in diesem Buch aufgezeigt werden.

Was nicht geplant ist, sind ausschweifende tiefgreifende Detailanalysen zu einzelnen Entwicklungsaspekten Chinas. Hierzu gibt es genug Literatur, auf die man eine interessierte Leserschaft hinweisen kann, was ich im abschließenden Kapitel dieses Buches auch gemacht habe. In diesem abschließenden bibliographischen Kapitel werden zentrale Konzepte der einzelnen Kapitel nochmals thematisiert, vertieft, und jeweils mit Literaturhinweisen versehen. Was meines Erachtens bislang eher rar gesät ist, sind Angebote für eine breite Leserschaft, die sich einfach mal einen leserfreundlich und sachkundig geschriebenen Überblick über die bisherigen Ereignisse und die weiteren Entwicklungsperspektiven in China verschaffen will. Diesem Bedürfnis will ich mit diesem Buch nachkommen.

Im 1. Kapitel beschreibe ich zunächst Chinas grandiosen wirtschaftlichen Aufschwung von 1979 bis Anfang der 2010er-Jahre in seinen einzelnen Etappen. Das 2. Kapitel beschäftigt sich dann mit den nun seit zehn, fünfzehn Jahren andauernden Problemen Chinas und ihren Gründen. Konkret geht es um die Wachstumsverlangsamung seit 2011 im Zusammenhang mit dem schwierigen Übergangsprozess hin zu einer von Präsident Xi Jinping eingeleiteten neuen Wachstumsstrategie. Hinzu kommen die sich in den letzten Jahren verschärften geopolitischen Auseinandersetzungen mit „dem Westen", die in dem Kapitel näher analysiert werden. Im 3. Kapitel werden die strategiepolitischen Hintergründe dieser Probleme erörtert, nämlich die strategie- und wirtschaftspolitischen Entscheidungen der 2012 installierten neuen Regierung unter Xi Jinping und ihre Auswirkungen. Im 4. Kapitel arbeite ich dann die Herausforderungen Chinas für die nächsten Jahre und Jahrzehnte heraus. Diese gegenwärtigen Probleme und zukünftig anstehenden Herausforderungen Chinas nähren die Befürchtung, dass China längerfristig in eine sogenannte „Mittlere-Einkommensfalle" fällt und dort verharrt, was zu Erwartungsenttäuschungen und politischem Legitimationsentzug führen könnte. Wie die Regierung unter Xi Jinping dem entgegenwirken will, wird schließlich in Kap. 5 beschrieben. Hier stelle ich drei alternative Szenarien vor, (1) eine Aufgabe des Ziels, mit dem Westen wirtschaftlich-wohlstandsmäßig gleichziehen zu wollen, (2) der Übergang zu einer Demokratie, was eine Aufgabe des bisherigen Ziels der Einparteienherrschaft der Kommunistischen Partei Chinas bedeuten würde, und (3) einem Weiter-So unter Ausnutzung der neuen technologischen Möglichkeiten der Überwachung und Propaganda durch die Künstliche Intelligenz und andere neue Instrumente. In diesem Kapitel werden dann auch die jeweiligen Auswirkungen der einzelnen Szenarien für die Weltwirtschaft wie auch für die multinationalen Unternehmen des Westens untersucht. Das 6. Kapitel erläutert nochmals die zentralen Herausforderungen der nächsten Jahre für Xi Jinping, auch vor dem Hintergrund der erneuten Wahl von Donald Trump zum US-Präsidenten, und gibt dann für eilige Leserinnen und Leser eine Kurzzusammenfassung der einzelnen Kapitel. Das abschließende 7. Kapitel enthält einen bibliographischen Anhang für jedes Kapitel mit näheren Erläuterungen einzelner Konzepte und Literaturhinweisen für interessierte Leserinnen und Leser.

Bedanken möchte ich mich bei Frau Vera Treitschke und Frau Merle Schäfer vom Springer Gabler Verlag für ihre Unterstützung bei der Planung und Umsetzung des Buches sowie bei meiner Ehefrau Mechthild für Korrekturlesen und Verbesserungsvorschläge. Last not least bedanke ich mich bei allen Leserinnen und Lesern für ihr Interesse an dem Buch und wünsche ihnen den erhofften Erkenntnisgewinn bei der Lektüre.

Hagen, Deutschland Helmut Wagner
November 2024

Inhaltsverzeichnis

1	**Der Weg Chinas zur wirtschaftlichen Weltmacht**	1
1.1	Chinas „vormodernes" Zeitalter	2
	1.1.1 Chinas Blüte im Mittelalter	2
	1.1.2 Chinas Abstieg	3
	1.1.3 Die Volksrepublik China unter Mao Zedong	5
1.2	Die Wirtschaftsreformen in der Deng Xiaoping-Ära	8
	1.2.1 Charakteristika des Deng'schen Reformansatzes	12
	1.2.2 Landwirtschaftliche Reformen (1978–1984)	14
	1.2.3 Industrielle Reformen (1985–1992)	16
	1.2.4 Stärkere Liberalisierung und institutionelle Neuordnung (1992/3 bis 2003)	19
	1.2.5 Reformverlangsamung und Rückkehr der Industriepolitik (2003–2012)	27
1.3	China als Spätentwickler im ostasiatischen Wirtschaftswunder	35
	1.3.1 Japan	36
	1.3.2 Südkorea	37
	1.3.3 Taiwan, Singapur und Hong Kong	37
	1.3.4 China	38
	1.3.5 Gibt es so etwas wie ein ostasiatisches Modell?	39
	1.3.6 Resümee	44

X   Inhaltsverzeichnis

2 Wachstumsverlangsamung und aufkommende geopolitische Spannungen mit dem Westen — 45
- 2.1 Gründe für den Rückgang des Wirtschaftswachstums — 45
  - 2.1.1 Natürliche Gesetzmäßigkeiten — 47
  - 2.1.2 Unglückliche äußere Umstände (exogene Schocks) — 54
  - 2.1.3 Halbexogene Schocks — 56
  - 2.1.4 Eigene Politikentscheidungen/„-fehler" — 60
- 2.2 Geopolitische Spannungen: Neuer Systemwettbewerb — 67
  - 2.2.1 Warum kam es zu den geopolitischen Spannungen während der letzten zehn Jahre? — 68
  - 2.2.2 The New Normal: Systemwettbewerb — 73

3 Der Reformkurs Xi Jinpings — 79
- 3.1 Die Herausforderungen Xi Jinpings zu Beginn seiner Herrschaft — 81
  - 3.1.1 Deng-Strategie nicht mehr zeitgemäß — 81
  - 3.1.2 Nichtintendierte Nebeneffekte der Deng-Strategie: Zunehmende Ungleichgewichte — 83
  - 3.1.3 War die Deng-Strategie wirklich nicht mehr tragfähig? — 86
  - 3.1.4 Folgen und Lehren aus der Globalen Finanzkrise — 87
- 3.2 Die Antwort Xis auf die zunehmenden Ungleichgewichte — 90
  - 3.2.1 Gründe für eine neue Wachstumsstrategie — 90
  - 3.2.2 Hauptelemente der Xi-Strategie — 92
  - 3.2.3 Wird die Xi-Strategie nachhaltig sein und unter welchen Bedingungen? — 97
- 3.3 Einzelne Strategiemaßnahmen — 102
  - 3.3.1 Belt-and-Road-Initiative (BRI) — 102
  - 3.3.2 BRICS-Zusammenschluss — 106
  - 3.3.3 Dualer Kreislauf — 108
  - 3.3.4 Nationale Erneuerung — 112
  - 3.3.5 Staatlich gelenkte Industriepolitik — 115

Inhaltsverzeichnis XI

3.4	Erfolge und Misserfolge in der Xi-Ära	121
	3.4.1 Erfolge	122
	3.4.2 Misserfolge	125
3.5	Resümee	129

4 Chinas wirtschaftspolitische Herausforderungen der nächsten Jahr(zehnt)e 133
- 4.1 Die aktuell drängendsten Probleme 135
  - 4.1.1 Bewältigung der Immobilienkrise 135
  - 4.1.2 Abbau der Überkapazitäten 138
  - 4.1.3 Reduzierung der Arbeitslosigkeit 141
  - 4.1.4 Vermeidung einer Finanzkrise 143
- 4.2 Länger anhaltende strukturelle Herausforderungen 146
  - 4.2.1 Demographischer Wandel: Alterung der Bevölkerung 146
  - 4.2.2 Digitale Transformation 151
  - 4.2.3 Klimawandel: Umweltprobleme, Dekarbonisierung, ökologische Transformation 153
  - 4.2.4 Sektoraler Strukturwandel und Wohlfahrtssystem 156
  - 4.2.5 Kultureller Wandel 158
  - 4.2.6 Verhinderung des Abrutschens in eine anhaltende MIT 161

5 Wohin steuert China? Alternative Szenarien und Implikationen 165
- 5.1 Alternative Szenarien 167
  - 5.1.1 Szenario 1: Sich zufriedengeben mit dem MI-Status 168
  - 5.1.2 Szenario 2: Demokratisierung – liberale Demokratie 171
  - 5.1.3 Szenario 3: Status quo mit Nationalismus und neuen KI-unterstützten Überwachungstechniken 177

5.2 Auswirkungen auf Chinas Beziehungen zu anderen Ländern ... 183
5.3 Positionierung Europas/Deutschlands und multinationaler Unternehmen ... 189
5.4 Spezielle Herausforderungen für Deutschland bei einem Derisking oder Decoupling ... 198

6 Herausforderungen und Reformentwicklung Chinas im Überblick ... 207
6.1 Die zentralen Herausforderungen der derzeitigen Chinapolitik Xi Jinpings ... 207
    6.1.1 Trilemma-Lösung ... 208
    6.1.2 MIT-Vermeidung ... 210
    6.1.3 Navigieren im neuen Systemwettbewerb ... 212
6.2 Chinas Reformentwicklung im Überblick ... 218

7 Zur Vertiefung: Erläuterungen und Literaturhinweise ... 227
7.1 Zu Kap. 1: Der Weg Chinas zur wirtschaftlichen Weltmacht ... 227
    7.1.1 Abschnitt „*1.1 Chinas ‚vormodernes' Zeitalter*" ... 228
    7.1.2 Abschnitt „*1.2 Die Wirtschaftsreformen in der Deng Xiaoping-Ära*" ... 229
    7.1.3 Abschnitt „*1.3 China als Spätentwickler im ostasiatischen Wirtschaftswunder*" ... 231
7.2 Zu Kap. 2: Wachstumsverlangsamung und aufkommende geopolitische Spannungen mit dem Westen ... 233
    7.2.1 Abschnitt „*2.1 Gründe für den Rückgang des Wirtschaftswachstums*" ... 233
    7.2.2 Abschnitt „*2.2 Geopolitische Spannungen: Neuer Systemwettbewerb*" ... 235
7.3 Zu Kap. 3: Der Reformkurs Xi Jinpings ... 237
    7.3.1 Abschnitt „*3.1 Die Herausforderungen Xi Jinpings zu Beginn seiner Herrschaft*" ... 238

	7.3.2	Abschnitt „3.2 Die Antwort Xis auf die zunehmenden Ungleichgewichte"	241
	7.3.3	Abschnitt „3.3 Einzelne Strategiemaßnahmen"	244
	7.3.4	Abschnitt „3.4 Erfolge und Misserfolge in der Xi-Ära"	248
7.4		Zu Kap. 4: Chinas wirtschaftspolitische Herausforderungen der nächsten Jahr(zehn)e	250
	7.4.1	Abschnitt „4.1 Die aktuell drängendsten Probleme"	250
	7.4.2	Abschnitt „4.2 Länger anhaltende strukturelle Herausforderungen"	254
7.5		Zu Kap. 5: Wohin steuert China? Alternative Szenarien und Implikationen	256
	7.5.1	Abschnitt „5.1 Alternative Szenarien"	257
	7.5.2	Abschnitt „5.2 Auswirkungen auf Chinas Beziehungen zu anderen Ländern"	259
	7.5.3	Abschnitt „5.3 Positionierung Europas/ Deutschlands und multinationaler Unternehmen"	261
	7.5.4	Abschnitt „5.4 Spezielle Herausforderungen für Deutschland bei einem Derisking oder Decoupling"	264
7.6		Zu Kap. 6: Herausforderungen und Reformentwicklung Chinas im Überblick	268
	7.6.1	Abschnitt „6.1.1 Trilemma-Lösung"	268
	7.6.2	Zu „6.1.2 MIT-Vermeidung"	270
	7.6.3	Zu „6.1.3 Navigieren im neuen Systemwettbewerb"	271

Literatur 273

Über den Autor

© Hardy Welsch (Fotograf)

Professor Dr. Helmut Wagner beschäftigt sich vor allem seit den letzten zehn bis 15 Jahren intensiv mit der wirtschaftspolitischen Entwicklung Chinas. Ausgehend von seiner Position als Universitätsprofessor für Makroökonomie und langjähriger Berater des Internationalen Währungsfonds mit Schwerpunkt Globalisierung, Entwicklungs- und Transformationsökonomie hat er vor rund zehn Jahren ein international vernetztes Forschungszentrum unter dem Namen „Center for East Asia Macroeconomic Studies" (CEAMeS) gegründet, das an der FernUniversität in Hagen angedockt ist. Seitdem hat er auch eine Vielzahl von Fachartikeln in renommierten internationalen Fachzeitschriften zu China veröffentlicht und mit einer Co-Autorin ein Buch zum wirtschaftlichen Aufstieg Ostasiens mit Vergleich Japan, Südkorea und China geschrieben. Auch kann er auf zahlreiche Gastvorträge und Gastaufenthalte während dieser Zeit zurückblicken, in den letzten zehn Jahren unter anderem an der Harvard Universität in Cambridge/Mass., der Xiamen-Universität in China, an der Bank für Internationalen Zahlungsausgleich in Hong Kong, und der Asienabteilung des Internationalen Währungsfonds in Washington.

1

Der Weg Chinas zur wirtschaftlichen Weltmacht

China hat seit 1980 einen sagenhaften Aufschwung erlebt.[1] In den letzten Jahren jedoch hat sich dieser Aufschwungsprozess stark verlangsamt und es sind zahlreiche Probleme und Herausforderungen auf das Land zugekommen, die nicht zuletzt auch mit einem wirtschaftspolitischen Strategiewandel unter dem gegenwärtigen Präsidenten Xi Jinping zu tun haben. Während der Westen – die Industrieländer – lange Zeit stark von dem chinesischen Aufschwung profitiert haben, führen die gegenwärtigen und zukünftig zu erwartenden Probleme in China auch zu großen Herausforderungen für sie, d. h. für die Wirtschaft und die multinationalen Unternehmen der westlichen Industrieländer. Dies werde ich in diesem Buch in den späteren Kapiteln näher behandeln. Bevor ich dazu komme, werde ich in diesem ersten Kapitel zunächst die Aufschwungsentwicklung im Zeitraum von 1978 bis 2012 mit den zugrundeliegenden Reformprozessen und Politikentscheidungen beschreiben. In den folgenden Kapiteln werde ich dann die angesprochene Verlangsamung des Aufschwungsprozesses analysieren und auf die Strategieantwort Xi Jinpings sowie die neuen Probleme und Herausforderungen Chinas zu sprechen kommen.

[1] Quellenangaben, Begriffserläuterungen und sonstige Ergänzungen zu Kap. 1 sind in Kap. 7 zu finden.

Zuallererst möchte ich jedoch noch einen Hinweis auf die Bedeutung der geschichtlichen Erfahrungen Chinas geben. Welche Pfade/Entwicklungen Gesellschaften oder Länder einschlagen, hängt nicht zuletzt mit ihren Erfahrungen bzw. Erinnerungen an ihre eigene Geschichte zusammen, sprich mit der Weitererzählung von Narrativen über Generationen hinweg. Die Entwicklungen und eingeschlagenen Wege in einem Land sind nicht zufällig, sondern das, was man als „pfadabhängig" bezeichnet. Das heißt, Gesellschaften lernen aus ihrer eigenen Geschichte und vor allem durch besondere Krisenerfahrungen. Diese prägen sich in das kollektive Gedächtnis ein und können noch Jahrhunderte später nachwirken, wie die gesellschaftshistorische Forschung gezeigt hat. Für Deutschland kann man zum Beispiel die Erinnerungen an die Große Inflation in den 1920er-Jahren, an die Gräuel des Dritten Reiches, insbesondere des Holocausts, und an das Wirtschaftswunder nach dem Zweiten Weltkrieg nennen. Alles Ereignisse, die sich in das deutsche kollektive Gedächtnis eingebrannt haben und in Erzählungen über Generationen weitergegeben werden und politische Entscheidungen noch für längere Zeit wesentlich mit beeinflussen werden. Deshalb werde ich im folgenden ersten Unterkapitel einen kurzen Rückblick auf die chinesische Geschichte und auf wesentliche geschichtliche Entwicklungen und Ereignisse im China der Neuzeit geben. Diese geschichtlichen Ereignisse spielen nämlich später in der Erläuterung von politischen Entscheidungsprozessen wie des Strategiewechsels der chinesischen Führung in den Kap. 2 und 3 eine wichtige Rolle.

1.1 Chinas „vormodernes" Zeitalter

1.1.1 Chinas Blüte im Mittelalter

China ist über das gesamte Mittelalter hinweg ein relativ stabiles Reich gewesen, und ein Riesenreich – lange Zeit, wirtschaftlich und nach Bevölkerungszahl, das größte der Welt. Einige der Herrscherdynastien haben über Jahrhunderte gehalten und während dieser Zeit relativ stabile Strukturen installiert. Sowohl die Tang-Dynastie (618–907), die Song-Dynastie (960 bis 1279), die Ming-Dynastie (1368 bis 1644) und die

Qing-Dynastie (1644–1911) hielten alle rund 300 Jahre. Schon und vor allem in der **Song-Dynastie** entwickelten sich Kultur, technologisches Wissen und Wirtschaft in China enorm. In dieser Zeit wurden in China unter anderem der Buchdruck, das Papiergeld, die mechanische Uhr und das Spinnrad erfunden, lange vor der jeweiligen „Entdeckung" in Europa. Das Handwerk erlebte einen enormen Aufschwung, die Landwirtschaft war extrem produktiv, und Kultur, Technologie und Wissenschaft erfuhren eine Blüte. In der frühen **Ming-Dynastie** Anfang des 15. Jahrhunderts ließ der Herrscher Yongle die größte Flotte der damaligen Welt bauen, größer als die aller Staaten Europas zusammen, mit den größten Schiffen und modernster Technik – wie der Ausstattung der Schiffe mit magnetischen Kompassen. Der legendäre Kommandeur Zheng He konnte damals zwischen 1405 und 1425 in sechs (Forschungs-)Seereisen bis zur arabischen Halbinsel vorstoßen. Während dieser Zeit erlangte China die Kontrolle über die Straße von Malakka, die damals schon wichtigste Handelsroute und beherrschte damit das Südchinesische Meer. Auch die Armee des damaligen Ming-Kaisers war unvergleichlich groß und zählte rund eine Million Soldaten, alle mit Flinten ausgestattet.

Über das gesamte erste Jahrhundert der **Qing-Dynastie** entwickelte sich China noch glanzvoll. Es erreichte damals seine bislang größte Ausdehnung; Kultur und Wirtschaft blühten, Handel und Industrie waren hochentwickelt.

1.1.2 Chinas Abstieg

Doch schon während der späteren Ming-Dynastie begann ab dem 16. Jahrhundert ein gewisser Rückzug Chinas, verbunden mit einer zunehmenden Abneigung der Regierungsbürokratie nicht nur gegenüber Armee und Marine, sondern auch mit einem Misstrauen gegenüber Händlern. Die Investition in die Infrastruktur wurde zurückgefahren, Kanäle, Armee und ihre Ausrüstung wurden nicht gewartet bzw. nicht ausreichend finanziert. Die Druckkunst wurde nicht für die Verbreitung von praktischem Wissen genutzt. Der Gebrauch von Papiergeld wurde eingestellt. Dies und Verbote des Überseehandels und der Fischerei machten aus China ein weniger unternehmerisches Land als noch unter der Song-Dynastie und der anfänglichen Ming-Dynastie.

China begann in dieser Zeit seinen tausend Jahre langen Vorsprung gegenüber dem Westen zu verspielen. Wirtschaftlich wurde es allmählich von Ländern wie Großbritannien überholt. Spätestens im 18. Jahrhundert begann sich die selbstgewählte Abschottung Chinas in der **Qing-Dynastie** – mit einem Rückzug vom Welthandel und der vorigen Offenheit, fußend unter anderem auf einem kulturellen Überlegenheitsgefühl – stärker negativ auszuwirken. Diese Abschottung und das kulturelle Überlegenheitsgefühl gingen einher mit einem stärker zentralisierten und nach innen gerichteten politischen System sowie mit einem Erstarken des Neo-Konfuzianismus mit seinem Misstrauen und seiner geringen Wertschätzung von Kaufleuten und der wirtschaftlichen Umsetzung von technologischen Errungenschaften. Dies geschah, während im Westen/Europa die Aufklärung, die Industrialisierung und der internationale Handel ihren Durchbruch fanden und es dort deshalb zu einem starken wirtschaftlichen Aufschwung kam, in dessen Folge China immer mehr wirtschaftlich abgehängt wurde. Selbst die USA hatten 1800 China wirtschaftlich, gemessen am Bruttoinlandsprodukt pro Kopf, schon überholt. Auch die Militärtechnologie Chinas entwickelte sich seit längerem nicht weiter fort. Die Bewaffnung der chinesischen Armee war zu dieser Zeit zunehmend veraltet, und die einst so stolze Seemacht China hatte keine verteidigungsfähige Flotte mehr. So war es in Zeiten des florierenden Kolonialismus für die europäischen Staaten leicht, China im 19. Jahrhundert in kriegerischen Auseinandersetzungen zu unterwerfen und zu demütigen.

Mitte des 19. Jahrhunderts begann das, was sich in das chinesische Gedächtnis als das „Jahrhundert der Schande, Demütigung und Unterdrückung durch den Westen" eingebrannt hat. Verschiedene Kriege führten in dieser Zeit schließlich zum Zusammenbruch der Qing-Dynastie. Fremde Mächte gewannen immer mehr Einfluss auf Chinas Politik und Wirtschaft. So schwächte der sogenannte „zweite Opiumkrieg" (1856 bis 1860) zwischen China auf der einen Seite und Großbritannien und Frankreich auf der anderen die Qing-Dynastie erheblich. Ausgangspunkt für diesen Krieg war, dass schon in den ersten Jahrzehnten des 19. Jahrhunderts britische Händler begannen, illegal indisches Opium nach China zu verkaufen, und China nach einer Ausbreitung der Opiumsucht in China diesen Import verbot, woraufhin die britische Regierung Kriegsschiffe nach China sandte. China wurde, nachdem es in diesem Krieg besiegt worden war, gezwungen, noch mehr Häfen für den internationalen Handel zu öffnen, den Import von Opium zu erlauben – was das Land weiter schwächte –, und das Christentum zu legalisieren.

Weitere militärische Konflikte folgten. So wurde China im ersten Sino-Japanischen Krieg (1894–1895) erneut geschlagen und Taiwan wurde zu einer japanischen Kolonie, während Korea, bis dahin ein Tributstaat Chinas, für unabhängig erklärt wurde. Diese und weitere militärische Niederlagen und Demütigungen durch ausländische Nationen führten in China zu einer anhaltenden „Anti-Ausländer-Stimmung". Diese führte unter anderem 1899 zu der antiwestlichen, antichristlichen „Boxer-Rebellion", während der viele Ausländer und chinesische Christen getötet wurden. 1901 schließlich kamen westliche und japanische Truppen und schlugen die Rebellion nieder. Anschließend kam es dann zu Reformen, die das Land mit der Zeit modernisierten, eine konstitutionelle Monarchie mit nationalen und subnationalen Parlamenten errichteten und unter anderem die Streitkräfte moderner aufstellten. Schließlich wurde aber die Qing-Dynastie selbst zum Opfer von politischen Instabilitäten und Reformbemühungen und brach 1911 zusammen. China drohte in einzelne sich bekriegende Regionen zu zerfallen. Im Jahre 1927 gelang es, die von der Kuomintang geleitete Regierung von Nanjing zu gründen und China wieder zu vereinigen. Die folgenden zwei Jahrzehnte waren allerdings von **Bürgerkriegs-Auseinandersetzungen** zwischen der Kuomintang – der Nationalen Volkpartei Chinas – unter Chiang Kai-shek und der 1921 gegründeten Kommunistischen Partei Chinas – der KPCh – unter der Führung von Mao Zedong geprägt. Hieraus ging schließlich die Kommunistische Partei 1949 als Sieger hervor. Die Kuomintang unter Chiang Kai-shek setzte sich daraufhin nach Taiwan ab.

1.1.3 Die Volksrepublik China unter Mao Zedong

Im gleichen Jahr noch wurde die **Volksrepublik China** gegründet. Das Land war durch ein Jahrhundert mit fremder Invasion und Bürgerkrieg verwüstet, war eines der ärmsten Länder der Welt, das unter Hungersnöten litt und nur eine Lebenserwartung von 43 Jahren vorweisen konnte. Schon seit Jahrzehnten gab es keine funktionierende Zentralgewalt mehr. In den Provinzen hatten Kriegsherren, Großgrundbesitzer oder auch Banditen mit einer eigenen „Armee" aus hungernden Arbeitslosen die Herrschaft übernommen. Mit als erstes schaffte die neue Regierung das System der Grundherren-Pacht ab. Ansonsten wurde die Freiheit der Menschen in den Jahren 1949–1951 nicht wesentlich eingeschränkt. Dies änderte sich 1952. Die KPCh installierte ein sozialistisches Planungssystem, das vom sowjetischen Vorbild inspiriert war. Allerdings war Chinas Planungssystem weniger umfassend und weniger zentralisiert als das der Sowjetunion. Wesentliche Neuerungen, die eingeführt wurden, waren die Neuorganisation des Bildungssystems, die Verstaatlichung aller Unternehmen und die damit verbundene Abschaffung von privaten Märkten. Zudem wurde der grenzüberschreitende Handel eingeschränkt.

Eine Art industrieller Reform wollte Mao Zedong 1958 durch den sogenannten **Großen Sprung nach vorn** starten. China sollte auf diese Weise schnell von einer agrarischen in eine moderne, industrialisierte Gesellschaft verwandelt werden, die mit den westlichen Mächten konkurrieren konnte. Dabei sollten Chinas landwirtschaftliche und industrielle Sektoren gleichzeitig entwickelt werden. Priorisiert wurde die Erhöhung der Getreide- und Stahlproduktion. Eine weitere wesentliche Neuerung, die schon Mitte der 1950er-Jahre begann, war die Kollektivierung der Landwirtschaft, welche die Bauern in kollektive Einheiten organisierte. Die chinesische Regierung glaubte, durch die Umstrukturierung in Kommunen das Nahrungsproblem dauerhaft lösen zu können. Hierfür verlagerte sie viele ländliche Arbeiter vom Agrar- in den Industriebereich. Um die Industrialisierung zu unterstützen, wurden mehr als 16 Mio. Bauern 1958 in die Städte verlegt. 100 Mio. Bauern wurden, um die Industrialisierung aufs Land zu bringen, damit beauftragt, „Hinterhof-Eisenschmelzen" zu errichten, und Bewässerungs- und Bodenverbesserungsprojekte durchzuführen. Dies hatte alles **unbeabsichtigte negative Folgen**: So gingen zwischen 1957 und 1958 die landwirtschaftlichen Arbeitskräfte von 193 auf 155 Mio. zurück. Lokale Beamte fälschten häufig die Erntestatistiken. Massive Getreideverlagerung führte zu einem erheblichen Rückgang der Getreideversorgung pro Kopf in ländlichen Gebieten. Zwischen 1957 und 1959 sank die Versorgung von 273 kg auf nur mehr 193 kg. Die geschätzte Kalorienzufuhr sank zwischen 1957 und 1960 von 2100 auf nur 1500 kcal, was sich negativ auf die Arbeitsproduktivität auswirkte. Gravierend war auch, dass die Umstrukturierung in Kommunen die Anreize für die Bauern, effizient zu arbeiten, verringerte. Die Situation wurde noch verschärft durch verschwenderischen Lebensmittelverbrauch in den Kommunen-Mensen, schlechtes Wetter, sowie durch unangemessene Politiken – wie Aufzucht von Getreide in ungeeigneten Gebieten, und massenhafter Abschuss von Vögeln. Millionen von Menschen – die Schätzungen gehen von 14 bis 55 Mio. aus – starben während des „Großen Sprungs nach vorn" in China an Hunger. Dies war vermutlich die tödlichste Hungersnot der Geschichte.

Alles in allem war der „Große Sprung nach vorn" ein kompletter Fehlschlag und wurde 1961 schließlich gestoppt. Dies führte dazu, dass Mao Zedong an politischer Macht verlor. Um seine Macht wiederherzustellen, zettelte Mao die **Kulturrevolution** an, die **1966** begann. Die Kulturrevolution zielte darauf, kapitalistische, bürgerliche und traditionelle Einflüsse in der Gesellschaft zu entfernen, da diese als hinderlich für die sozialistische Revolution, bzw. die Durchsetzung des chinesischen Kommunismus, angesehen wurden. Schüler, die in Gruppen namens „Rote Garden" organisiert wurden, griffen Intellektuelle an, sowie Personen, die den Elitegruppen zugeordnet wurden. Viele von diesen wurden zur Landarbeit aufs Land verschickt. Es wurden historische Stätten und Artefakte zerstört, um die „Four Olds" (alte Ideen, alte Bräuche, alte Kultur und alte Gewohnheiten) zu beseitigen. Die Kulturrevolution dauerte ein Jahrzehnt lang und bewirkte, dass sich die wirtschaftliche Situation in China nur noch weiter verschärfte.

Es wird geschätzt, dass Output und Konsum pro Arbeitskraft 1992 ohne den „Großen Sprung nach vorn" doppelt so hoch, und ohne die „Kulturrevolution" 1,2-mal so hoch gewesen wären. Als Mao 1976 starb, beendete sein Nachfolger Hua Guofeng die Kulturrevolution und nahm die sogenannte „Viererbande" fest (darunter Maos Frau Jiang Qing), die eine wichtige Rolle bei der Durchführung der Kulturrevolution gespielt hatte. Während Hua Guofengs politische Ausrichtung weiterhin stark auf dem Maoismus basierte, gewann der legendäre Reformer Deng Xiaoping – ein enger Gefährte Maos bis zu dessen Tod – nach dem Tod Maos zunehmend an politischen Einfluss und übernahm schließlich 1978 die Macht von Hua Guofeng. Damit war ein wichtiger Wendepunkt in

Bezug auf die Reformorientierung und die wirtschaftliche Entwicklung Chinas eingeleitet, was ich in den folgenden Abschnitten noch näher beschreiben werde.

1.2 Die Wirtschaftsreformen in der Deng Xiaoping-Ära

Ende 1978, bei der Machtübernahme durch Deng Xiaoping, war China immer noch eines der ärmsten Länder der Welt. Es hatte mehr als ein Jahrhundert Unterdrückung und Demütigung erfahren, zuerst durch ausländische Nationen, später systemintern unter Maos Herrschaft und besonders seiner Erziehungsdiktatur während der Kulturrevolution. Es war Bürgerkriegen und bürgerkriegsähnlichen politischen Kämpfen ausgesetzt. Und es erlebte zunehmende Verarmung, zuletzt unter Maos Herrschaft eine Hungersnot im Zusammenhang mit dem sogenannten „Großen Sprung nach vorn". Und es litt unter geraubten Hoffnungen, unter dem Zusammenbruch von Recht und Ordnung und dem Zusammenbruch institutioneller Stabilitätsanker.

Vor diesem Hintergrund der **geschichtlichen Erfahrungen** seit Beginn des 19. Jahrhunderts war China – die chinesische Bevölkerung – **bereit für Reformen**, strebte nach Ordnung und Stabilität, vor allem aber nach etwas Wohlstand, was erstmal einen Abbau der grassierenden Armut voraussetzte. China bzw. die chinesische Politikführung war – unter Deng Xiaoping – bereit, hierfür auch ganz neue Reformschritte zu wagen, solange diese nicht den Systempfeiler eines sozialistischen Gesellschaftsmodells, getragen von der Einparteienherrschaft der kommunistischen Partei, beschädigte (**Ziel 1**). Der Großteil der kommunistischen Parteiführung Chinas war damals immer noch stramm maoistisch geprägt. Ein Abrücken von dem politischen System der kommunistischen Herrschaft kam für sie nicht in Frage. Solange dieses Ziel 1 – Bewahrung des Kommunismus, sprich der Macht der kommunistischen Partei – nicht tangiert würde, war China und dessen politische Führung unter Deng Xiaoping offen für Reformen, soweit sie auf wirtschaftliche Entwicklung zielten und nicht zu Instabilität führten. Letzteres stand im Einklang mit dem im Konfuzianismus – der über Jahrtausende hinweg in China dominierenden Denkschule – verankerten Streben nach Harmonie und Ordnung. Insofern kann man als die **drei Hauptziele der chinesischen Politik** in der Reformära, und bis heute, anführen:

- **Ziel 1**: Machterhalt der Kommunistischen Partei Chinas (der Einparteienherrschaft)
- **Ziel 2**: Abbau der Armut (Schaffung von Wohlstand; wirtschaftliche Entwicklung)
- **Ziel 3**: Schaffung von sozialer Stabilität (Harmonie und Ordnung)

Deng erkannte dabei, dass Ziel 3, und letztlich auch Ziel 1, nicht erreichbar sein würde, wenn nicht Ziel 2 – der Abbau von Armut durch einen langanhaltenden Wirtschaftsaufschwung – erfolgreich umgesetzt würde. Von daher war für ihn **Ziel 2** – Schaffung von Wohlstand – zunächst **von oberster Priorität**. Dies entsprach Konfuzius' Erkenntnis, dass die Bürger erst bereichert bevor belehrt werden sollten; unter Mao war es zuletzt, während der Kulturrevolution, eher umgekehrt. Es schälte sich unter Deng Xiaoping so etwas wie ein impliziter gesellschaftlicher Vertrag mit der Bevölkerung heraus. Dieser lief darauf hinaus, dass Ziel 1 – die Aufrechterhaltung des Machtmonopols der Kommunistischen Partei– und auch Ziel 3 – Stabilität im Sinne der Vermeidung von sozialen Konflikten und größeren politischen Unruhen– nicht infrage gestellt wurden, solange Ziel 2 – der Wirtschaftsaufschwung mit allgemeiner Wohlstandsvermehrung– nachhaltig erreicht wurde. Letzteres gelang Deng Xiaoping und auch seinen Nachfolgern lange Zeit erstaunlich gut, sodass China über 45 Jahre hinweg ein wirtschaftlich florierendes, politisch und sozial stabiles Land gewesen ist. Es war vielleicht sogar die größte Erfolgsgeschichte der letzten zwei Jahrhunderte, wenn man bedenkt, dass es China gelungen ist, innerhalb einer relativ kurzen Zeit mehr als 800 Mio. Menschen aus der Armut zu befreien. Und was das Erstaunlichste dabei ist: Dies wurde erreicht mit einem eher ungewohnten Reformkonzept, an dessen Erfolg vorher keiner im Westen geglaubt hätte, nämlich **mit einem staatlich gelenkten Kapitalismus unter dem Machtmonopol einer Kommunistischen Partei** (Ein-Parteien-Herrschaft). Bis dahin war man im Westen davon ausgegangen, dass so etwas, wenn dann nur in einer kapitalistischen Marktwirtschaft mit Demokratie möglich sei.

Wichtig für den Aufschwung war auch, dass China über lange Zeit **keine geopolitischen Ansprüche** stellte. Wie sollte es auch bei der Ausgangslage totaler Verarmung und Angewiesenheit auf Hilfen des Westens beim wirtschaftlichen Aufholprozess. China trat also – zumindest in den ersten mehr als 30 Jahren des Reformprozesses – nicht als Konkurrent auf, sondern war für westliche Staaten und Unternehmen einfach nur ein Wunderland, eine kostengünstige „Werkbank" und ein Riesenabsatzmarkt, mit dem sie wirtschaftliche Geschäfte mit riesigen Gewinnen tätigen konnten. Zudem hegten die westlichen Staaten auch die Hoffnung, dass durch den Handel mit China und Chinas erfolgreichem wirtschaftlichen Aufschwung auch politische Reformen hin zu einer Demokratisierung, mit einer Übernahme westlicher Werte, in dem Land realisiert werden könnten (Stichwort „Wandel durch Handel").

Wie schon angedeutet, hatte Deng Xiaoping, und mit ihm die gesamte chinesische Führung, keine genaue Vorstellung davon, wohin und wie das Land gesteuert werden sollte, um die obigen drei Ziele gleichzeitig zu erreichen. Man wusste nur, es musste anders werden, man brauchte grundlegende Strukturreformen, mit denen man den wirtschaftlichen Aufschwung, den Abbau der Armut, auch erreichen konnte. Nach den katastrophalen Ergebnissen mit der Planwirtschaft unter Mao Zedong war der chinesischen Führung klar, dass man das bisherige Wirtschaftssystem verändern, lockern, eventuell sogar aufgeben musste, um die obigen drei Ziele zu erreichen. Das hieß, es war klar, man musste auch Marktelemente einführen und wirken lassen sowie das Land nach außen öffnen, und so die Möglichkeit schaffen, **vom Westen zu lernen**, konnte dieser doch zumindest vorweisen, es geschafft zu haben wirtschaftlichen Wohlstand zu generieren. Ich erfuhr dieses Bestreben selbst, als ich 1981 kurz nach der Öffnung während einer fünfwöchigen Forschungsreise in China im Rahmen eines DFG-Forschungsprojekts von chinesischen Universitäten zu Vorträgen eingeladen, ja hofiert wurde, um „Entwicklungshilfe" in Form von Ideen/Entwicklungsrezepten zu geben, d. h. zu erläutern, wie Marktelemente wirken und erfolgreich eingesetzt werden könnten.

Um neben Wirtschaftsaufschwung auch die anderen beiden Ziele – Machterhalt der Kommunistischen Partei als auch Vermeidung von sozialen Unruhen – nicht zu gefährden, wurde bewusst auf eine **Politik der kleinen Schritte** gesetzt. Man wollte nur Schritt für Schritt vorangehen, ja keine größeren nicht-korrigierbaren Fehler machen; sozusagen ein Versuchs-Irrtums-Verfahren im experimentellen Reformprozess anwenden. Es gab ja keine Blaupausen, an denen man sich hätte orientieren können. Von daher wollte man nur vorsichtige Reformschritte gehen, die Ergebnisse immer wieder neu bewerten und darauffolgende Reformschritte unter Berücksichtigung inzwischen geänderter Rahmenbedingungen festlegen. Dabei galt von nun an bei Deng Xiaoping: **Pragmatismus vor Ideologie**.

Dies wurde auch in verschiedenen **Aussagen Deng Xiaopings** deutlich. Mit zu seinen berühmtesten Sprüchen zählen die folgenden: „Einen grundsätzlichen Widerspruch zwischen Sozialismus und Marktwirtschaft gibt es nicht." „Es ist egal, ob die Katze schwarz oder weiß ist, solange sie Mäuse fängt." „Die Wahrheit in den Fakten suchen." Zentral war auch der Satz: „Den Fluss überqueren, indem man die Steine fühlt." Unter „Fluss überqueren" wurde dabei der Übergang zu einer Marktwirtschaft verstanden, während „Steine fühlen" die Eruierung der Wirksamkeit kleiner Reformschritte bedeutete. Und was die Öffnung nach außen anbelangt, betonte Deng Xiaoping: „Kein Land, das sich entwickeln will, kann eine Politik der verschlossenen Tür verfolgen. Wir haben diese bittere Erfahrung gemacht, und unsere Vorfahren haben sie ebenso gemacht." (Xiaoping Deng 1995).

Insofern wurden auch Auslandsinvestitionen sehr gerne angenommen, in der Hoffnung daraus wirtschaftlich und auch ausbildungsmäßig –aus der Weitergabe von Wissen– zu profitieren. China selbst hatte ja für die wirtschaftliche Entwicklung kein Kapital, war es doch Ende der 1970er-Jahre eines der ärmsten Länder der Welt mit einem Pro-Kopf-Einkommen, das damals selbst unterhalb dem vieler afrikanischer armer Länder lag.

Mit der eben kurz beschriebenen evolutionären Reformstrategie gelang es China, was keinem anderen Land vorher gelang, in kurzer Zeit mehr als 800 Mio. Menschen aus der Armut zu befreien. Im Folgenden soll der Reformprozess, d. h. die einzelnen Reformschritte, die dafür verantwortlich waren, in kompakter Form vorgestellt werden.

1.2.1 Charakteristika des Deng'schen Reformansatzes

Der wirtschaftliche Aufschwung in China entwickelte sich über die ersten 33 Jahre der „Reform- und Öffnungspolitik" stürmisch, mit sagenhaften Wachstumsraten. So betrug die durchschnittliche jährliche Wachstumsrate in China von 1979–2012 rund 10 %.

Jedoch verlief die wirtschaftliche Entwicklung nicht gleichmäßiglinear. Stattdessen gab es immer wieder größere Reformschübe mit großen Produktivitätssteigerungen, gefolgt von einer Verlangsamung, bis neue Reformschübe in einer „Stop-and-go Weise" die Produktivität und die Entwicklung wieder stärker vorantrieben. Der Reformprozess fokussierte sich dabei vor allem auf den Aufbau einer Marktwirtschaft. Vor allem institutionelle Reformen galt es in den ersten Jahren durchzuführen, da die Planwirtschaft unter Mao und insbesondere die Kulturrevolution so gut wie alle Institutionen und Mechanismen ausgelöscht hatten, die für einen Aufbau und das Funktionieren einer Marktwirtschaft benötigt werden.

Dass der Reformprozess nicht irgendwann zusammenbrach, lag zum einen daran, dass zumindest in den ersten zwei Jahrzehnten so gut wie alle sozialen Gruppen vom Aufschwung profitierten, und zum anderen an dem starken persönlichen Einsatz von Deng Xiaoping für eine stetige Fortführung des Reformprozesses. Außerdem war der Reformprozess intelligent gestaltet. Wirtschaftspolitische Macht wurde an die Regierungen der Provinzen delegiert, die für die Durchführung der wirtschaftlichen Reformen verantwortlich waren. Andererseits wurden die Karrierewege der Provinzführer vom Zentralregime in Peking kontrolliert. Dies schuf einen leistungsstarken Anreizmechanismus. Dieser Mechanismus wirkte auch in den nächstniedrigeren Ebenen. Aufgaben wurden von den Provinzführern an die Regierungen der Kommunen delegiert und deren Führer wurden wiederum von den Provinzführern kontrolliert. Jede Regierungsebene musste Leistungskriterien erfüllen, die für niedrigere Regierungsebenen genauer definiert waren als für die höherstufigen Beamten. Zudem wurde das Prinzip der Rotation und des Transfers – Versetzungen von Regierungsführern – zwischen Regionen angewandt. So sollte der Erfolg regionaler Experimente sichergestellt und auch der Machtzuwachs regionaler Beamter beschränkt werden.

Außerdem ermöglichte die in China nach 1978 gewählte zentral gesteuerte regionale Dezentralisierung Experimente auf regionaler Ebene. Dadurch wurde das Risiko von Fehlschlägen regional begrenzt. Auch durch die Schaffung von regionalen Sonderwirtschaftszonen konnte die Wirksamkeit von Reformen regional getestet werden, bevor sie im ganzen Land umgesetzt wurden. Von daher konnten die Reformschritte zur gleichen Zeit regional stark variieren. Die Reformen begannen – zumindest in den ersten Jahren – überwiegend in den Küstenregionen und breiteten sich dann in das Binnenland aus. Dies spiegelte sich wider in den unterschiedlichen Entwicklungsstufen oder –erfolgen der chinesischen Provinzen.

Insgesamt verfolgte China hiermit einen Sonderweg, der sich stark unterschied vom 10 Jahre später eingeleiteten postkommunistischen „Big Bang"-Transformationsprozess in den osteuropäischen Ländern und in Russland sowie auch von dem später von Weltbank und Internationalem Währungsfonds (IWF) favorisierten umfassenderen Reformprozess nach dem sogenannten „Washington Consensus", der Freihandel und offene Volkswirtschaften umfasste. Der Vorteil des chinesischen Weges für den wirtschaftlichen Entwicklungsprozess bestand darin, dass erstmal der politische Regierungsapparat und das politische System beibehalten – nicht alles gleichzeitig über den Haufen geworfen – wurde, so dass sich das Land auf die Wirtschaftsreformen fokussieren konnte, ohne Querschüsse durch politische Brüche und Konkurrenzkämpfe von Oligarchen wie in Russland und den osteuropäischen Reformstaaten nach 1990.

Die Reformphasen nach 1978 können unterteilt werden in landwirtschaftliche Reformen (1978–1984) und industrielle Reformen mit Schwerpunkt auf die Einführung kollektiver Gemeinde- und Dorfunternehmen und der sogenannten „Dual-Track-Strategie" (1985–1992). Dem folgte eine Phase weitreichenderer Liberalisierung und institutioneller Neuordnung, einschließlich einer umfassenden Reform des Haushalts- und Steuersystems, des Bank- und Finanzsystems sowie einer Reform/Teilprivatisierung der staatlichen Unternehmen (1993–2003), und einer Phase der Reformverlangsamung und der Rückkehr zur Industriepolitik (ab 2003). Anschließend begann eine Phase des „Rebalancing" (2012 bis heute). Im Folgenden werden diese Reformschritte in China nach 1978 im Zeitablauf näher vorgestellt.

1.2.2 Landwirtschaftliche Reformen (1978–1984)

1978 gab es in China immer noch Regionen, in denen Menschen verhungerten. Von daher gab es Diskussionen innerhalb der Parteiführung der KPCh, ob nicht erstmal weitergehende Reformen in der Landwirtschaft notwendig wären. Warum die Reformen in der Landwirtschaft begannen, war naheliegend. Vier Fünftel der chinesischen Bevölkerung lebten Ende der 1970er-Jahre in ländlichen Gebieten. Viele davon litten unter Hunger, sprich Unterversorgung mit Nahrungsmitteln. Auch erschienen Reformen im Landwirtschaftssektor am Anfang systempolitisch am unbedenklichsten. Mit der Billigung von Deng Xiaoping wurde in der Provinz Anhui von der dortigen Parteiführung ein Experiment zugelassen, das eine Dezentralisierung der Landwirtschaft bis hin zu den damals immer noch verbotenen Familienbetrieben erlaubte. Dieses Experiment hatte durchschlagenden Erfolg, die Produktivität erhöhte sich schlagartig, so dass man wenige Jahre später im ganzen Land Verträge zwischen Familien und lokalen Behörden über Land- und Maschinennutzung sowie die Ablieferung von Erzeugnissen abschloss. Bis 1984 erhöhte sich durch diese Maßnahmen die Ernte so stark, dass nicht mehr genug Lagerkapazitäten da waren. Außerdem wurden die von Mao 1955 verkündete Kollektivierung rückgängig gemacht und die Volkskommunen 1982 abgeschafft.

Die zentralen Reformen im Agrarsektor umfassten eine Erhöhung der staatlichen Einkaufspreise, die Einführung des sogenannten Haushaltsverantwortungssystems, und eine Erweiterung freier Märkte für landwirtschaftliche Erzeugnisse.

Erhöhung der staatlichen Einkaufspreise
Zu Beginn der Reformen setzte die chinesische Regierung Abnahmepreise für eine große Anzahl von landwirtschaftlichen Erzeugnissen fest und kontrollierte die Ein- und Verkäufe. Es gab zwei unterschiedliche Preise im staatlichen Handelssystem: Quoten-Abnahmepreise und Über-Quoten-Abnahmepreise. Die ersteren galten für Erzeugnisse, die im Rahmen der Abnahmeverpflichtungen verkauft wurden, und letzere für Erzeugnisse, die über den Quoten verkauft wurden. Letztere waren höher als die Quotenpreise, um den Bauern zusätzliche Produktionsanreize zu

bieten. Beide waren jedoch bedeutend niedriger als die Marktpreise. Im Jahr 1979 wurden als erster Schritt die Quotenpreise für Getreide, Schweinefleisch, Zucker, Baumwolle und Ölsaaten im Durchschnitt um 17 % erhöht; und die Preise für den Verkauf über der Quote wurden sogar von 30 auf 50 % angehoben. Dies förderte die Lebensmittelproduktion, da es Anreize für die Bauern schuf, effizienter zu arbeiten. Die Einkommen der ländlichen Haushalte stiegen dadurch.

Der enorme Erfolg der Preis- und Marktreformen in der Landwirtschaft führte schließlich zur Ankündigung der Beseitigung der landwirtschaftlichen Beschaffungsquoten. 1985 wurden dann die Pflichtmengen durch Beschaffungsverträge ersetzt, die zwischen Regierung und Bauern verhandelt wurden. Außerdem wurde das sogenannte „duale Preissystem" eingeführt, wonach die Bauern die vereinbarten Ausbringungsmengen zum Vertragspreis lieferten, der das gewichtete Mittel aus dem Grundquotenpreis und dem Über-Quoten-Preis war.

Haushaltsverantwortungssystem
Bis 1978 war alles Land im kollektiven Besitz von Produktionsteams, die aus jeweils 20–30 Haushalten bestanden. Diese Produktionsteams sollten sich selbst versorgen und die von der Regierung gesetzten Produktionsziele erfüllen. Die Einkommen wurden nach einem Punktesystem für die Arbeitsleistung verteilt. Die Überwachung der individuellen Arbeitsleistung erwies sich jedoch als schwierig. Folglich waren auch die Anreize zu arbeiten und Output und Produktivität zu steigern relativ gering.

Das neue „Haushaltsverantwortungssystem" (HVS) wies dagegen das gemeinsam genutzte Land den einzelnen Haushalten mit Verträgen von bis zu 15 Jahren zu. Es blieb den Haushalten überlassen, die über der festen Quote liegende Menge an Getreide für den eigenen Verbrauch aufzubewahren oder aber auf dem Markt zu verkaufen.

Die Reform des Haushaltsverantwortungssystems war 1984 abgeschlossen. Folglich verlor dann auch das Produktions- und das Produktivitätswachstum in der Landwirtschaft wieder an Dynamik. Es handelte sich mithin in der ersten Reformphase nur um institutionelle Reformen, die zu statischen – vorübergehenden – Effizienzgewinnen führten und nicht mit einer signifikanten Änderung der in der Landwirtschaft verwendeten Produktionstechnologien einhergingen. Von daher ermöglichte das Haushaltsverantwortungssystem auch nur eine zeitlich begrenzte Steigerung der landwirtschaftlichen Produktivität.

1.2.3 Industrielle Reformen (1985–1992)

Die zentralen Reformen im Industriesektor in den 1980er-Jahren umfassten die Einführung kollektiver Gemeinde- und Dorfunternehmen sowie erste, zögerliche Reformen von staatlichen Unternehmen (SOEs: State Owned Enterprises) und Reformen im Finanzsektor, beim Außenhandel, und bei ausländischen Direktinvestitionen (FDI: Foreign Direct Investment).

Einführung kollektiver Gemeinde- und Dorfunternehmen
Einen neuen wichtigen Wachstumstreiber in der zweiten Reformphase stellten die chinesischen ländlichen Kollektivunternehmen/Kooperativen (Township and Village Enterprises, TVEs) dar. Sie trugen auch wesentlich zur Transformation von einer Kommandowirtschaft zu einer Marktwirtschaft bei. TVEs waren weder öffentliche Unternehmen noch staatliche Firmen. TVEs wurden kollektiv von allen Einwohnern eines Dorfes oder einer Gemeinde, in der sie sich befanden, besessen. Der de-facto-Geschäftsführer war jedoch die lokale Gemeinde- oder Dorfregierung. Die Eigentumsrechte dieser TVEs mit halböffentlicher Eigentümerstruktur waren allerdings nur vage definiert. Der kollektive Charakter der TVEs war bewusst so gewählt, da diese so ideologisch nicht angreifbar waren durch die noch zahlreichen Verteidiger des Sozialismus und Reformgegner in der Parteiführung der KPCh. Doch der wirtschaftliche Erfolg der TVEs war enorm und überraschte selbst die chinesische Regierung. Der Erfolg der TVEs fußte zum Teil darauf, dass sie nicht so stark subventioniert wurden wie die Staatsunternehmen, sondern stärker auf Haushaltsbeschränkungen achten mussten, von daher effizienter wirtschafteten. Zudem standen sie unter enormen Druck durch regionale Konkurrenz. Sie waren folglich gezwungen, sich stärker an Marktrestriktionen und Marktpreisen zu orientieren. Die lokalen Regierungen hatten auch einen Anreiz, produktive TVEs zu entwickeln, da das „Geld vor Ort blieb". Sie waren bereit und konnten auch den TVEs einen Zu-

gang zu Kapital über Bankkredite verschaffen. Der Großteil der Gewinne floss in einen außenordentlichen Fonds, der nicht mit den Regierungen auf höherer Ebene geteilt werden musste. Er wurde hauptsächlich für Reinvestitionen oder die Bereitstellung von öffentlichen Gütern und Dienstleistungen verwendet. Auch sorgten die lokalen Regierungen für enge Verbindungen – eine Zusammenarbeit – zwischen den TVEs und den städtischen Staatsunternehmen. Die TVEs waren selbst relativ klein und nicht konform, sondern organisatorisch vielfältig, was ihnen eine leichte Anpassung an die lokalen Bedingungen ermöglichte. Diese Dezentralisierung der wirtschaftlichen Entscheidungsfindung war für die ländliche Industrialisierung entscheidend. Der Erfolg der TVEs bestand vor allem darin, dass die politische und institutionelle Umgebung Anreize als auch Disziplinierung in Form einer relativ harten Haushaltsbeschränkung bot. Seit 1984/85 entwickelten sich die TVEs explosionsartig über das Land hinweg. Der TVE-Anteil am Bruttoinlandsprodukt stieg bis 1996 auf 26 %. Dies ist beachtenswert, da das Bruttoinlandsprodukt in diesem Zeitraum extrem stark gestiegen ist. Das TVE-Wachstum ging auch auf Kosten des Staatssektors, der stark abnahm. Das wurde von der Parteiführung der KPCh akzeptiert, da das Produktivitätswachstum der TVEs sehr viel höher war als das der Staatsunternehmen. Auch halfen die TVEs, die durch die HVS-Reformen in der Landwirtschaft freigesetzten Arbeitskräfte aufzunehmen und das Einkommen der ländlichen Bevölkerung zu steigern. Als sich dann die Rechte an privatem Eigentum Ende der 1990er-Jahre verbesserten, nahmen die Vorteile von TVEs ab und sie wurden zunehmend privatisiert. Nichtsdestoweniger ermöglichten die TVEs ein rasantes Wirtschaftswachstum in den 1980er- und 1990er-Jahre und trugen wesentlich dazu bei, den Marktöffnungsprozess in der gesamten chinesischen Wirtschaft voranzutreiben. Wichtig war auch, dass sie ineffiziente Staatsunternehmen verdrängen konnten. Darüber hinaus boten sie Raum für institutionelle Experimente.

Weitere Reformen in den 1980er-Jahren
In den 1980er-Jahren wurden Reformen auch in anderen Bereichen und Sektoren durchgeführt. Sie werden hier im Folgenden nur kurz skizziert.
Wie gesagt, begannen die Reformen in der Landwirtschaft, wurden aber bald auch in der Industrie realisiert. So fanden schon in den 1980er-

Jahren erste, zögerliche Reformen von staatlichen Unternehmen (SOEs), im Finanzsektor, im Außenhandel, und bei ausländischen Direktinvestitionen statt.

- **Reformen von staatlichen Unternehmen**
  Zuerst wurde die Entscheidungsverantwortung zunehmend auf die Manager der staatlichen Unternehmen übertragen, wobei diese einen Teil der Gewinne behalten und in verschiedene Fonds einzahlen konnten. Auch konnten export-treibende staatliche Unternehmen einen Teil der Devisen behalten.
  Ab Mitte der 1980er-Jahre wurden dann das (1) **Dual-Track-System** (das Nebeneinanderbestehen zweier Koordinationsmechanismen, nämlich eines traditionellen Planes und eines Marktkanals) und das (2) **Unternehmensvertragsverantwortungssystem** (Festlegung von Verpflichtungen für Unternehmensmanager in Arbeitsverträgen) eingeführt.
  Die SOE-Reformen zeigten dabei Parallelen zu den landwirtschaftlichen Reformen.
- **Reformen im Finanzsektor**
  Während es vor 1978 ein einheitliches Einnahmenerhebungs- und Ausgabesystem gab – die Zentralregierung erhob alle Einnahmen und verteilte sie an jede Regierungsebene weiter –, wurden nach 1978 die Einnahmen zwischen der Zentralregierung und den Provinzregierungen geteilt.
  Außerdem wurde das „Monobankensystem" abgeschafft. Die Agricultural Bank of China (**ABC**), die China Construction Bank (**CCB**), die Bank of China (**BOC**) und die Industrial and Commercial Bank of China (**ICBC**), die sogenannten „**Big Four**", übernahmen die kommerziellen Aktivitäten der People's Bank of China (**PBC**); und die PBC wurde zur **Zentralbank** Chinas. Neue Banken und Börsen wurden gegründet.
- **Reformen im Außenhandel**
  Die „Open-Door-Politik" und Handelsreformen wurden schon 1978 angekündigt, und das nationale Handelssystem wurde, insbesondere zwischen 1984 und 1988, schrittweise liberalisiert. Der

Fokus lag dabei auf der Absorption ausländischer Technologie und der Umsetzung der Open-Door-Politik durch die Küstenregionen Chinas. Die ausländische Handelsbehörde wurde dezentralisiert, Zoll- und Nichtzollbarrieren ersetzten das direkte Planungssystem des gesamten Handels, Devisenbeschränkungen wurden gelockert und ein duales Handelsregime eingeführt.

- **Reformen bei ausländischen Direktinvestitionen (FDI)**
  Besonders bedeutend war die Schaffung von Wirtschaftszonen. 1980 wurden vier Sonderwirtschaftszonen (SEZs: Special Economic Zones) in Guangdong und Fujian errichtet. 1984 wurden 14 Küstenstädte für ausländische Investitionen geöffnet, und 1985 weitere Wirtschaftszonen geschaffen.

  Die ausländischen Investitionen in SEZs wurden besonders gefördert durch günstige Steuersätze, vereinfachte Verwaltungsverfahren, zollfreie Einfuhren von Rohstoffen, niedrigere gesetzliche Gewinnabgaben, und gute Infrastruktur.

1.2.4 Stärkere Liberalisierung und institutionelle Neuordnung (1992/3 bis 2003)

Die Reformen in den 1980er-Jahre waren beeindruckend. Jedoch verhinderten konservative Oppositionelle unter der Führung von Chen Yun noch größere Reformen, auch um die Interessen der Vertreter der staatlichen Bürokratie zu wahren. Korruption und zunehmende Inflation waren Wasser auf die Mühlen der Reformgegner in der Parteiführung. Andererseits äußerten einige Reformer in der Parteiführung wie auch die damalige Studentenbewegung Forderungen in Richtung einer demokratischen Entwicklung. Dies erzeugte eine konservative Gegenbewegung, die sich in der Tian'anmen-Niederschlagung der Reformbewegung von 1989 sowie in einer Ausschaltung wichtiger Reformer äußerte und viele von Deng Xiaopings Reformen rückgängig zu machen drohte. Deng allerdings hielt am Reformprogramm fest. Anfang 1992 unternahm er schließlich seine berühmte „Südtour" und setzte im Folgenden die Wiederaufnahme des Reformkurses einschließlich einer Öffnung des

Landes nach außen durch. Viele Reformer wurden rehabilitiert und befördert, dagegen zahlreiche konservative Oppositionelle wie Chen Yun zum Rücktritt gezwungen, so dass radikale Reformen durchgesetzt werden konnten. Die Reformen wurden dann auch nach Dengs Tod im Jahre 1997 von seinen Nachfolgern Jiang Zemin und Zhu Rongji, die beide überzeugte Vertreter des Reformkurses waren, fortgesetzt.

1997 und 1998 wurden bei **zahlreichen Privatisierungen** viele Staatsbetriebe liquidiert und ihre Vermögenswerte an private Investoren veräußert, was bei den entlassenen Arbeitskräften von privatisierten Staatsunternehmen zu Unzufriedenheit führte. Zwischen 1998 und 2001 verloren etwa 28 Mio. Arbeitnehmer und Arbeitnehmerinnen ihren Job; diese waren auch die ersten Verlierer des Reformprozesses seit 1978. Nichtsdestotrotz erkannte die chinesische Regierung 1999 die Privatisierung als „wichtige Ergänzung" der „Sozialistischen Marktwirtschaft" an. Außerdem verschaffte der Privatsektor den entlassenen Arbeitskräften wieder zu neuen Jobs. Die Anzahl staatseigener Unternehmen sank zwischen 2001 und 2004 stark. Gleichzeitig wurden Zölle und Handelsbarrieren abgebaut, das Bankensystem umgebaut und das soziale Versorgungssystems aus der Mao-Ära zu einem größeren Teil abgeschafft. Wichtig waren auch die 1990 und 1991 eingerichteten Börsen in Shanghai und Shenzhen, die die Listung und Finanzierung staatlicher Unternehmen an den Kapitalmärkten ermöglichten, und die Umsetzung des Wertpapierrechts 1999, das den rechtlichen Status der chinesischen Kapitalmärkte formalisierte und die Kapitalmarktentwicklung förderte. Außerdem wurde ein Unternehmensgesetz 1994 eingerichtet, das einen institutionellen Rahmen für das moderne Unternehmenssystem schuf. Während viele kleine und mittlere Unternehmen in private Firmen umgewandelt wurden, wurden die großen Betriebe weitgehend in staatlicher Hand belassen. So konnte der Staat die Kontrolle über strategische Industrien behalten.

1994 kam es zu einer **Reform des Steuerverteilungssystems**. Das Steuersystem wurde modernisiert, indem die Steuerstruktur vereinfacht und die produktbezogene Umsatzsteuer durch eine Mehrwertsteuer ersetzt wurde. Es kam zu einer Mischung aus regelbasierten Steuerzuweisungen und Steuerteilung. Außerdem wurden die Ermessensspielräume der lokalen Regierungen beschränkt. Und schließlich wurde die

Trennung von Zentral- und lokaler Steuerverwaltung vollzogen sowie eine staatliche Steuerverwaltung eingerichtet.

In den 1990er-Jahren nahmen auch die **Handelsreformen** zu. 1994 wurde das erste Außenhandelsgesetz verabschiedet. Die Handelsreformen in den 1990er-Jahren waren stark geprägt von dem Bestreben, möglichst bald WTO-Mitglied zu werden. Die Welthandelsorganisation WTO – World Trade Organisation – regelt den Warenverkehr ihrer derzeit 166 Mitgliedsländer. Sie verpflichtet diese auf bestimmte Standards, etwa den Abbau von Zöllen oder den Verzicht auf strategische Benachteiligung der Industrien von Handelspartnern durch Preisdumping. Bei Streitfällen können WTO-Mitglieder ein Schiedsgericht anrufen. China hatte schon 1986 beantragt, dem Vorgänger der WTO, dem GATT, beizutreten. Hierzu war es erforderlich, das chinesische Handelssystem immer stärker mit den WTO-Richtlinien vereinbar zu machen. Hierzu zählten

- die Vereinheitlichung des offiziellen Wechselkurses und des Swap-Kurses (1994)
- die Einrichtung des China Foreign Exchange Trading System CFETS (Interbank-Devisenmarkt)
- die Annahme der IWF-Artikel VIII-Verpflichtungen hinsichtlich der Konvertierbarkeit des Saldos 1996
- die Reduzierung von Zoll- und Nichtzollbarrieren – z. B. Verringerung des durchschnittlichen tarifären Einfuhrzollsatzes, Reduzierung der Einfuhrlizenzierung, Reduzierung der Güter, die einer Ausfuhrlizenzierung unterliegen –
- die Zulassung von immer mehr chinesischen Unternehmen zur Teilnahme am Außenhandel
- die Umsetzung weiterer institutioneller Reformen wie die Verkündung der Antidumping-Verordnung 1997, die vorläufige Verordnung über Regierungsbeschaffungen 1999, und das Wettbewerbsgesetz 1999.

2001 schließlich gelang es China, der WTO beizutreten.

Zudem kann man noch einige **Finanzreformen** in den 1990er-Jahren anführen. So wurden 1994 drei Förderbanken eingerichtet. Und es wurden eine Reihe von geographischen Beschränkungen für ausländische Banken bei der Errichtung von Niederlassungen aufgehoben.

1.2.4.1 Zwei zentrale Aspekte des Wirtschaftswunders

Die obigen Reformen waren wichtig für die wirtschaftliche Weiterentwicklung in den 1990er-Jahren. Als zentral für die Zunahme der Wirtschaftsdynamik in China ab Mitte der 1990er-Jahre können jedoch neben den erwähnten Privatisierungen zwei institutionelle Reformen angesehen werden: einmal die beschleunigten FDI-Reformen (FDI: Foreign Direct Investment oder ausländische Direktinvestitionen), und zum anderen der WTO-Beitritt Chinas – und die Erfüllung der Vorbedingungen des Beitritts.

(1) Beschleunigte FDI-Reformen seit 1992

Die flächendeckende Umsetzung von FDI-fördernden Maßnahmen: Deng Xiaopings „Südtour" 1992 und seine erneute Bekräftigung der Open-Door-Politik stärkten das Vertrauen ausländischer Investoren. 1992 wurde der Begriff „Sozialistisches Marktwirtschaftssystem" auf dem 14. Nationalen Kongress der KPCh offiziell übernommen und damit die lange Debatte über „Marktwirtschaft versus Sozialismus" beendet. 1993 wurde die chinesische Verfassung entsprechend geändert und der Begriff der Planwirtschaft durch den Begriff „Sozialistische Marktwirtschaft" ersetzt. Artikel 15 besagte nun: „Die Staatsführung übt eine sozialistische Marktwirtschaft aus".

Während der 1990er-Jahre wurden eine Reihe von Neuerungen, Gesetzen und Verordnungen erlassen. Am wichtigsten waren die **flächendeckende Umsetzung** von FDI-fördernden Maßnahmen durch die Öffnung der Binnenregion für FDI und die Erweiterung der Präferenzpolitik auf die Binnenstädte. 52 Städte, die die gleichen Präferenzpolitiken wie die 14 Küstenstädte genossen, wurden für ausländische Investoren geöffnet, darunter waren fast alle Binnenlandhauptstädte und große Städte in der Nähe des Yangtze-Flusses. Die Einrichtung von zollfreien Zonen wurde in den Küstenregionen verbessert. Darüber hinaus wurde eine Reihe neuer Sektoren für ausländische Investoren geöffnet, darunter auf experimenteller Basis auch einige Dienstleistungsindustrien, z. B. Luftfahrt, Telekommunikation, Bankwesen, Einzelhandel. Schließlich durften bestimmte ausländische Geschäftsleute Landnutzungsrechte für die

Errichtung von Infrastruktureinrichtungen erwerben. Unter anderem wurden die Einschränkungen für vollständig ausländisch finanzierte Unternehmen gelockert.

Die FDI-Entwicklung seit den 1990er-Jahren: Schon in den frühen 1990er-Jahren gab es einen enormen Anstieg der FDI. Zwischen 1991 und 1992 hatten sich die FDI-Zuflüsse mehr als verdoppelt. Auch im nächsten Jahr stiegen die FDI-Zuflüsse um 250 %: ein Rekordhoch von 83.595 neu gegründeten Foreign Invested Enterprises (mit ausländischem Kapital finanzierte Unternehmen, FIEs) wurde erreicht, deren realisierter Betrag die 400-Milliarden-US$-Marke überschritt. Auch der Anteil der FDI am BIP schoss von 1,1 % 1991 auf 2,6 % 1992 und anschließend auf 6,2 % 1993 in die Höhe. In den nächsten Jahren stiegen die FDI weiter, wenn auch mit etwas geringerer Geschwindigkeit. Der Anteil der FDI am BIP schwankte um die 5 %. Ende der 1990er-Jahre fiel die Zahl der FIEs unter 20.000, und auch die FDI-Zuflüsse zeigten eine abnehmende Tendenz. Diese Unterbrechung kann vor allem auf die negativen Folgen der 1997 ausgebrochenen Asienkrise zurückgeführt werden, die einige der wichtigsten Investitionspartner Chinas negativ beeinflusst haben. Die WTO-Mitgliedschaft gab jedoch neuen Schwung, und die FDI stiegen wieder steil an, bis zur Globalen Finanzkrise 2008. Während China es anschließend schaffte, sich innerhalb von zwei Jahren zu erholen, zeigten die FDI-Zuflüsse seitdem einen kontinuierlichen Rückgang.

Aufgrund seiner enormen Größe ist der chinesische Markt für ausländische Investoren sehr attraktiv. Daher hatte China die Macht, die Bedingungen für die ausländischen Investitionen festzulegen. Durch die Gründung von Joint Ventures (Partnerschaften) konnten chinesische Unternehmen besser von den von den ausländischen Partnern „erzwungenen" fortgeschrittenen Technologien profitieren, die diese übertrugen. In bestimmten Branchen war es vorgeschrieben, internationale Joint Ventures zu bilden – herausragende Beispiele waren die Pharmazie- und Automobilindustrie. Die ausländischen Partner akzeptierten diesen erzwungenen Wissenstransfer lange auch in dem Irrglauben, dass sie den Chinesen immer einen Technologieschritt voraus sein würden.

Was die räumliche Verteilung der FDI anbelangt, konzentrierten sich diese in den östlichen Provinzen. Die wichtigsten Joint-Venture-Partner

Chinas waren in den Jahren 1998 bis 2007 Hongkong – mit rund der Hälfte aller Joint Ventures – sowie Taiwan, Japan und die USA mit jeweils rund 10 %.

Vorteile der FDI für die wirtschaftliche Entwicklung: FDI können sowohl für den inländischen als auch für den ausländischen Partner vorteilhaft sein. Der inländische Partner kann dem ausländischen Partner helfen, sich besser mit lokalen regulativen, kulturellen und administrativen Komplexitäten auseinanderzusetzen. Darüber hinaus waren im chinesischen Fall Joint Ventures für die ausländischen Unternehmen oft die einzige Möglichkeit, Zugang zum chinesischen Inlandsmarkt zu erhalten, zumindest zu Beginn. Darüber hinaus konnte der ausländische Partner von niedrigeren Produktionskosten und den günstigen wirtschaftlichen Bedingungen in den Sonderwirtschaftszonen – wie bevorzugten Steuersätzen und einer guten Infrastruktur – profitieren. Das Gastland kann natürlich auch sehr von FDI profitieren. Insbesondere in einem kapitalschwachen Land wie China waren FDI entscheidend, um die Anlageinvestitionen zu erhöhen, die wiederum die wirtschaftliche Entwicklung fördern. FDI haben auch neue Beschäftigungsmöglichkeiten für chinesische Arbeitskräfte geschaffen.

Wahrscheinlich noch wichtiger bzw. am wichtigsten ist, dass die chinesische inländische Firma sehr von der Übertragung von fortgeschrittener Technologie und Managementmethoden über Übertragungs- oder Spillover-Effekte profitieren kann.

Es gibt mehrere Kanäle, durch die technologische Übertragungen erfolgen können. Die erste und wahrscheinlich offensichtlichste Möglichkeit ist, dass die ausländische Partnerfirma ihr Wissen an das neu gegründete Joint Venture weitergibt. Dieser Transfer ist – zumindest in einem gewissen Umfang – auch im Interesse der ausländischen Firma, die das Joint Venture gründet, da die ausländische Partnerin natürlich möchte, dass das Joint Venture erfolgreich ist. Der zweite Kanal bezieht sich auf die Übertragung von Technologie vom Joint Venture zur chinesischen inländischen Partnerfirma.

Drittens können auch **externe** chinesische inländische Unternehmen, die in derselben Branche tätig sind, von Technologie-Übertragungen profitieren, entweder von der neu gegründeten Joint Venture, aber auch von der chinesischen Partnerfirma, die dieses Joint Venture gegründet hat.

Natürlich können auch negative Nebenwirkungen der Direktinvestitionen auftreten, darunter der negative Wettbewerbseffekt. Allerdings wurden diese im Fall Chinas in der Regel durch positive Effekte der Technologiediffusion aufgewogen.

(2) Beitritt zur WTO

Ein Highlight im chinesischen Reform- und Öffnungsprozesses war der Beitritt zur Welthandelsorganisation (WTO) im Dezember 2001, nach 15-jährigen zähen Verhandlungen. Die lange Dauer der Verhandlungen waren unter anderem politischen Hindernissen geschuldet wie der Unterdrückung der Proteste auf dem Tian'anmen-Platz 1989, der steigenden Anzahl potenzieller neuer GATT(WTO)-Mitglieder aus Osteuropa nach der Auflösung der Sowjetunion und des kommunistischen Ostblocks 1991. Ein weiterer Grund war Chinas außergewöhnliche Exportleistung, die nicht den typischen Merkmalen von Entwicklungsländern entsprach. So musste China im Vergleich zu anderen Entwicklungsländern – und sogar zu einigen der entwickelten Volkswirtschaften – deutlich strengere Verpflichtungen eingehen, um Mitglied der WTO zu werden. Laut dem damaligen Premierminister Zhu Rongji war die WTO-Mitgliedschaft Chinas ein wesentlicher Bestandteil der Gesamtstrategie zur Reform, da die zunehmende Konkurrenz die staatlichen Unternehmen und Banken in China unter Druck setzen und sie zu umfassenden strukturellen Reformen zwingen sollte. Darüber hinaus wurde erwartet, dass die WTO-Mitgliedschaft das Vertrauen ausländischer Investoren in China als stabile, offene Volkswirtschaft erhöhen würde. So könnte die WTO-Mitgliedschaft „externen Druck" ausüben, um die Marktwirtschaft und Reformen durchzusetzen. Es ist jedoch zu beachten, dass nicht die gesamte politische Führung in China eine WTO-Mitgliedschaft befürwortete. Verschiedene Politiker fürchteten, dass weitere Liberalisierungen Ausländern mehr Macht über Chinas innere Angelegenheiten geben würden. Darüber hinaus wurde befürchtet, dass chinesische Industrien nicht mit ausländischen Firmen konkurrieren könnten.

Wichtige Punkte des WTO-Beitrittsabkommens waren: Reduzierung verschiedener Zölle; Begrenzung der Subventionen für die Landwirtschaft; Ermöglichung des Handels aller Güter in China durch inländische und ausländische Unternehmen mit Ausnahme von Getreide, Tabak und Brennstoffprodukten; Aufhebung der Joint-Venture-Beschränkung in bestimmten Bereichen; Erhalt eines fairen Verfahrens für die Handelslizenzierung; Beseitigung bestimmter Export-Subventionen und Importsubstitutions-Subventionen; Angleichung der Antidumping-Regeln an die WTO-Vorschriften. Außerdem sollte China für 15 Jahre nicht als Marktwirtschaft im Hinblick auf Antidumping-Fälle betrachtet werden. Die Liberalisierungsmaßnahmen für den Handel und die Reform des Wechselkurs-Systems, die China zur Vorbereitung und als Voraussetzung für den WTO-Beitritt tätigte, machten die Import- und Exportverhältnisse an die Marktpreise anpassungsfähiger. Die Reformmaßnahmen, die den Export fördern, einschließlich der Vorteile, die im Verarbeitungshandel genossen werden, sowie die Abwertung des Wechselkurses, führten zu einer erheblichen Ausweitung des Exports, der wiederum die Devisen erwirtschaftete, die für den Import erforderlich waren. Schon während der 1990er-Jahre stieg der Anteil Chinas an den weltweiten Exporten mit einer durchschnittlichen jährlichen Rate von 10 % an. Chinas Anteil am Welthandel stieg von unter 1 % vor den Reformen auf fast 4 % im Jahr 2000.

Seit 1992 lag der Handelsanteil am BIP immer über 30 % mit einem Höhepunkt um 2006. Als die chinesische Wirtschaft für ausländische Investitionen offener wurde und arbeitsintensive Produktion von anderen asiatischen Ländern nach China verlagert wurde, nahm der Anteil an arbeitsintensiven Leichtindustrieprodukten, insbesondere von Textilien, Bekleidung, Schuhen und Spielzeug, rapide zu. Zwischen 1980 und 1998 verdoppelte sich der Anteil der Textilexporte an den weltweiten Exporten annähernd; und der Anteil der Bekleidungsexporte vervierfachte sich fast. Im selben Zeitraum stieg der Anteil der Spielzeug- und Schuhwarenexporte sogar um das acht- bzw. zehnfache.

Die wachsende Bedeutung der Fertigungsindustrie für Chinas Wachstum im zweiten Reformzeitraum wird auch durch die sich ändernde Exportstruktur unterstützt. In der ersten Phase der Reformen hatten primäre und Fertigungsexporte ungefähr gleiche Anteile, rund 50 % jeweils. Seit Mitte der 1980er-Jahre nahm der Anteil der Primärexporte stetig ab und belief sich 1990 nur noch auf gut 25 %, während der Fertigungssektor einen konstanten Anstieg verzeichnete, bis 1990 auf fast 75 %. Mitte der 1990er-Jahre wurden dann Maschinen und elektrotechnische Ausrüstung (M&E) zur vorwiegenden Exportkategorie in China. Zwischen 1990 und 1992 haben sich die M&E-Exporte mehr als verzehnfacht, und zwischen 1992 und 1995 wuchsen sie mit einer durchschnittlichen jährlichen Rate von rund 40 %. China gelang es so, während der zweiten Phase der Reformen zu Aktivitäten mit höherer Wertschöpfung zu wechseln.

1.2.5 Reformverlangsamung und Rückkehr der Industriepolitik (2003–2012)

Während der 1990er-Jahre und zu Beginn der 2000er-Jahre etablierte China das Fundament des modernisierten Handelsrechtssystems durch die Verabschiedung verschiedener Gesetze, darunter das Gesellschaftsrecht, das Vertragsrecht und das Gesetz gegen Wettbewerbsbeschränkungen. Das neue Gesellschaftsrecht, das 2005 in Kraft trat, bot die erforderliche Grundlage für die Modernisierung der Corporate Governance (Unternehmensführung) in China. Es vereinfachte die Anforderungen an die Gründung von Gesellschaften und erweiterte die Rechte der Aktionäre. 2006 wurden die neuen „Verordnungen über die Fusion und Übernahme inländischer Unternehmen durch ausländische Investoren" („New M&A Regulations") erlassen. Sie ermöglichen es ausländischen Investoren, Aktienanteile von Aktionären einer chinesischen inländischen Gesellschaft zu erwerben, und waren damit stärker an internationalen Praktiken ausgerichtet. Schließlich verabschiedete China im August 2007 ein Gesetz gegen Wettbewerbsbeschränkungen (AML).

Nach 2001 wurde das Finanzsystem für ausländische Unternehmen und Bankprivatisierungen geöffnet. 2002 wurden ausländische Banken berechtigt, Geschäfte mit chinesischen Firmen und Einwohnern in ausländischer Währung abzuwickeln, und die Beschränkungen für das Geschäft mit dem Renminbi wurden aufgehoben. Und 2003 wurden staatliche Geschäftsbanken privatisiert.

Angesichts der zugenommenen Stärke der chinesischen inländischen Unternehmen wurden die Sonderpolitiken zugunsten der Sonderwirtschaftszonen ab der zweiten Hälfte der 2000er-Jahre zurückgefahren. Die steuerliche Begünstigung ausländischen Kapitals wurde ab 2008 abgeschafft, und die Steuersätze für ausländische und inländische Unternehmen wurden auf 25 % angehoben.

Insgesamt jedoch kann man von einer **deutlichen Verlangsamung des Reformprozesses** ab 2003 sprechen.

Die Bemühungen um marktwirtschaftliche Reformen gingen zurück, als die Hu Jintao-Wen Jiabao-Regierung an die Macht kam. Diese Reformstagnation kann als ein Sich-Ausruhen auf den vorherigen Erfolgen – und als Hoffnung auf eine unabhängige Wachstumsdynamik nach dem Beitritt zur WTO – interpretiert werden. Es gab auch keine unmittelbare Krise, die die Umsetzung marktwirtschaftlicher Reformen erfordert hätte, im Gegensatz zu den vorherigen beiden Reformphasen. Darüber hinaus bestand Unsicherheit hinsichtlich der möglichen negativen Folgen des WTO-Beitritts, und Reformtreibende gingen dementsprechend vorsichtiger vor. Und, nicht zuletzt, befürchteten vor allem die konservativen Kräfte in der KPCh durch weitere marktwirtschaftliche Reformen und Liberalisierungen einen Machtverlust der kommunistischen Partei Chinas (d. h. eine Verletzung des obigen Ziels 1).

Obwohl die Reformtrajektorie dramatisch verändert wurde, war der Umfang dieser Veränderung nicht sofort erkennbar. Die Wachstumsrate blieb weiterhin sehr hoch – das Bruttoinlandsprodukt pro Kopf wuchs im Durchschnitt jährlich um 10,6 % zwischen 2003 und 2010. Diese beeindruckende Wachstumsleistung kann jedoch vor allem auf die während der 1990er-Jahre unter Zhu Rongji durchgeführten wirtschaftlichen und institutionellen Reformen zurückgeführt werden. Darunter fallen die Liberalisierungsbemühungen im Handel, um auf den WTO-Beitritt vorzubereiten, die Privatisierungswelle und die SOE-Reformen, als Folge derer staatliche Unternehmen profitabler wurden.

Ein weiterer Grund für den veränderten, verlangsamten Reformkurs war der, dass Reformtreibende die negativen Nebenwirkungen des ungezügelten Wachstums unterschätzt hatten. Die in den 1990er-Jahren ergriffenen Maßnahmen hatten eine Gruppe von Reformverlierern generiert, insbesondere Beschäftigte in staatlichen Unternehmen, die im Zuge der Privatisierung und Neuordnung der staatlichen Unternehmen ihren Job verloren hatten. Sozioökonomische Probleme verschärften sich, darunter der Verfall des sozialen Sicherungsnetzes, steigende Hauspreise, Arbeitslosigkeit und steigende Einkommensungleichheit – insbesondere zwischen der städtischen und der ländlichen Bevölkerung. Reformen zur Bekämpfung dieser negativen Auswirkungen wurden in den 1990er-Jahren aufgrund der Angst vor einer Wachstumsverlangsamung, die die Legitimität der KPCh hätte gefährden können, vernachlässigt oder nicht stark genug angegangen. Allerdings wurde die Wirtschaftsleistung allein allmählich als nicht ausreichend angesehen, um die ausreichende Legitimität der Partei sicherzustellen, da die wachsende Mittelschicht die wachsenden nicht-wirtschaftlichen Probleme auch als eine Art Verstoß gegen den stillschweigenden Gesellschaftsvertrag zwischen der KPCh und den chinesischen Bürgern betrachten konnte. Die wachsende Unzufriedenheit unter Bevölkerungsgruppen, die in Bezug auf ihre Größe nicht zu vernachlässigen waren, hätte Instabilität hervorrufen können, so war die Befürchtung.

Die chinesischen Behörden erkannten die Dringlichkeit, diese Probleme anzugehen, und änderten ihre Prioritäten in der Politik. Insbesondere konzentrierten sie sich mehr darauf, die Stabilität zu erhalten (Verfolgung des obigen Zieles 3), unter anderem durch die Bekämpfung sozialer Probleme.

Ein zentrales Problem war das der zunehmenden Arbeitslosigkeit. Schon Mitte der 1980er-Jahre war das System der lebenslangen Beschäftigung abgeschafft und durch ein Arbeitsvertragssystem auf fünfjähriger Basis ersetzt worden, das allmählich ausgeweitet wurde. Auch wurde die Arbeitsmobilität gefördert. So durften die Unternehmen Personal einstellen und entlassen, und auch städtische Beschäftigte bekamen mehr Freiheit, ihren Arbeitsplatz zu wählen. Folglich wurden viele Arbeitsverträge gekündigt und das Risiko der Arbeitslosigkeit nahm zu. Die Abschaffung der lebenslangen Beschäftigung bedeutete auch, dass immer mehr Menschen von der Inanspruchnahme sozialer Sicherheitsleistungen ausgeschlossen waren.

Die größten „Verlierer" dieser zweiten Reformperiode waren zweifellos die Beschäftigten von staatlichen Unternehmen, die zuvor viele Vorteile genossen hatten, aber jetzt vor massiven Entlassungen standen. Auch wenn ein Teil davon in den neugegründeten Privatunternehmen neue Anstellungen fand, führten die Entlassungen zu einer zunehmenden Unzufriedenheit unter diesen Menschen, die sich zurückgelassen fühlten. Obwohl die Regierung verschiedene Anstrengungen unternommen hatte, um die Situation der entlassenen Arbeitskräfte zu verbessern, waren die Erfolge dieser Maßnahmen eher begrenzt. 1995 startete die Regierung das „Re-Employment Project", das das Grundeinkommen der entlassenen Arbeitskräfte sichern sollte. Es umfasste Lebenshilfen und Zahlungen in die Renten- und Krankenversicherungen der Entlassenen für einen Zeitraum von bis zu 3 Jahren. „Re-Employment Service Centers" sollten die finanziellen Hilfen auszahlen und Weiterbildungs- und Jobvermittlungsmaßnahmen organisieren.

Die Umsetzung und der Erfolg dieses Programms waren jedoch nicht zufriedenstellend – unter anderem wegen knapper Mittel, Korruption und der schlichtweg fehlenden Arbeitsplätze. Oft wussten die Beschäftigten nicht einmal von der Existenz dieser Zentren, oder sie erhielten weniger als die bereits recht niedrige Standardzahlung von 280 Yuan pro Monat. Auch bei anderen sozialen Dienstleistungen wurden einige Reformen durchgeführt, darunter die Einführung des Grundversicherungsprogramms für städtische Beschäftigte im Jahr 1995.

Trotz der Einführung politischer Reformen zur Etablierung sozialer Versicherungsprogramme wurden sehr oft flexible Arbeitskräfte sowie Selbstständige und ländliche Migrantenarbeitnehmerinnen und Migrantenarbeitnehmer von diesen Dienstleistungen ausgeschlossen. Die soziale Sicherheit war immer noch unvollständig und wichtige Teile fehlten.

Zusätzlich wurden die in den 1950er-Jahren eingeführten Verwaltungsbarrieren, die zu einem dualistischen System mit verschiedenen Arten von Staatsangehörigkeit – ländlich versus städtisch – führten, bis in die 1990er-Jahre aufrechterhalten. Dies wurde durch das Haushaltsregistrierungs- oder **Hukou**-System sichergestellt, das den ländlichen Bürgern den Umzug in die Städte verbot, da sie dort keine angemessenen sozialen Dienstleistungen wie Bildung für ihre Kinder, Gesundheitsversorgung usw. erhalten hätten. Folglich hatte sich der ländlich-städtische Unterschied – in Bezug auf Einkommen, aber auch auf Bildung und Bereitstellung sozialer Dienstleistungen – erheblich vergrößert. In den 1990er-Jahren wurden die Einschränkungen für die Migration in die Städte gelockert, was zu großen Migrationsflüssen in die Städte führte. Es war jedoch immer noch sehr schwierig für Migrantenarbeitnehmerinnen und Migrantenarbeitnehmer, ein städtisches Hukou zu erhalten, so dass sie stark benachteiligt waren.

Ausweitung des sozialen Sicherungssystems
In den 2000er-Jahren rückten aufgrund der Angst vor politischer Instabilität die oben beschriebenen Probleme stärker in den Fokus der chinesischen Behörden. Auch stiegen dank des anhaltenden und sogar beschleunigten Wachstums die Haushaltseinnahmen, die für soziale Dienstleistungen ausgegeben werden konnten, stark an, was eine gute Grundlage für dieses Vorhaben bot. Neben den eben beschriebenen Arbeitsmarktmaßnahmen standen im Zentrum (1) die Reform des Gesundheitssystems – das alte kostenlose Gesundheitssystem wurde aufgegeben und durch ein universelles Gesundheitssystem mit Trennung zwischen städtischen und ländlichen Einwohnern ersetzt –, (2) die Reform des Rentensystems – die Regierung entwarf für die städtischen Gebiete ein neues gemischtes Rentensystem; auch selbständige städtische Arbeitskräfte wurden mit einbezogen –, und (3) Maßnahmen zur Verringerung des ländlich-städtischen Einkommensgefälles – wegen der immer stärker zugenommenen Ungleichheit zwischen städtischen und ländlichen Einkommen wurden unter anderem die ländlichen Steuern reduziert, die landwirtschaftliche Steuer 2005 abgeschafft, Haushaltsausgaben für Bildung und Gesundheitsdienste erhöht, Subventionen für Bauern finanziert, die Eigentumsrechte der Bauern gestärkt, und die ländliche Migration gefördert.

Rückkehr zur Industriepolitik
Die vierte Reformphase, ab 2003, war nicht nur von der eben skizzierten Ausweitung des sozialen Sicherungssystems geprägt, sondern auch von einem stärkeren Wiederaufleben der Industriepolitik. Noch in der vorherigen Reformphase unter Zhu Rongji wurden direkte staatliche Eingriffe in die sektorale Entwicklungspolitik zurückgefahren und stattdessen das nationale Innovationssystem zunehmend marktgesteuert, wie zuvor in ähnlicher Weise auch in Japan und Südkorea. 2003 jedoch fand eine Rückkehr zur „techno-industriellen Politik" statt. Es wurden in diesem Jahr die Systemreformkommission (SRC) und die Kommission für

staatliche Entwicklungsplanung zur „Nationalen Kommission für Entwicklung und Reform" (NDRC) zusammengeschlossen.

Auch das SASAC (State-Owned Assets Supervision and Administration Commission) wurde in diesem Jahr gegründet. Es ermöglichte dem Staat, eine direktere Rolle bei der Förderung der wirtschaftlichen Entwicklung zu spielen. Das SASAC war für die Überwachung der 196 großen chinesischen Staatsunternehmen in strategisch wichtigen Industrien verantwortlich, die zu nationalen Champions umgewandelt werden sollten.

Die industriepolitische Wende Chinas verlief anfangs vorsichtig und schrittweise. Die Politiker produzierten einen breiten Innovationspolitikrahmen und listeten Projekte auf, die sie bereit waren zu finanzieren bzw. zu bezuschussen. Der Rahmen war noch etwas diffus. Es handelte sich mehr um einen horizontalen industriepolitischen Ansatz, der das Innovationsklima allgemein fördern wollte, und weniger auf spezielle Sektoren gerichtet war. Erst unter Xi Jinping verfolgte die Industriepolitik in den 2010er-Jahren einen vertikalen Ansatz und förderte bewusst einzelne zukunftsträchtige Sektoren.

Der Richtungswechsel in der Wiederaufnahme umfassender Industriepolitiken erfolgte in zwei Wellen. Während der **ersten Welle** schuf die Zentralregierung das „Mittel- und Langfristprogramm für Wissenschaft und Technologie" (MLP), in dessen Rahmen die Abhängigkeit von ausländischer Technologie reduziert und die inländische Forschung und Entwicklung gefördert werden sollte. Seit etwa 2003 übertrafen die Ausgaben für inländische Forschung und Entwicklung die Ausgaben für Technologieimporte, und zwischen 2003 und 2012 sank die ausländische Abhängigkeit von rund 40 % auf nur noch rund 20 %. Darüber hinaus wurden 2006 **16 Megaprojekte** entwickelt.

Auswirkungen der Globalen Finanzkrise
Die Globale Finanzkrise, die 2007/8 begonnen hatte, hatte vor allem zwei wichtige wirtschaftspolitische Implikationen für China. Zum einen wurde die Industriepolitik weiter ausgeweitet. Und zum anderen wurde nach der Globalen Finanzkrise ein riesiges **Konjunkturprogramm** aufgelegt, um einer Rezession mit länger anhaltender Abschwächung des Wachstumsprozesses, die aufgrund der krisenbedingt rückläufigen Exportnachfrage drohte, entgegenzuwirken. Hierfür wurden zunächst um-

gerechnet 586 Mrd. US-Dollar in die Hand genommen und später – ab 2011 – nochmals mehrere kleinere sogenannte Mikrostimulierungsprogramme aufgelegt.

Die konjunkturpolitischen Maßnahmen zur Bekämpfung der Krise vermischten sich mit Industriepolitikinitiativen. So wurde die Umsetzung der 16 Megaprojekte beschleunigt und ein „10-Punkte-Programm für die Revitalisierung der Industrie" eingeführt. Die Restrukturierungspläne für die Industrie beinhalteten in der Regel, unter anderem, Steuervergünstigungen und erweiterte Kreditgewährung für Technologieupgrades und Maßnahmen zur Erhöhung der Energieeffizienz. Die „schnelle pragmatische Intervention" im Zuge der weltweiten Finanzkrise ebnete den Weg für die strategischen Schlüsselindustrien, die die industriellen Politiken während der 2010er-Jahre dominierten.

Die **zweite Welle** der (techno-) industriellen Politik begann dementsprechend um 2010 und stand im Zentrum des „Programms für strategische Schlüsselindustrien" (SEIs). Von diesen SEI-Initiativen waren einige Fortführungen individueller Megaprojekte, wie überhaupt die meisten Megaprojekte eine Beziehung zur nachfolgenden SEI hatten. Die sieben in der „Entscheidung über die Beschleunigung der Entwicklung strategischer Schlüsselindustrien" aufgeführten Industrien waren:

1. Energieeffiziente und umweltfreundliche Technologien
2. Nächste Generation der Informations- und Kommunikationstechnologie (IKT)
3. Biotechnologie
4. Herstellung von Hochleistungsgeräten
5. Erneuerbare Energien
6. Neue Materialien
7. Neue Energiefahrzeuge.

Zusätzlich legte dieses Dokument auch quantitative Ziele fest. Insbesondere sollte der Anteil der Wertschöpfung dieser Industrien am BIP im Jahr 2015 8 % und 2020 etwa 15 % betragen. Der Katalog der SEIs wurde 2013 und 2016 unter dem neuen Präsidenten Xi Jinping überarbeitet, wobei unter anderem „Digital Innovation" als 8. SEI aufgenommen wurde. Obwohl die SEI-Projekte eng mit den vorherigen

Megaprojekten verbunden waren und manchmal sogar eine Fortsetzung darstellten, gab es einige wichtige Unterschiede: Erstens schuf die Regierung eher günstige Bedingungen für die beteiligten Unternehmen anstatt die SEI-Initiative vollständig zu finanzieren. Zweitens wurden die SEI-Projekte sofort von der „Nationalen Entwicklungs- und Reformkommission" (NDRC) geleitet. Im Gegensatz dazu wurden die MLP und die Megaprojekte erst nach und nach zu industriellen Politiken.

Die weiterhin starke Abhängigkeit von der industriellen Politik wurde ab 2016 in dem 13. Fünfjahresplan und der Strategie „Made in China 2025" verstärkt. Die Initiative **„Made in China 2025"** betonte zehn Prioritätsindustrien, die in gewissem Maße auf die zuvor formulierten SEIs aufbauten:

1. Informationstechnologie
2. Robotik
3. Luft- und Raumfahrtgeräte
4. Meerestechnik-Geräte und Hochleistungsschiffe
5. Eisenbahnausrüstung
6. Energiesparende und neue Energiefahrzeuge
7. Stromversorgung
8. Neue Materialien
9. Medikamente und medizinische Geräte
10. Landwirtschaftliche Maschinen.

Ähnlich wie bei früheren Reformen wurde das Programm „Made in China 2025" zunächst in Pilotstädten, insbesondere in Ningbo, implementiert. Auch die in dem 13. Fünfjahresplan (2016–2020) hervorgehobenen Industriegebiete stimmten weitgehend mit den SEIs überein.

Im Allgemeinen wurden staatlich finanzierte Finanzagenturen während der letzten Dekade bedeutender. Die Zentralregierung investierte in Prioritätswachstumsbereiche über Investitionsfonds. Ende 2015 gab es etwa 780 solcher Fonds.

Letzteres fiel schon in die Herrschaftsperiode von Xi Jinping, die 2012 begann. Unter Xi Jinping, der seit 2012 Generalsekretär der KPCh und seit 2013 Chinas Präsident ist, entstand aus den einzelnen Megaprojekten und den SEIs ein ganzheitliches nationales Sicherheitskonzept, das 16 sicherheitsrelevante Bereiche umfasst. Darunter fallen Wirtschaft, Politik und Militär, daneben auch der Zugang zu wichtigen Rohstoffen, Technologie, und der Schutz sensibler Daten. Zu Xi Jinpings Entwicklungsstrategie und dabei der Rolle von Industriepolitik siehe näher in Kap. 3 dieses Buches!

1.3 China als Spätentwickler im ostasiatischen Wirtschaftswunder

Chinas Wirtschaftserfolg unter und nach Deng Xiaoping war erstaunlich, ja eine Art Wirtschaftswunder. In der Literatur und Presse hagelte es in dieser Zeit nur so von Superlativen in der Beschreibung von Chinas wirtschaftlichem Aufschwung. Vor allem die Jahre 1992 bis 2012 waren die „goldenen Jahre" für China mit durchschnittlichen jährlichen Wachstumsraten von rund 10 %.

Doch wird dabei oft übersehen, dass dieses Wirtschaftswunder nicht ein besonderes Kennzeichen von China darstellt, sondern es ähnliche Erfolgsgeschichten schon vorher in Ostasien gab, auch dort mit jahrzehntelangen durchschnittlichen Wachstumsraten um die 10 %. Eine ganze Reihe von Ländern schafften es damals, von einem sehr armen Entwicklungsland zu einem reichen Industrieland aufzusteigen – etwas, was China noch nicht gelungen ist und vielleicht als Ganzes auch nie gelingen wird, wenn man „reich" wie üblich am Bruttoinlandsprodukt pro Kopf misst. Es herrscht in China die Angst, dass das Land zuerst alt wird, bevor es so reich wird wie die anderen ostasiatischen Länder; hierzu siehe näher in den nächsten beiden Kapiteln.

Die Erfolgsländer Ostasiens, von denen ich hier spreche, sind Japan, Taiwan, Singapur, Hong Kong und Südkorea, wobei Japan einen Sonderfall darstellt, da es bereits vor als auch nach dem Zweiten Weltkrieg wesentlich wohlhabender war als die anderen kleineren ostasiatischen Länder, die anfangs noch bitterarm waren.

Ein wesentlicher Erfolgshebel, den all diese Länder anwendeten und der für ihren jeweiligen Wirtschaftsaufschwung entscheidend war, war der Übergang zu einer exportorientierten Wachstumsstrategie. Im Gegensatz dazu hatte China in der Mao-Ära bis 1977 auf eine Strategie der

Importsubstitution gesetzt, so wie gleichzeitig auch viele südamerikanische Länder, die teilweise als reiche Länder gestartet dadurch in ihrem Entwicklungsstand wieder zurückgefallen waren. Erst unter Deng Xiaoping hat China auf eine exportorientierte Strategie umgeschaltet, nachdem dieser 1978 eine ganze Reihe von erfolgreichen ostasiatischen Nachbarländern besucht hatte, um von diesen zu lernen. Dies kann als Beginn des Erfolgsweges von China angesehen werden.

Insofern kann man Chinas Erfolg kaum als einmalig bezeichnen. Höchstens insofern, als es China gelang, den Anfangserfolg von Japan, Südkorea und anderen zu wiederholen, und das im Gegensatz zu den anderen als ein Riesenland, dem damals bevölkerungsmäßig größten Land der Welt, und noch dazu mit einem anderen Wirtschaftssystem und ohne so starke politisch-militärische Protegierung durch die USA. Noch nie war es einem so riesigen Land, noch dazu mit einem anderen als dem westlichen Wirtschaftssystem, nämlich einem, dass die obigen Ziele 1 (Machterhalt der KPCh) und 2 (Wirtschaftsentwicklung) verband, in der Neuzeit gelungen, in solch kurzer Zeit so stark aufzuholen.

Ansonsten jedoch ähnelt Chinas Aufstieg in gewisser Weise doch sehr stark dem von Japan, Taiwan, Singapur und Südkorea.

1.3.1 Japan

Japans goldene Wachstumsperiode war die in den 1950er- und 1960er-Jahren, genau gesagt in der Zeit von Mitte der 1950er-Jahre bis 1973, während der Japan in den Club der reichen Länder aufstieg. Es war der zweite Aufstieg Japans in den Club der reichen Länder. Der erste war nach der Industriellen Revolution der Meiji Periode (1868–1912). Das Land wuchs in diesen zwei Jahrzehnten mit einer durchschnittlichen jährlichen Wachstumsrate von rund 10 %, ähnlich der von China im Zeitraum 1992–2012. Das war sogar etwas mehr als die Wachstumsrate in Westdeutschland zu der gleichen Zeit – in Westdeutschlands Wirtschaftswunderzeit. 1970 überholte Japan Westdeutschland an wirtschaftlicher Größe und wurde die weltweit zweitgrößte Wirtschaft nach den USA. Erst in den krisengeplagten 1970er-Jahren, mit zwei Ölkrisen, einer weltweiten Stagflation – Stagnation mit gleichzeitig hoher Inflation –, und dem Zusammenbruch des Bretton-Woods-Systems, das mit für die Wirtschaftsstabilität in der Nachkriegszeit gesorgt hatte, flachte sich das Wachstum etwas ab, so wie auch in den meisten anderen Industrieländern.

1.3.2 Südkorea

Rund zwei Jahrzehnte nach Japan erlebte auch Südkorea seinen wirtschaftlichen Aufschwung. Die 1950er-Jahre waren für Südkorea noch durch den Korea-Krieg – die kriegerischen Auseinandersetzungen mit dem kommunistischen Nordkorea – und seinen Nachwirkungen geprägt. Noch 1960 war Südkorea bitterarm. Sein BIP pro Kopf betrug nur 83 % des BIP pro Kopf der Gruppe der Sub-Sahara afrikanischen Länder und 8 % des der Gruppe der OECD-Länder. Beginnend in den 1960er-Jahren, vor allem aber dann in den 1970er- und 1980er-Jahren startete Südkorea durch, mit jährlichen Wachstumsraten des BIP-pro-Kopf von an die 10 %, über die 36-jährige Periode 1961–1997 hinweg waren es im Durchschnitt 7,3 % jährlich. Auch wenn Südkoreas Wachstumsrate von 1999–2019 auf 3,8 % pro Jahr zurückging, gelang es Südkorea, das 1996 OECD-Mitglied wurde, in dieser Zeit die Entwicklungslücke zur OECD Schritt für Schritt zu reduzieren. 2019 wies es ein Pro-Kopf-Einkommen von 70 % des durchschnittlichen OECD-Einkommens auf. Südkorea war es damit gelungen, wie vorher Japan schon – letzteres allerdings mit einer viel besseren Ausgansposition –, zur Gruppe der reichen Industrieländer aufzusteigen.

1.3.3 Taiwan, Singapur und Hong Kong

Taiwan, Singapur und Hong Kong sind die anderen drei ostasiatischen Wirtschaftswunderländer, die über lange Zeit zweistellige Wachstumsraten erzielten und inzwischen zum Teil sogar – wie Singapur – die USA im Lebensstandard (BIP pro Kopf) überholt haben.

Diese Länder waren 1960 auch noch sehr arm, wenn auch nicht ganz so arm wie China. Der BIP pro Kopf Wert in China – in Kaufkraftparität gemessen – betrug 1960 nur 996; in Südkorea 1225, in Taiwan schon

2554, in Singapur 2753, und in Hong Kong gar 4148. Der Vergleichswert in Japan war zu der Zeit 5821 und in den USA 18.901. 2010 hatte Hong Kong die USA bereits eingeholt und Singapur die USA schon überholt. Taiwan hatte zumindest Japan 2010 schon überholt, und Südkorea war nahe dran.

Auch diese Länder konnten über Jahrzehnte annähernd zweistellige Wachstumsraten erzielen. Und sie konnten dabei von den Erfahrungen in Japan profitieren. Der frühe Beginn der Reformen in diesen Ländern erlaubte es diesen, die sogenannte „Mittlere-Einkommens-Falle" (MIT = Middle Income Trap; siehe hierzu näher in Kap. 2) nachhaltig zu überwinden. Dies ist etwas, was China sich auch als Ziel auserkoren aber noch nicht erreicht hat – unter anderem, weil es inzwischen aufgrund seiner langjährigen Ein-Kind-Politik stark gealtert ist. China ist deswegen vielleicht zu spät daran, den Erfolg der anderen Länder hin zu einer dauerhaften signifikanten und schnellen Überwindung der MIT wiederholen zu können. Siehe näher in Kap. 2 und 4 dieses Buches.

1.3.4 China

Chinas Aufschwung mit zwei Jahrzehnten hoher Wachstumsraten von rund 10 % setzte wiederum mit einer Verspätung von 20 Jahren gegenüber Südkorea ein. Es war die Periode 1992–2012. Die 1980er-Jahre können dagegen für China als eine Art Markfindungsphase gekennzeichnet werden. Erst nach einem Reformstopp 1989–1992, im Anschluss an die Niederschlagung des Tian'anmen-Aufruhrs, startete China dann mit substantiellen institutionellen Marktreformen durch. China konnte dabei nicht nur aus den Erfahrungen Japans, sondern auch Taiwans, Singapurs und Hongkongs lernen.

China war also 40 Jahre später als Japan und 20 Jahre später als Südkorea dran. China war sozusagen ein Spätentwickler, aufgehalten durch drei verlorene Jahrzehnte von Maos Experiment mit einer kommunistischen Planwirtschaft, dann etwas gebremst durch das zögerliche Umschalten in den 1980er-Jahren in Richtung marktwirtschaftlicher Reformen.

1.3.5 Gibt es so etwas wie ein ostasiatisches Modell?

Es ist schon erstaunlich, dass anscheinend die größten Wachstumswunder der Nachkriegszeit in Ostasien stattfanden. Diverse Studien haben gezeigt, dass es nur sehr wenige Länder über die letzten 50, 60 Jahre hinweg geschafft haben, von einem Entwicklungsland, oder einem Land mit mittlerem Einkommen, aufzusteigen in die Gruppe der reichen Länder. Von diesen sehr wenigen kommen überproportional viele aus Ostasien.

Die Frage, die häufig gestellt wird, ist die, ob es ein ostasiatisches Erfolgsgeheimnis gibt, sozusagen ein ostasiatisches Wachstumsmodell? Oder, anders gesagt: Gibt es ein Muster an institutionellen und wirtschaftlichen Merkmalen und Entwicklungspolitiken, das einzigartig für die ostasiatischen Volkswirtschaften ist und das die außergewöhnliche wirtschaftliche Dynamik in diesem Bereich erklären kann? Während westliche Ökonomen diese Frage überwiegend bejahen, sind Forscher aus der ostasiatischen Region meist weniger davon überzeugt, dass solch ein gemeinsames Entwicklungsmodell wirklich existiert.

1.3.5.1 Gemeinsamkeiten

Wenn wir die drei Länder Japan, Südkorea und China mit der westlichen Welt vergleichen, sind die Ähnlichkeiten hinsichtlich der Entwicklungsstrategien besonders ausgeprägt. Bei näherer Betrachtung der Entwicklungswege dieser drei Länder treten jedoch oft feine Unterschiede zutage. Alle drei Länder wiesen während ihres Wirtschaftsaufschwungs folgende **fünf Gemeinsamkeiten** auf:

- Erstens haben alle drei Länder über einen längeren Zeitraum hinweg ein **rasantes Wirtschaftswachstum** erlebt, das es ihnen ermöglichte, entweder der Gruppe der Industrieländer beizutreten – wie im Falle Japans und Südkoreas – oder den Status eines Schwellenlandes zu erreichen – wie im Falle Chinas.
- Zweitens folgten sie alle einem **exportorientierten Entwicklungsmodell**.

- Drittens teilen sie alle **ähnliche institutionell-kulturelle Merkmale**, z. B. konfuzianische Werte. So gibt es in diesen Ländern eine Abneigung gegen individualistische, egoistische Handlungen, die auf Kosten anderer – der Gruppe oder der Gemeinschaft – erfolgen. Ein solches Verhalten wird durch soziale Stigmatisierung und Diskriminierung/Ausschluss geahndet. Außerdem herrscht in allen drei Ländern heute noch eine männlich dominierte Gesellschaft.
- Viertens gewannen sie alle nach der Asienkrise (1997) **Selbstvertrauen und Unabhängigkeit**. Die asiatische Finanzkrise und ihre Folgen waren ein traumatisches Erlebnis für die ostasiatischen Volkswirtschaften und führten zu einem „genug ist genug"-Moment. Sie enthüllte auch ein Gefühl des Paternalismus des Westens, der bis dahin versucht hatte, sein bevorzugtes Entwicklungsmodell und seine Weltanschauungen Ostasien aufzuzwingen – nicht nur in Bezug auf die Menschenrechte, sondern auch in Bezug auf das Wirtschafts-/Marktsystem sowie das demokratische System. Dies wurde durch Konditionalitäten der Kreditvergabe – insbesondere durch den IWF und die Weltbank – versucht zu erreichen, die darauf abzielten, die Richtlinien des „Washington Consensus" durchzusetzen – obwohl diese Richtlinien ab Mitte der 1990er-Jahre, vor allem aber nach der Asienkrise 1997, immer kritischer beurteilt wurden. Siehe zum „Washington Consensus" in Kap. 7 „Erläuterungen und Literaturhinweise".
- Fünftens haben sie alle, oder hatten, eher **autoritäre Regierungen** und/oder nur relativ schwache Demokratien während ihres Wirtschaftsaufschwungs.

Diesen Gemeinsamkeiten stehen jedoch auch Unterschiede gegenüber.

1.3.5.2 Unterschiede

Unterschiedliche Ausgangsniveaus zu Reformbeginn
Als Reformbeginn habe ich für Japan das Jahr 1950, für Südkorea 1960 und für China 1980 gewählt. Das BIP pro Kopf betrug in Japan – in Kaufkraftparität gemessen – 1950 den Wert 2879, in Südkorea 1960 den

Wert 1225, und in China 1980 den Wert 1680. Auch die Ausstattung mit ausgebildeten Fachkräften –Humankapital– und marktwirtschaftlichen Institutionen unterschied sich deutlich zwischen Japan auf der einen Seite und Südkorea und China auf der anderen Seite. In Japan war die Ausstattung zu Reformbeginn wesentlich besser.

Auch gemessen am Anteil der in der Landwirtschaft noch Beschäftigen lag das Entwicklungsniveau Japans Anfang der 1950er-Jahre weit vor dem in Südkorea und in China. In den frühen 1950er-Jahren lag der Anteil der in der Landwirtschaft Beschäftigten in Japan bereits bei nur 36 %. In Südkorea und China waren dagegen zu der Zeit und auch noch 20 Jahre später die Beschäftigungsanteile der Landwirtschaft deutlich höher.

Japan ist auch das einzige der drei Länder, das vor seinem Aufholprozess einen Demokratisierungsprozess, diesen jedoch aufgezwungen durch die amerikanischen Besatzungstruppen, erfahren hat. In Südkorea hatte sich die Demokratie erst später im Entwicklungsprozess im Land selbst konsolidiert. China ist dagegen bis heute geprägt durch sein autoritäres Regime. Japan und Südkorea haben in den Anfangsjahren ihres Aufholprozesses stark von der amerikanischen Entwicklungshilfe profitiert.

Unterschiedliche Entwicklungsstrategien
Ich betrachte hier die unterschiedlichen Entwicklungsstrategien vor allem im Hinblick auf die Übernahme ausländischer Technologien. Japan und Südkorea konnten ihre industriellen Strukturen durch den Handelskanal-Ansatz, sprich den Import von High-End-Produkten, verbessern, was besonders umfassend in Japan geschah. Das heißt, Japan und auch Südkorea haben vor allem aus der Imitation und Weiterentwicklung von importierten High-End-Produkten aus den westlichen Industrieländern gelernt, durch Produkte zerlegen und nachbauen.

Im Gegensatz zu den japanischen und südkoreanischen Erfahrungen vertraute China auf eine andere, von ausländischen Direktinvestitionen getriebene Strategie. Dies lässt sich zum Teil damit erklären, dass das Land anfangs nicht über die erforderlichen Fähigkeiten verfügte, um die von Japan gewählte Strategie umzusetzen. Vor allem seit Beginn der 1990er-Jahre lockte China enorme Mengen an ausländischen Direktinvestitionen an, um von den damit verbundenen Wissenstransfers zu profitieren. Darüber hinaus ermöglichte das on-the-job-training chinesischen Arbeitskräften, ihre Fähigkeiten weiterzuentwickeln und mehr über die Technologie der multinationalen Unternehmen zu erfahren, welche anschließend zu vergleichsweise geringen Kosten an chinesische inländische Unternehmen weitergegeben werden konnten.

Unterschiedliche Größe
Im Vergleich zu China sind Japan und Südkorea relativ kleine Länder. Dies bedeutet, China hat einen wesentlich größeren Binnenmarkt als die anderen beiden Länder. Gleichzeitig besitzt es auch aufgrund seiner Markt-Größe eine viel größere Marktmacht in Verhandlungen mit anderen Staaten und multinationalen Unternehmen. Dies ermöglichte dem Land, ausländische Unternehmen zu Joint Ventures zu zwingen und, zumindest weitgehend, die Bedingungen dieser Zusammenarbeit vorzugeben.

Weitere Unterschiede gab es hinsichtlich der Geographie der Länder, ihren Institutionen, der jeweiligen Unterbrechungen in ihren Entwicklungsprozessen, und in ihren Einkommensungleichheiten.

Geographie
Neben den erheblichen Größenunterschieden, haben Japan und vor allem Südkorea weniger große Küstenstädte als China. China hat eine riesige Küstenregion mit vielen großen Städten, verschiedenen Megastädten – z. B. Tianjin, Shanghai, Shenzhen und Guangzhou – und mehreren Freihandelszonen.

Institutionen
Die südkoreanische „traditionelle Elite" wurde während der japanischen Kolonialherrschaft marginalisiert, und nach der Niederlage Japans im Zweiten Weltkrieg und durch den Koreakrieg mehr oder weniger endgültig zerstört. Das Land war deshalb zu Beginn seines Aufschwungsprozesses institutionell am „blankesten" von allen drei ostasiatischen Staaten. Heutzutage wird dagegen China oft als das ostasiatische Land mit den ernsthaftesten institutionellen Problemen angesehen.

Unterbrechungen in den Entwicklungsprozessen

Alle drei Länder haben eine Unterbrechung in ihrer Entwicklung erlebt. Für Japan fand dieser Bruch in den 1970er-Jahren statt, als das Land 1973 und 1979 von zwei Ölkrisen getroffen wurde. Japan, als Teil der G7-Staatengruppe, bewältigte die Krise durch marktorientierte Politiken. In Südkorea kann die Asienkrise 1997 als Strukturbruch angesehen werden. Ähnlich wie in Japan halfen marktorientierte Reformen und die Stärkung der Demokratie, die Krise zu überwinden. Für China kann die Zeit nach der Globalen Finanzkrise 2008 als ähnlicher Wendepunkt angesehen werden. Nach der weltweiten Finanzkrise und der darauffolgenden weltweiten wirtschaftlichen Rezession setzte China expansive monetäre und fiskalpolitische Maßnahmen ein, um mit der Krise fertig zu werden. Im Gegensatz zu den anderen beiden Ländern versuchte China nicht, die Krise mit marktorientierten und demokratischen Reformmaßnahmen zu bewältigen, sondern mit Zentralisierung, Autoritarismus, Nationalismus und der Überwachung seiner Bürger mit Hilfe von Künstlicher Intelligenz. Siehe ausführlicher dazu in Kap. 3 dieses Buches.

Ungleichheit

Zu Beginn ihrer Reform- oder Aufholphasen war die Ungleichheit – gemessen am sogenannten „Gini-Index" – in allen drei Ländern relativ niedrig. Danach zeigten die drei Länder jedoch eher unterschiedliche Ungleichheitsverläufe. Während in Südkorea die Ungleichheit bis Ende der 2010er-Jahre relativ stabil niedrig blieb – mit einem Gini-Index zwischen 30 und 33 –, erhöhte sie sich in Japan ab 1980 etwas – von niedrigen 25 auf 32. Demgegenüber hat die chinesische Wirtschaft seit den späten 1980er- und 1990er-Jahren einen steilen Anstieg des Gini-Index, sprich der Ungleichheit, verzeichnet, von 28 auf 47. Der Gini-Koeffizient für das Einkommen in China erreichte 2008 einen Höchstand und ging bis 2015 etwas zurück. Bis zum Jahr 2022 stieg der Wert wieder auf 46,7.

1.3.6 Resümee

Beliebt zur Veranschaulichung des wirtschaftlichen Entwicklungsprozesses in der ostasiatischen Region ist in der Fachliteratur immer noch das **„fliegende Gänse" (FG) Modell.** Weniger entwickelte asiatische Volkswirtschaften „fliegen" wie in der V-Flugformation fliegender Wildgänse hinter der fortgeschrittensten Industrienation, in der Reihenfolge ihrer unterschiedlichen Wachstumsphasen: so auch Südkorea hinter Japan, und China hinter Südkorea.

Der wesentliche Unterschied zwischen Japan, Südkorea und China dürfte der sein, dass China immer ein anderes politisches System betrieben und andere entwicklungsrelevante Rahmenbedingungen als Japan oder Südkorea vorgefunden hat. Hier ist zwischen exogenen Rahmenbedingungen – Geographie, Größe usw. – und endogenen Rahmenbedingungen zu unterscheiden. Letztere ändern sich permanent, da sich der globale Strukturwandel ständig weiterentwickelt. China hat den Strukturwandelprozess, und damit auch den Entwicklungsprozess, einige Jahrzehnte später durchgeführt als Japan und Südkorea, genauso wie Südkorea zwei Jahrzehnte hinter Japan in dieser Hinsicht zurücklag. Beide Länder, China und Südkorea, konnten von Japan lernen, und China zusätzlich von Südkorea, und die Stärken und Schwächen des jeweils anderen Entwicklungswegs studieren und aus ihnen lernen.

Wie gesagt, haben sich die Rahmenbedingungen im Laufe der Zeit stark geändert, so dass es für China schwierig werden dürfte, den Konvergenzerfolg der anderen ostasiatischen Wirtschaftswunderländer ganz zu wiederholen. Dies schon angesichts der ungünstigeren geopolitischen Ausgangsbedingungen heute, die in den folgenden Kapiteln näher beschrieben werden. Vor allem der derzeit beobachtbare Rückgang der Globalisierungsdynamik im Zusammenhang mit zunehmenden protektionistischen Handelspolitiken der Global Players dürfte dieses Vorhaben, sowie auch die Wiederholung von Chinas Wirtschaftswunder-Erfolg für andere Nachzügler, erschweren. Auch die ärmsten Länder der Welt leiden darunter. So hat sich nach einer neueren Studie der Weltbank die Einkommenslücke zwischen der Hälfte der 75 ärmsten Ländern und den reichsten Ländern zum ersten Mal in diesem Jahrhundert wieder vergrößert.

2
Wachstumsverlangsamung und aufkommende geopolitische Spannungen mit dem Westen

2.1 Gründe für den Rückgang des Wirtschaftswachstums

Wie in Kap. 1 erläutert, hat China über die vergangenen vier Jahrzehnte einen erstaunlichen wirtschaftlichen Aufschwung erlebt:[1] Seit China 1978/9 begann, seine Wirtschaft zu öffnen und zu reformieren, hat nach Berechnungen der Weltbank das chinesische BIP-Wachstum im Durchschnitt über 9 % pro Jahr betragen (BIP = Bruttoinlandsprodukt). Das Lebensstandardniveau – gemessen am BIP pro Kopf – erhöhte sich bis 2017 um das 24-fache. Mehr als 800 Mio. Menschen haben sich seit 1978 aus der Armut befreit. Im gleichen Zeitraum hat sich auch der Zugang zu Gesundheits-, Bildungs- und anderen Dienstleistungen erheblich verbessert, so dass auch die Lebenserwartung um zehn Jahre gestiegen ist.

Die Hochphase des chinesischen Wirtschaftswachstums lag dabei in der Zeit zwischen 1992 und 2011 mit einer durchschnittlichen jähr-

---
[1] Quellenangaben, Begriffserläuterungen und sonstige Ergänzungen zu Kap. 2 sind in Kap. 7 zu finden.

lichen Wachstumsrate von rund 10 %. Seit 2011 jedoch hat sich das Wirtschaftswachstum in China zunehmend verlangsamt, zuerst auf 7–8 %, derzeit auf 4–5 %, und für 2030 prognostiziert der Internationale Währungsfonds (IWF) eine Wachstumsrate von gut 3 %. Ein Wachstum von 3 % wäre aber zu wenig, um den Erfolg von Japan, Südkorea, Singapur oder Taiwan zu wiederholen und in wenigen Jahrzehnten zum westlichen Lebensstandard-Niveau annähernd aufzuschließen; obwohl es sicherlich noch immer ein Traum oder Wunsch vieler chinesischer Politiker ist, bis 2049 – dem 100-jährigen Jubiläum der Existenz der Volksrepublik China – lebensstandardmäßig zum Westen/den USA aufzuschließen. Letzteres dürfte auch deshalb schwierig sein, da die Wirtschaft im Westen, besonders in den USA, ja auch in Zukunft weiter expandieren dürfte. So prognostiziert der IWF, dass die Wirtschaft in den USA in den nächsten Jahren weiter mit rund 2 % wachsen wird.

Die Frage im ersten Teil dieses Kapitels ist: Wie konnte es zu diesem Wachstumsabschwung, zu dieser Verlangsamung des Aufholprozesses in China kommen? Was waren die Auslöser, was die Gründe?

Wir werden sehen, dass es ein Mix aus

- natürlichen Gesetzmäßigkeiten,
- unglücklichen Einflüssen vom Ausland (exogenen Schocks),
- halbexogenen Schocks (mitverursacht von China), und
- eigenen Politik „fehlern"/-entscheidungen der chinesischen Regierungen

war, der für diesen Abschwung, der Verlangsamung des Wachstums-/Aufholprozesses, ausschlaggebend war.

Während die unter „natürlichen Gesetzmäßigkeiten" besprochenen Entwicklungen die Wachstumsrate dauerhaft begrenzen bzw. verringern, kann man aus den übrigen Phänomenen erstmal nur vorübergehende Wachstumseinbrüche ableiten, falls die Auswirkungen der Schocks kompensiert bzw. die Politikfehler korrigiert werden. Auch deshalb werden die in „natürliche Gesetzmäßigkeiten" zusammengefassten Entwicklungen im Folgenden etwas ausführlicher behandelt als die übrigen genannten. Zudem werden viele dieser übrigen – „nicht-natürlichen" – Entwicklungen nochmals in Kap. 3, 4 und 5 aufgegriffen.

2.1.1 Natürliche Gesetzmäßigkeiten

Abnehmende Grenzerträge der Kapitalakkumulation
Je reicher ein Land wird, umso schwieriger wird es für dieses, seine bisher hohen Wirtschaftswachstumsraten aufrechtzuerhalten. Warum? Je reicher es ist, umso reicher ist es auch an Kapital, und je mehr Kapital es besitzt, umso schwieriger wird es mit jeder zusätzlichen Kapitaleinheit den gleichen Output/Ertrag –unter den gegebenen Institutionen– zu erzielen. Das bezeichnet man in der Ökonomie als das **Gesetz vom abnehmenden Grenzertrag des Kapitals**. Als armes Land mit wenig Kapital kann das Land davon profitieren, dass es die Produkte und technologischen Erkenntnisse und Erfolgswege der reicheren, erfahreneren Länder imitieren kann. Da Kapital knapp ist, hat es einen hohen relativen Marktwert (Knappheitspreis). Dementsprechend können ärmere Länder, verglichen mit den reichen Ländern, in der Regel mit höheren Investitionen und höheren Wachstumsraten rechnen. Sie brauchen diese auch, um aufzuholen und Anschluss an die reicheren Länder finden zu können. Anders ist ein Konvergenzprozess ja auch nicht möglich. Mit zunehmender Entwicklung wird es immer schwieriger, hohe zusätzliche Kapitalerträge zu erzielen. Ein Land muss sich immer mehr auf sich selbst verlassen, es muss eigene Innovationen tätigen und seine institutionellen Rahmenbedingungen verbessern, um weiterhin erfolgreich sein, d. h. auch weiterhin hohe Wachstumsraten erzielen zu können. Es braucht also selbstgenerierten technischen und institutionellen Fortschritt. Dadurch erst würde jede zusätzliche Kapitaleinheit, z. B. Maschineneinheit, technisch produktiver/effizienter, was der Tendenz des abnehmenden Grenzertrags der Kapitalakkumulation entgegenwirken kann. Dies ist auch der Anknüpfungspunkt der neuen Wachstumsstrategie im Wirtschaftsprogramm –Xinomics– von Chinas Präsident Xi Jinping, wie wir in Kap. 3 sehen werden. Allerdings wird dies erschwert, wenn – wie im Fall Chinas – eine Gesellschaft während des Entwicklungsprozesses stark altert. Zu diesem Aspekt komme ich im Punkt „Natürlicher Alterungsprozess" später in diesem Abschnitt sowie auch in Kap. 4 im Punkt „Demographischer Wandel" näher.

Strukturwandel
Das oben Gesagte hängt auch zusammen mit dem natürlichen Aspekt des „sektoralen Strukturwandels". **Sektoraler Strukturwandel** bezeichnet hier die Änderung in der relativen Bedeutung bzw. Dominanz von Sektoren, konkret der drei Sektoren Landwirtschaft, Industrie und Dienstleistungen. Jede Gesellschaft durchlebt während ihres Entwicklungsprozesses von einem ärmeren Entwicklungs- hin zu einem reicheren Industrieland einen solchen Strukturwandel. Ein ärmeres Entwicklungsland ist in der Regel immer auch ein Agrarland. Je produktiver der Agrarsektor in dem Land wird, umso weniger Arbeitskräfte werden in der Landwirtschaft benötigt, um die Bevölkerung mit Agrargütern zu versorgen. Immer mehr Menschen werden freigesetzt, die dann vom Agrarsektor in den Manufaktur- oder Industriesektor wandern und sich dort ihren Lebensunterhalt verdienen können. Die Bedeutung des Industriesektors und sein Anteil am Bruttoinlandsprodukt steigt an, so dass der Industriesektor auch quantitativ bedeutsamer als der Agrarsektor wird. Nun ist das Produktivitätswachstum im Industriesektor erfahrungsgemäß in aller Regel höher als im Agrarsektor, zumindest solange der Agrarsektor noch einen hohen Bevölkerungsanteil beschäftigt. Entsprechend wird auch das Wirtschaftswachstum mit dem Übergang, bzw. der Bedeutungszunahme des Industriesektors, zunehmen. Dies bezeichnet man auch als ein Phänomen bzw. eine Begleiterscheinung der Industrialisierung oder Industriellen Revolution.

Dadurch, dass auch im Industriesektor Produktivitätszuwächse auftreten, werden von dort, und weiterhin auch vom immer produktiver werdenden Agrarsektor, Arbeitskräfte für den Dienstleistungssektor freigestellt. Je wohlhabender nämlich ein Land ist, umso mehr Dienstleistungen werden seine Bürger nachfragen. Das heißt, mit der Zeit wird erfahrungsgemäß der Dienstleistungssektor immer größer und wird irgendwann der größte der drei Sektoren. Diesen Prozess bezeichnet man als Tertiarisierung oder De-Industrialisierung. Das Problem hierbei ist, dass der Dienstleistungssektor in aller Regel weniger produktiv ist als der Industriesektor. Die Beschäftigung verschiebt sich tendenziell in Richtung produktivitätsschwächerer Bereiche – mit personalintensiven Dienstleistungen wie Gesundheit, Erziehung, und Pflege. Der Dienstleistungssektor trägt mithin weniger stark zur BIP-Produktion bei, was noch dazu umso stärker durchschlägt, je größer der Anteil der Dienstleistungen des Staates am gesamten Dienstleistungssektor ist. Der Staat ist der in der Regel am wenigsten produktive Bereich, gemessen am traditionellen Maßstab der Volkwirtschaftlichen Gesamtrechnung. Die Folge ist, dass die Wirtschafswachstumsrate mit der Tertiarisierung wieder sinken wird. Ein weiterer Grund hierfür ist auch, dass die geforderten und gezahlten Lohn- oder Einkommenszuwächse im weniger produktiven Dienstleistungssektor, zumindest in den westlichen Industrieländern bislang, ähnlich hoch sind wie im produktiveren Industriesektor. Dies gilt insbesondere, aber nicht nur, für Länder mit starken Gewerkschaften. Folglich werden mit der Tertiarisierung das durchschnittliche Produktivitätswachstum und mit diesem das Wirtschaftswachstum in einer Volkswirtschaft zurückgehen. Je stärker dann der Dienstleistungssektor relativ zu den anderen beiden Sektoren anwächst, umso stärker wird der Wachstumsrückgang ausfallen. Dies war die Erfahrung der letzten Jahrhunderte in so gut wie allen Ländern, die inzwischen reiche Industrieländer geworden sind.

In China hat der Anteil des Landwirtschaftssektors an der Gesamtbeschäftigung 1978 noch 70 % betragen; er sank bis 2020 Schritt für Schritt auf 24 %. Dafür stieg der Beschäftigungsanteil des Industriesektors in China von 18 % 1978 auf 29 % in 2020. Gleichzeitig stieg der Beschäftigungsanteil, sowie der BIP-Anteil, des Dienstleistungssektors in China stetig an, der Beschäftigungsanteil von 12 % 1978 auf 47 % in 2020, mit steigender Tendenz (Quelle: China Statistical Yearbook 2022; eigene Berechnungen). Der Überholpunkt der Tertiarisierung, d. h. der Zeitpunkt oder Zeitraum an dem der Dienstleistungssektor die beiden anderen Sektoren in China sowohl bezüglich Beschäftigung als auch Wertschöpfung überholte, und damit der dominierende wurde, war zwischen 2011 und 2013. Auch in China ist der Dienstleistungssektor heute derjenige mit den geringsten Produktivitätszuwächsen, wie die Statistiken zeigen. Ob sich dies durch die moderne Verknüpfung von Industrie- und Dienstleistungssektor ändern lässt, bleibt abzuwarten. Der Wachstumsrückgang durch den Strukturwandel lässt sich nämlich dadurch begrenzen, dass der technische Fortschritt im Dienstleistungssektor erhöht wird, z. B. durch Einsatz von Künstlicher Intelligenz (KI), was jedoch nicht so einfach ist, insbesondere bei staatlichen und sozialen Dienstleistungen. Am ehesten könnte dies im Bereich der industriebezogenen Dienstleistungen umgesetzt werden, wo eine engere Verbindung zwischen dem Industrie-und Dienstleistungssektor eingegangen wird.

Mittlere Einkommensfalle
Jedes Entwicklungsland, dem es gelingt mithilfe von hohen Wachstumsraten im Pro-Kopf-Einkommen zu den wohlhabenderen Ländern aufzuschließen, wird irgendwann mal den Status eines Mittleren-Einkommens-Landes erreichen und damit auch der Herausforderung der Überwindung der sogenannten „Mittleren-Einkommens-Falle" (Middle-Income-Trap: MIT) gegenüberstehen.

Der Begriff **Mittlere Einkommensfalle** (MIT) bezieht sich auf Länder, die ein schnelles Wachstum erfahren haben und dadurch schnell den Status eines Landes mit mittlerem Einkommen erreicht haben, es dann aber nicht schaffen, diesen Einkommensbereich zu überwinden, um weiter zu den entwickelten, sprich reichen Ländern aufzuschließen. Eine bekannte Weltbank-Studie aus dem Jahre 2013 zeigt, dass es über den Zeitraum von 1960 bis 2010 nur sehr wenigen Ländern gelungen ist, diese Schwelle zu überwinden. Und das galt auch für die folgenden 14 Jahre. Deswegen hat es auch die chinesische Regierung in den letzten Jahren zu einer ihrer dringendsten Aufgaben und Herausforderungen erklärt, die Voraussetzungen dafür zu schaffen, dass China diese Schwelle überwinden kann, d. h. nicht in der MIT-Falle hängenbleibt. So betonte Chinas Ministerpräsident Li Keqiang 2015 auf dem Weltwirtschaftsforum in Davos, dass es der chinesischen Wirtschaft nur dann gelingen würde, die ‚Falle des mittleren Einkommens' erfolgreich und nachhaltig zu überwinden, wenn die notwendigen Strukturreformen durchgeführt würden. Im selben Jahr warnte Chinas damaliger Finanzminister Lou Jiwei auf einem Wirtschaftsforum an der Tsinghua-University, dass China eine 50/50-Chance (Risiko) hätte, innerhalb der nächsten 5 bis 10 Jahre in eine MIT-Falle zu geraten. In der Literatur findet man viele empirische MIT-Definitionen, die sich entweder auf absolute oder relative Schwellenwerte für mittleres Einkommen beziehen. Je nachdem, welche Definition, Datenbank und Wachstumsprognosen man verwendet, kann man empirische Belege für jeden möglichen Fall finden, dafür, dass China sich in einer MIT befindet oder nicht; und dafür, dass China in eine MIT fallen wird oder nicht. In der Tat ist es relativ einfach, ein gewünschtes Ergebnis zu erzeugen oder zu manipulieren. Von daher gilt es vorsichtig zu sein bei der Übernahme von pauschalen Aussagen aus solchen empirischen Studien.

Nichtsdestotrotz gibt es gewisse Übereinstimmungen in den empirischen Studien. Die meisten Szenarien gehen davon aus, dass sich China noch nicht oder noch nicht lange in einer MIT befindet. In den meisten von ihnen tritt China nur dann längerfristig in eine MIT ein, wenn die chinesische Wachstumsrate auf 3–4 % pro Jahr sinkt, ein Szenario, das lange nur die pessimistischsten Wachstumsprognosen vorhersagten, was jedoch in den Jahren 2020 und 2022 in China schon – wenn auch zunächst nur vorübergehend – eingetreten war. Und es gibt immer mehr Ökonomen, wie den Harvard-Professor und früheren Chefökonomen des Internationalen Währungsfonds (IWF) Kenneth Rogoff, oder auch aus dem IWF selbst, die für China eine Abnahme des Wachstums auf nur noch zweieinhalb bis dreieinhalb Prozent in den kommenden zehn Jahren erwarten. Dies würde jedoch nicht reichen, um nachhaltig aus einer MIT zu kommen und in absehbarer Zeit zum Westen/zu den USA aufschließen zu können, da die Wachstumsprognosen für die USA für den gleichen Zeitraum bei rund 2 % liegen.

Es gibt in der Literatur ein weiteres wichtiges Konzept zur Identifizierung einer MIT. Es beinhaltet die Suche nach „auslösenden Faktoren", die das Wachstum beschleunigen oder verlangsamen. Unter diesen auslösenden Faktoren sind die am häufigsten genannten die Exportstruktur, das Humankapital (Bildung und Wissen der Beschäftigten) und die Totale Faktorproduktivität. Ein interessantes Ergebnis dieser Studien ist, dass China bei der Bildung hinterherhinkt, gemessen an den durchschnittlichen Jahren der Sekundarschulbildung, der abgeschlossenen Tertiärausbildung, den PISA-Ergebnissen und dem Zugang zu Bildung. Daher sind weitere Verbesserungen bei der Humankapitalakkumulation und Bildung sowie eine Verringerung der sich ausgeweiteten Bildungsungleichheit (zwischen Land und Stadt) auf jeden Fall angeraten, um eine MIT in China zu vermeiden bzw. zu überwinden.

Eine MIT-Überwindung erfordert eine Änderung der Wachstumsstrategie hin zu qualitativem Wirtschaftswachstum und zu einer Fokussierung auf Innovationserzeugung. Dies ist deshalb ein Schwerpunkt der Wirtschaftspolitik unter Präsident Xi Jinping; siehe genauer im nächsten Kap. 3. Zu einer anhaltenden MIT-Überwindung bedarf es jedoch auch weiterer marktwirtschaftlicher institutioneller Reformen, um Anreize für diese Innovationserzeugung zu schaffen. Dies ist in China seit 2003 nicht mehr oder nur mehr sehr begrenzt erfolgt; siehe hierzu in Kap. 1.

Natürlicher Alterungsprozess
Wenn der Anteil der Alten in einer Bevölkerung immer stärker zunimmt, besteht die Gefahr oder Tendenz, dass die durchschnittliche Arbeitsproduktivität und damit das Wachstumspotential in der Wirtschaft irgendwann zurückgehen. Grund ist, dass – was theoretische und empirische Untersuchungen nahelegen – die Alten in der Regel weniger produktiv und weniger innovativ sind im Vergleich zu den Jüngeren in der Gesellschaft. Je älter eine Gesellschaft, desto weniger neue Ideen werden produziert und desto risikoscheuer ist die Gesellschaft. Je größer allerdings die Bevölkerungszahl, wie in China, umso größer ist immer noch die Anzahl –der Pool– von Jungen und somit die Anzahl von neuen Ideen. Im Zuge des Alterungsprozesses kommt es jedoch in bestimmten Bereichen zu Personalengpässen, vor allem bei Fachkräften. Diese werden selbst zum Wachstumshemmnis, sowohl statisch, weil der Produktion die Arbeitskräfte fehlen, als auch dynamisch, da produktivitätssteigernde und damit wachstumsfördernde Investitionen wegen des Personalmangels nicht umgesetzt werden. Nun gibt es in weiten Teilen der Welt derzeit solch einen Alterungsprozess, vor allem in den europäischen Industrieländern, aber auch in den ostasiatischen Industrieländern wie in Japan und Südkorea, speziell aber auch in China. In China wurde dieser Alterungsprozess frühzeitig durch die in China zwischen 1979 und 2015 geltende Ein-Kind-Politikvorschrift beschleunigt. Jedoch scheint sich der Prozess auch nach der Aufhebung der Ein-Kind-Politikregel fortzusetzen. Letzteres lässt sich wie folgt begründen.

Je wohlhabender, technologisch fortgeschrittener ein Land ist, um so gefragter sind auf dem Arbeitsmarkt gut ausgebildete Arbeitskräfte. Letzteres erzeugt bei Eltern den Anreiz, ihren Kindern eine gute Ausbildung zukomm zu lassen. Da eine solche jedoch in der Regel teuer ist, können sich die meisten Eltern nur wenige bzw. immer weniger Kinder leisten.

Diese Erklärung geht zurück auf den Wirtschaftshistoriker Oded Galor. Seine Geschichtserzählung der Entwicklung der Menschheit geht verkürzt wie folgt. Über Jahrtausende lebte die Menschheit in Armut. Die Menschen hatten viele Kinder und meist auch wenig technologische Fortschritte/Durchbrüche. Im Laufe der Menschheitsgeschichte erreichte die Zunahme des technologischen Fortschritts jedoch einen Kipppunkt, zuerst in Europa während der Industriellen Revolution. Die Innovationen wurden so groß und anspruchsvoll, dass dadurch eine Nachfrage nach besonderen Kompetenzen und anspruchsvollerem Wissen der Arbeitskräfte ausgelöst wurde. Es wurden zunehmend Arbeitskräfte benötigt, die in der Lage waren, die neuen Techniken zu verstehen und mit ihnen umzugehen. Dies setzte voraus bzw. bewirkte, dass es für Eltern jetzt lukrativ wurde, mehr in die Erziehung und Ausbildung ihrer Kinder zu investieren. Dies konnten sie aber nur, wenn sie weniger Kinder bekamen. Insofern war der technologische Fortschritt der Auslöser für den Rückgang der Geburten und der Kinderzahl in den letzten zwei Jahrhunderten in den heutigen Industrieländern und ist es auch heute in den meisten der Schwellenländer. Dies kann man als eine Art des natürlichen Alterns von Gesellschaften bezeichnen. Wenn Gesellschaften ein gewisses Entwicklungsniveau überschreiten, müssen sie ihr Wachstumsmodell verändern, um die MIT zu überwinden. Sie brauchen dann, wie gesagt, gut ausgebildete Arbeitskräfte, was den Eltern abverlangt, dass sie mehr in die Erziehung und Ausbildung ihrer Kinder investieren. Dies wiederum ist nur möglich, machbar, wenn Eltern sich auf wenige Kinder beschränken. Dieser Prozess war, wie gesagt, auch in China in den letzten ein bis zwei Jahrzehnten klar erkennbar, dort forciert durch die lange vorgeschriebene Ein-Kind-Politik. Chinesische Eltern kümmerten sich mehr um die Kindererziehung, und finanzierten mehr in diese, als früher und begnügten sich mit weniger Kindern. Allerdings ist die Kausalität in China nicht so klar, da chinesische Eltern wie gesagt lange gleichzeitig unter dem Diktat der Ein-Kind-Politik standen. Erst in den letzten Jahren fiel dieses Diktat; es wurden für Eltern Anreize geschaffen, mehr Kinder zu bekommen, bislang jedoch vergeblich, was letztlich durch die obige Galorsche Begründung erklärt werden kann.

Immer weniger Kinder bedeutet jedoch, dass die Bevölkerungszahl abnimmt, wie in China seit 2022. Der Arbeitskräftepool schrumpft, und das Durchschnittsalter der Beschäftigten steigt. Dies erzeugt zusammen negative Wachstumseffekte. Ich werde später in diesem Abschnitt sowie in Kap. 4, im Abschn. „4.2.1", noch näher darauf zu sprechen kommen, insbesondere darauf, was dagegen getan werden kann bzw. wie sich der wachstumssenkende Effekt begrenzen lässt, und was in China derzeit hierfür gemacht wird.

2.1.2 Unglückliche äußere Umstände (exogene Schocks)

Die Globale Finanzkrise
China wurde wie alle anderen Staaten auch von den Auswirkungen der Globalen Finanzkrise getroffen, die 2007 in den USA ihren Ausgang nahm und sich danach über die ganze Welt ausbreitete. Auch wenn China, wie auch andere asiatische Länder, nicht so stark wie andere westliche Industriestaaten von dieser Krise direkt betroffen war, wurde es doch von der zurückgehenden Importnachfrage in Folge des Wirtschaftseinbruchs in den reicheren Industriestaaten stark tangiert. Chinas Wachstum drohte wie das der anderen Länder erstmal zurückzugehen.

China reagierte darauf Ende 2008 mit einem extrem umfangreichen Konjunkturprogramm im Umfang von umgerechnet 586 Mrd. US-Dollar, was in den folgenden Jahren nicht nur dem Land hohe Importe von notwendigen Rohstoffen und Industriegütern ermöglichte, sondern auch den westlichen Industriestaaten wie insbesondere Deutschland eine lange Wirtschaftsrezession ersparte, da diese nun große Mengen an Gütern nach China exportieren – die Importwünsche Chinas erfüllen – und im Gegenzug wieder mehr Güter aus China importieren konnten. Der Haken war nur, dass dieses riesige Konjunkturprogramm in den folgenden Jahren neue Ungleichgewichte in China erzeugte, deren Bekämpfung neue Wachstumseinbrüche Chinas initiierte. Hierzu weiter unten in Kap. 3.

Die Corona-Pandemie
Der starke Wachstumsrückgang in China in den Jahren nach 2020 war vor allem der – wodurch, in welchem Land, auch immer ausgelösten – Pandemie und der folgenden Non-Covid-Politik geschuldet. Dadurch brach die globale Nachfrage ein, und die folgende globale Wirtschaftskrise konnte in den einzelnen Ländern nur mithilfe starker Staatsverschuldungen und Geldmengensteigerungen begrenzt werden. Die globalen Wertschöpfungsketten wurden längere Zeit gestört, teilweise gekappt, was weltweit, so auch in China, zu Wachstumseinbrüchen führte. Zur folgenreichen, den Wachstumseinbruch weiter verstärkenden Non-Covid-Politik Chinas komme ich weiter unten in diesem Abschnitt.

Die Wiederkehr der Inflation
Dem drohenden Zusammenbruch der Weltwirtschaft nach der Globalen Finanzkrise 2008/9 traten die G-20-Länder damals zügig entgegen und erreichten so, dass das Schlimmste verhindert werden konnte. Das geschah allerdings auf Kosten einer in vielen Ländern über ein Jahrzehnt andauernden extremen Ausweitung der Geldmengen durch die Zentralbanken. Dass dies irgendwann zu inflationären Tendenzen führen würde, bei bestimmten schock- und fiskalpolitischen Rahmenbedingungen, wurde von vielen prognostiziert, praktisch jedoch wollte man es lange nicht wahrhaben. Letztlich aber bahnte sich die Inflation ihren Weg, ausgelöst insbesondere durch die Angebotsverknappungen mit hohen Energiekosten in Folge der Corona-Pandemie und vor allem des Ukrainekriegs. Um die Inflation wieder in den Griff zu bekommen, war es unerlässlich für die Zentralbanken, die Zinsen drastisch zu erhöhen. Auch dies hat zu Wachstumseinbrüchen weltweit geführt. China spürte dies weniger aufgrund eigener Zinssteigerungen als aufgrund des durch die externen Zinssteigerungen ausgelösten globalen Nachfrageeinbruchs, der sich in einem Rückgang der chinesischen Exporte bemerkbar machte. Auch dies verringerte, zumindest vorübergehend, das Wirtschaftswachstum in China.

2.1.3 Halbexogene Schocks

Als „halbexogene" Schocks bezeichne ich hier solche, die von China selbst zum Teil mit verursacht, jedoch durch, von China teilweise nicht vorhergesehene/erwartete, ausländische Reaktionen erst relevant wurden, indem sie zur Wachstumsverlangsamung in China beitrugen.

Der Kampf um die geopolitische Vorherrschaft zwischen China und den USA
Der geopolitische Streit, der zwischen China und den USA, und aber auch der EU, seit einigen Jahren ausgebrochen ist, ist begründet durch wirtschaftspolitische Maßnahmen Chinas, die schon länger dazu beitrugen, dass die chinesischen Handelsüberschüsse immer stärker stiegen. Dadurch wurden aus den USA, aber auch aus der EU, Arbeitsplätze abgezogen bzw. „vernichtet". Ausländische westliche, multinationale Unternehmen wurden benachteiligt, sprich ihnen wurde der Zugang zum chinesischen Markt erschwert, und chinesische Unternehmen wurden bevorzugt. Chinesische Unternehmen wurden durch wettbewerbsverzerrende Subventionen gefördert, gepusht, so dass diese bei internationalen Ausschreibungen zum Zuge kommen konnten. Westliche, weniger subventionierte Unternehmen hatten dagegen oft das Nachsehen. Dies löste schließlich vor allem in den USA, zuerst unter Präsident Obama und dann um so gravierender unter den Präsidenten Trump und Biden, Gegenmaßnahmen – Handelsstreitigkeiten, Sanktionen – aus, die für beide Seiten mit Wachstumseinbußen einhergingen. Hintergrund ist, dass sich die USA als Noch-Hegemonialstaat in ihrer Führungsrolle in der Weltwirtschaft und in den internationalen Organisationen zunehmend von China bedroht fühlten; siehe hierzu näher in Abschn. 2.2.

Die De-Risking-Strategie des Westens
Die Non-Covid-Politik Chinas wie auch der Ukraine-Krieg zeigten den westlichen Staaten und Unternehmen, wie fragil die im Globalisierungsprozess der letzten drei Jahrzehnte aufgebauten globalen Lieferketten geworden sind. Und sie offenbarten weiterhin die inzwischen große Abhängigkeit westlicher Staaten und Unternehmen von China, sprich von chi-

nesischen Rohstofflieferungen. Hierunter fielen Lieferungen von Rohstoffen wie seltene Erden, Graphit, Wismut, Magnesium, Diamant. Chinas Anteil an deutschen Importen dieser Rohstoffe betrug 2023 jeweils über drei Viertel, bei den ersten beiden sogar über 90 %, zudem auch von Medikamentengrundstoffen. Um diese Abhängigkeit zu verringern, haben sich die westlichen Staaten und Unternehmen zunehmend dazu durchgerungen, ihre Beschaffungsstrategien grundlegend zu ändern. Das heißt, sie versuchen zu einer sogenannten „De-Risking"-Strategie überzugehen; siehe näher in Kap. 5. Das impliziert, dass sie weltweit neue, zusätzliche Lieferanten suchen („China-plus") und ihre Produktion zum Teil aus China in andere Länder verlagern. Dies ist eine Art Versicherung gegen erneute Lieferkettenunterbrechungen infolge von Naturkatastrophen und gegen politische Erpressungsversuche etc. Eine solche Versicherung ist nicht umsonst zu haben, sondern verursacht hohe Kosten. Letztlich erkauft man sich dadurch ein Stück mehr Versorgungssicherheit durch Aufgabe von Wachstum. Die Welt wird weniger offen, weniger global/isiert; und das bedeutet, man muss auf ein Stück Wachstum verzichten. Betroffen davon ist nicht nur der Westen, sondern auch China, das gewichtige Abnehmer für seine Produkte verliert.

Die Sanktionen des Westens

Der Westen reagierte nicht nur passiv auf Lieferunterbrechungen und die aggressive Handelspolitik Chinas mit einem graduellen Sich-Zurückziehen aus China, sondern auch aktiv/istisch mit Sanktionen gegenüber China, mit Blockaden und Exportkontrollen unter anderem in der Solar- und Halbleiterbranche. Neuerdings werden auch noch konkrete Schritte unternommen, um chinesischen Elektrofahrzeugen den Zugang zum amerikanischen und zum europäischen Automarkt zu erschweren. Begründet wird dies offiziell zum einen mit einer Gefährdung der nationalen Sicherheit. Die meisten Autos sind heutzutage vernetzt, was die Angst auslöst, dass die Betriebssysteme von China missbraucht werden könnten. Außerdem werden die Sanktionen als Antwort darauf gesehen, dass China seinerseits ausländische Autos vom heimischen Markt fernhält. US-Autohersteller werden zum Beispiel gezwungen, chinesische Software in ihren für den chinesischen Markt bestimmten Autos zu verwenden.

Ein zweiter wichtiger Grund für die Sanktionen der USA und der Europäischen Union sind wirtschaftlicher Natur: Es sind Befürchtungen, dass moderne, günstige Fahrzeuge aus China den amerikanischen und europäischen Markt überschwemmen. China, so wird behauptet, fördere Überkapazitäten aktiv für den Export, um die heimischen Produktionskapazitäten auszulasten. Diese Überkapazitäten würden dann zu Dumping-Preisen auf dem Weltmarkt abgesetzt. Einheimische Hersteller würden so aus dem Geschäft gedrängt, so wie es in der Vergangenheit in der Stahlbranche geschah. Dass viele Hightech-Produkte „Made in China" vor allem deshalb so erfolgreich sind, weil sie attraktiv, kostengünstiger – aufgrund des Ausnutzens von Economies of Scale – und zum Teil sogar deutlich besser sind als ihre westlichen Konkurrenzprodukte, wird dabei häufig unterschlagen. Statt alles daran zu setzen, die heimischen Unternehmen innovativer und damit stärker zu machen, diskutieren Politiker lieber über Scheinlösungen wie Verbote.

China wiederum reagiert mit eigenen protektionistischen Vergeltungsmaßnahmen auf die Exportkontrollen der westlichen Länder, sprich auf die neue China-Politik der EU, Deutschlands und der USA. Hierzu zählt das Verbot der Ausfuhr von Technologien, die für die Verarbeitung seltener Erden nötig sind, und von Rohstoffen, auf die Europa angewiesen ist und ohne die die dortige Energiewende zu scheitern droht. Dies alles belastet das Wirtschaftswachstum in China und dem „Westen".

Der Rückgang der FDIs
Die eben beschriebenen Maßnahmen führen auch zu einem Rückgang der ausländischen Direktinvestitionen (FDI) in China. Dieser Rückgang kommt zum Teil aufgrund politischen Drucks, vor allem der amerikanischen Regierung gegenüber China, zustande. Dadurch, dass seit 2022 – unter Androhung von Sanktionen von Seiten der amerikanischen Regierung – gewisse sensible Güter nicht mehr nach China ausgeführt werden dürfen –wie Halbleiter–, werden bestimmte ausländische Investitionen in China für multinationale Unternehmen weniger attraktiv. Doch auch die Tatsache, dass China immer autoritärer wird, Planungssicherheit für Unternehmen verringert sowie zunehmend Räume für Kreativität und freies Denken in Unternehmen einengt, schreckt ausländische Unterneh-

men –Direktinvestoren– ab. So erreichten die ausländischen Nettoinvestitionen in China 2023 zum ersten Mal einen negativen Wert, nachdem es 2015–2016 schon einmal einen signifikanten Kapitalabfluss gab, damals entfacht durch eine Währungsabwertung der chinesischen Währung, die selbst durch einen Börsenkrach in China ausgelöst worden war.

Stärkere Rückgänge insbesondere von FDIs haben für China gravierende negative Folgen, da solche ausländischen Investitionen vor allem für China wichtige Wissenstransfers generieren. Insofern tragen auch Rückgänge von FDIs zu einer Wachstumsverlangsamung bei. Zur Relativierung muss allerdings auch berücksichtigt werden, dass in 2022 nicht nur China unter einem vehementen Abfluss von FDIs gelitten hat. Auch andere Länder waren von solchen Abflüssen betroffen, wie zum Beispiel Indien, wo in der ersten Hälfte des Fiskaljahres 2022 das FDI-Volumen um rund 24 % sank. Dahinter standen zum einen die Schwäche der Weltwirtschaft und die globale Zinswende. Zum anderen aber war auch die nach wie vor vorherrschende Skepsis ausländischer Unternehmen über ihre Chancen, von Indiens Aufschwung profitieren zu können – aufgrund von Übermaß an Bürokratie, Mangel an Infrastruktur, und Unzuverlässigkeit der indischen Behörden –, mit dafür verantwortlich.

Die Immobilienkrise in China
Seit einigen Jahren hat eine Immobilienkrise China fest im Griff und trägt wesentlich zur derzeitigen Wachstumsverlangsamung in China bei. Ein wesentlicher Ausgangspunkt dieser Immobilienkrise war das erwähnte extrem starke Konjunkturprogramm, das China nach der Globalen Finanzkrise aufgelegt hatte. Ein Großteil dieses riesigen Investitionsvolumens ging in Infrastrukturinvestitionen, vor allem in Bauaktivitäten. Immer neue Städte, Stadtteile und Häuserblocks wurden über Jahre hinweg in kurzer Zeit gebaut, von denen nach einigen Jahren viele leer standen, trotz der Tatsache, dass auch die Nachfrage nach Immobilien über viele Jahre boomte. Grund für diesen Nachfrageboom waren die mangelnden Anlagealternativen für Ersparnisse in China und die durch permanent steigende Preise ausgelöste Spekulationstätigkeit. Viele Objekte wurden auf Kredit gekauft in der Hoffnung, dass die Preise noch weiter ansteigen würden. Als der Boom, manche sprechen auch von Blase, ab-

flachte und letztlich platzte, verursacht insbesondere durch staatliche Gegen-/Stabilisierungsmaßnahmen –mit dem Ziel eine Finanzkrise zu vermeiden–, kam es zu Preiseinbrüchen und mithin zu Finanzproblemen. Kredite konnten nicht zurückgezahlt werden. Die Auswirkungen waren Nachfragerückgänge, Bauunterbrechungen mit der Folge der Nichtfertigstellung von Immobilien, die zum Teil bereits von den Käufern vorausbezahlt waren, Bauruinen, Leerstände, Geisterstädte usw. Diese Immobilienkrise traf China sehr hart, da der Bausektor lange für rund ein Viertel des Bruttoinlandsprodukts in China verantwortlich war. In Kap. 4 wird die Immobilienkrise in China noch näher erläutert werden.

2.1.4 Eigene Politikentscheidungen/„-fehler"

In diesem Abschnitt werden einige Politikentscheidungen der chinesischen Regierungen seit 2012 aufgeführt, die sich im Nachhinein als „Fehler" herausstellten und zur Wachstumsverlangsamung mit beitrugen. Hierzu zählen:

Die Reformverlangsamung
Die Reformverlangsamung war der größte wirtschaftspolitische Fehler der chinesischen Regierung, der noch Jahrzehnte negativ nachwirken wird. Durch das Erlahmen marktwirtschaftlicher Reformen, vor allem des Unterlassens der Einführung weiterer marktwirtschaftlicher Institutionen ab 2003, hat China (unnötig?) auf weitere längerfristig-wirksame wirtschaftliche Aufschwungsmöglichkeiten – einen längeren und schnelleren Aufholprozess – verzichtet. Ab 2012, nach Amtsantritt von Xi Jinping, sind marktwirtschaftliche Reformen sogar teilweise rückgängig gemacht worden. Siehe näher in Kap. 3, wo die Wirtschaftspolitik von Xi Jinping näher beschrieben wird.

In gewissem Sinne war diese Reformverlangsamung nicht überraschend, kam sie doch nach dem Beitritt zur Welthandelsorganisation (WTO) 2001. Laut dem damaligen Premierminister Zhu Rongji war die WTO-Mitgliedschaft Chinas ein wesentlicher Bestandteil der Gesamtstrategie zur Reform unter Deng Xiaoping. Zur Vorbereitung und als Voraussetzung für den WTO-Beitritt musste China umfangreiche

Liberalisierungsmaßnahmen tätigen. Nachdem dieses Zwischenziel (WTO-Beitritt) erreicht war, erlahmten die weiteren Reformbemühungen angesichts des nun fehlenden externen Drucks. Ein ähnliches Verhalten sah man zur gleichen Zeit in Europa, als auch bei den neuen Mitgliedern der Europäischen Wirtschafts- und Währungsunion (EWWU) nach anfänglichen umfangreichen Reformschritten die institutionelle Reformbereitschaft bald nach vollzogenem Beitritt zur EWWU angesichts dann fehlenden externen Drucks erlahmte (Schönfelder/Wagner 2016). In China kam noch hinzu, dass sich die neue chinesische Regierung gezwungen sah, die sich in den Jahren vorher aufgebauten Ungleichgewichte im sozialen Bereich (Arbeitslosigkeit, soziale Ungleichheiten) prioritär anzugehen. Hierzu siehe näher in Kap. 1 oben. Ohne weitere institutionelle, marktwirtschaftliche, Reformbemühungen musste jedoch nach einer gewissen Zeit auch die Wachstumsdynamik zurückgehen (Glawe/Wagner 2017).

Die wirtschaftspolitische Reaktion Chinas auf die Globale Finanzkrise
Wie oben erwähnt, hat die chinesische Regierung versucht negative rezessive Übertragungseffekte, welche die in den USA begonnene Globale Finanzkrise auf andere Länder weltweit auslöste, mithilfe eines Riesenkonjunkturprogramms – durch Finanzierung von Investitionen in Infrastruktur und Immobilien – zu kompensieren. Dies war zunächst sehr erfolgreich. Es nützte nicht nur China, sondern bewahrte auch die westlichen Länder, insbesondere Deutschland, vor einer länger anhaltenden tiefen Rezession. Nur war dieses Konjunkturprogramm in China erkauft worden durch eine starke Zunahme der Staatsverschuldung – vor allem in den Provinzen – wie auch später der privaten Verschuldung, den Aufbau von Überkapazitäten mit der Folge eines Rückgangs von Kapitalerträgen, den Immobilienboom, die Verschärfung der Umweltzerstörung –durch Luftverschmutzung usw.– und steigenden Einkommens- und Vermögensungleichheiten zwischen Ost- und West-China und zwischen Stadt und Land. Schließlich wuchsen diese neuen Ungleichgewichte so stark an, dass sie abgebaut oder zumindest verringert werden mussten, bevor sie nicht mehr tragbar bzw. systemgefährdend wurden.

Ein Grundproblem dieses Konjunkturprogramms nach der Globalen Finanzkrise bestand darin, dass das Konjunkturprogramm in China nicht hinreichend durch geeignete Strukturreformen begleitet wurde. Ein reines Konjunkturprogramm wirkt jedoch, wie man inzwischen hätte wissen müssen, nur vorübergehend positiv, und erzeugt zeitverzögert negative Effekte, die abzubauen wiederum neue Konjunkturmaßnahmen usw. erfordert, so dass es zu einer Art Teufelskreis kommt. Die chinesische Regierung versucht nun seit geraumer Zeit durch Sparpolitik und strikter Regulierung des Finanz- und Immobiliensektors aus diesem Teufelskreis wieder herauszukommen. Das geht jedoch zulasten des Wirtschaftswachstums.

Die wirtschaftspolitischen Reaktionen auf die sich aufgebauten Ungleichgewichte
In der Nach-Deng Xiaoping-Periode – und schon vor der Globalen Finanzkrise – zeigten sich immer deutlicher die negativen Nebeneffekte in Form von zunehmenden Ungleichgewichten, die die ungehemmte Wachstumspolitik in den 1990er- und 2000er-Jahren, zeitlich verzögert, nach sich gezogen hatte. Ich hatte diese Ungleichgewichte oben schon benannt: eine starke Zunahme der Staatsverschuldung wie auch später der privaten Verschuldung, der Aufbau von Überkapazitäten, den Immobilienboom, die Verschärfung der Umweltzerstörung –durch Luftverschmutzung usw.– und steigende Einkommens- und Vermögensungleichheiten zwischen Ost- und West-China und zwischen Stadt und Land. Wie eben auch schon ausgeführt, führen expansive konjunkturpolitische Maßnahmen ohne grundlegende Strukturreformen nur zu vorübergehenden Erleichterungen. Der Abbau dieser Ungleichgewichte ist nur nachhaltig zu stemmen mithilfe einer strikten strukturpolitischen Umsteuerung. Diese Umsteuerung geht allerdings erstmal einher mit einer signifikanten Wachstumsverlangsamung und auch Wachstumsverlagerung hin zu mit erneuerbarer Energie gespeistem „qualitativem Wachstum" – ein Begriff, den auch Xi Jinping in letzter Zeit häufig benutzt. Die Umsteuerung, die unter Xi Jinping gewählt wurde, war die hin zu Zentralisierung und in den letzten Jahren auch zu übermäßiger Regulierung der Privatwirtschaft durch starke regulatorische Eingriffe zum Beispiel in den Techsektor, was auch zur Wachstumsverlangsamung beitrug; siehe näher hierzu in Kap. 3.

Das mangelnde Angebot an Sparanlagemöglichkeiten

Ein weiterer Politikfehler, der sich wachstumsreduzierend ausgewirkt hat, war die gebremste Reformgeschwindigkeit in Sachen modernen Finanzwesens. Wohl ist Chinas Aktienmarkt inzwischen einer der größten der Welt und hat sich gegenüber westlichen Investoren geöffnet. Jedoch wird es chinesischen Sparern bis heute nicht erlaubt, ihre Sparanlagen frei zirkulieren zu lassen im weltweit riesigen Angebot an Anlagemöglichkeiten. Chinesische Sparer sind weitgehend beschränkt auf Anlagemöglichkeiten wie Immobilienkäufe, Käufe von inländischen Staatsanleihen sowie Inlandsaktien. Außerdem hat die Anlagebereitschaft in Aktien in China in den letzten Jahren nach einigen spekulativ verursachten Börsencrashs – mit der Folge von Kapitalfluchtbewegungen und anschließenden Kapitalverkehrskontrollen – nachgelassen, dies trotz staatlicher Werbung für Aktienkäufe als Alternative zu Immobilieninvestments für den langfristigen Vermögensaufbau (Altersvorsorge). Grundsätzlich gilt aber, dass nicht nur die chinesische Währung nicht frei handelbar ist. Chinesen haben aufgrund der in China geltenden Kapitalverkehrskontrollen wie gesagt auch nur wenige Möglichkeiten, Auslandsanleihen und Auslandsaktien zu kaufen.

Dies wirkt sich negativ auf die Wachstumsmöglichkeiten des Landes aus und führt zu Klumpenrisiken wie in der Bau-Immobilienkrise beobachtbar, wo der Immobiliensektor bis zu einem Viertel zum chinesischen Bruttoinlandsprodukt beitrug.

Der Aufbau bzw. das Zulassen des Aufbaus von Handelsüberschüssen

Es hat sich als Fehler herausgestellt, dass China zu sehr darauf vertraut hat, dass die westlichen Länder es auch in Zukunft geduldig akzeptieren würden, dass China die ausländischen Unternehmen auf dem chinesischen Markt gegenüber den heimischen Unternehmen systematisch benachteiligt. Gleichzeitig werden heimische Exportunternehmen stark subventioniert, um so Handelsüberschüsse und mithin auch weitere Devisenreserven zu generieren, und Überakkumulation abzubauen. China hat meistens dieses von westlichen Ländern und Unternehmen als unfair empfundene Verhalten entweder bestritten oder aber gerechtfertigt mit dem Argument, dass dies heute entwickelte Länder wie Deutschland früher auch so machten. Außerdem sei es das Anrecht von Entwicklungsländern, sich so zu verhalten, weil es für diese nur so möglich sei, sich wirtschaftlich zu entwickeln und zum Westen aufzuschließen. Die westlichen Länder sind jedoch nicht bereit gewesen, die Kosten dieser Ungleichbehandlungen ihrer Unternehmen durch die beschriebenen Beschränkungen und Subventionierungen zu tragen und haben zu Gegenmaßnahmen gegriffen. Den daraus erwachsenen wachstumsschädlichen Handelsstreit mit der US-Regierung als auch der EU habe ich oben schon angesprochen.

Die Überwachung und Verunsicherung ausländischer, multinationaler Unternehmen
Nicht nur chinesische Unternehmen werden unter Xi Jinping immer stärker parteistaatlich kontrolliert und gelenkt, um sicherzustellen, dass sie ihren Beitrag zur Erreichung nationaler Ziele leisten. Auch ausländische Unternehmen wurden in den letzten Jahren in China immer stärker überwacht und kontrolliert; siehe näher in Kap. 3. Ihre Bewegungs- und Handlungsmöglichkeiten wurden immer stärker eingeschränkt, wobei die rechtlichen Beschränkungsgrundlagen vage gehalten wurden. Auch trifft sie das neue Anti-Spionage-Gesetz Chinas hart. Dieses ist derart vage formuliert, dass potentiell jegliche Informationsbeschaffung unter Strafe gestellt ist. Dies alles verunsichert ausländische Unternehmen, die in China Geschäfte machen, so dass sie sich zunehmend zurückhalten mit neuen Investitionen, bzw. teilweise die Verlagerung ihrer Produktion in andere Länder in Betracht ziehen bzw. schon praktizieren. Dies trägt mit zu den derzeitigen wachstumsverlangsamenden Effekten in China bei.

Die jahrelange Null-Covid-Politik
Die in China praktizierte Null-Covid-Politik ging mit einer Abschottung des Landes und einem Zurückfahren der Wirtschaft einher. Sie wurde auch dann noch beibehalten, als die westlichen Länder schon längst wieder auf den Normalmodus zurückgeschaltet hatten. China hat wirtschaftlich sehr stark unter den Folgen der langen Non-Covid-Politik gelitten und spürt heute noch die Nachwirkungen. Es ist wirtschaftlich dadurch zurückgefallen. Noch dazu ist der erhoffte Aufschwung nach der

Aufhebung der Non-Covid-Maßnahmen bislang ausgeblieben. Doch nicht nur China selbst war von dieser extrem langen Non-Covid-Politik negativ betroffen. Auch die westlichen Länder und Unternehmen litten unter der langandauernden Störung/Unterbrechung der globalen Lieferketten.

Das Zu-lange-Festhalten an der Ein-Kind-Politik
Die Ein-Kind-Politik, die Ende 1979 offiziell gestartet wurde, ist die radikalste Fruchtbarkeitspolitik eines Landes in der Weltgeschichte. Sie war einzigartig, da sie eine Geburtenquote vorschrieb und schwere Strafen für Geburten „außerhalb des Plans" androhte und in der Regel auch durchsetzte.

Die Ein-Kind-Politik beschränkte ein Paar im Prinzip auf nur eine Geburt. Die De-facto-Regelungen zwischen den verschiedenen Ethnien und „Hukou"-Typen – Stadt/Land – waren jedoch unterschiedlich. Erstens unterschied sich die Umsetzung der Ein-Kind-Politik für die Mehrheit, die Han, und für die ethnischen Minderheiten. Sie konzentrierte sich hauptsächlich auf die Han-Ethnie, die die größte ethnische Gruppe in China ist und 92 % der Bevölkerung ausmacht. Dagegen hatten die meisten Minderheiten in den Provinzen das Recht auf eine zweite Geburt oder unterlagen keinen Beschränkungen. Zweitens unterschieden sich die Vorschriften der Ein-Kind-Politik auch nach städtischem und ländlichem Hukou, dem Haushaltsregierungssystem in China. Während die Politik in städtischen Gebieten streng durchgesetzt wurde, wurde sie in ländlichen Gebieten lockerer gehandhabt. Paare mit ländlichem Hukou durften meist ein zweites Kind bekommen, wenn das erste ein Mädchen war, was auch als „Eineinhalb-Kinder-Politik" bezeichnet wurde.

In Anerkennung der unterschiedlichen demografischen und sozioökonomischen Bedingungen in China hatte die Zentralregierung den Provinzregierungen ab 1982 erlaubt, spezifische und lokal angepasste Vorschriften zu erlassen. Damit übertrug die Zentralregierung die Verantwortung auf die lokalen und Provinzregierungen.

Die Ergebnisse aus empirischen Studien deuten darauf hin, dass sich die Ein-Kind-Politik in der Wirtschaftswunderzeit von 1980 bis 2010 insgesamt ökonomisch positiv ausgewirkt hat – obwohl die Studienergebnisse hierzu nicht einheitlich sind –, indem sie zur Akkumulation von Humankapital und zum Wirtschaftswachstum in China beigetragen hat. Das bedeutet allerdings nicht, dass die Ein-Kind-Politik generell gut war. Die negativen Seiten dieser obligatorischen Geburtenkontrolle waren der Verlust von Kindern – wirtschaftlich gesehen, eines potentiellen Talent-Pools –, der Verlust der Fertilitätsfreiheit – eine Menschenrechtsverletzung –, ein hohes Geschlechterverhältnis – d. h. ein Ungleichgewicht – zwischen Männern und Frauen und eine Verzerrung des Heiratsmarktes.

Seit 2010 hat die Regierung die politischen Beschränkungen gelockert. Ende 2013 führte die chinesische Regierung die „selektive Zwei-Kinder-Politik" ein. Diese Politik erlaubte es Paaren, zwei Kinder zu bekommen, wenn ein Mitglied des Paares keine Geschwister hat. Im November 2015 schließlich beendete die Regierung die Ein-Kind-Politik und führte die „universelle Zwei-Kind-Politik" ein. Der erwartete Babyboom nach der Abschaffung der Ein-Kind-Politik fand jedoch bislang nicht statt. Tatsächlich entscheiden sich viele Frauen heute in China, nicht zu heiraten, dies insbesondere aufgrund der steigenden Kosten für Bildung und Wohnraum. Mit 1,1 Kindern pro Frau ist die Fertilitätsrate Chinas sehr ähnlich der von Japan und deutlich niedriger als die 2,1, die für eine stabile Bevölkerung erforderlich wäre.

Das Hauptproblem der in China von 1979 bis 2015 durchgesetzten Ein-Kind-Politik deutete sich schon früh an, wurde jedoch erst in den letzten 15 Jahren als Bedrohung der weiteren wirtschaftlichen Entwicklung wahrgenommen, so dass Gegenreaktionen spät in Angriff genommen wurden. Das Hauptproblem der Ein-Kind-Politik besteht darin, dass sie die Alterung in China erheblich beschleunigt hat. Damit jedoch senkt sie das zukünftige Wachstumspotential in China, wie schon oben kurz angedeutet wurde. China droht, eher alt als reich zu werden. Siehe hierzu näher in Kap. 4, im Abschn. „4.2.1".

Die offen geäußerten geopolitischen Ansprüche Chinas
Ich habe oben schon die harten Vergeltungsaktionen insbesondere der amerikanischen Regierung gegenüber der Handelsüberschusspolitik Chinas – mit der Benachteiligung ausländischer Unternehmen auf dem chinesischen Markt sowie einer starken Subventionierung von chinesischen Exportunternehmen und Direktinvestoren – angesprochen. Diese Ver-

geltungsaktionen wären sicherlich nicht in der Art und Härte ausgefallen, wenn China klein und unbedeutend gewesen wäre. Jedoch die Größe Chinas und vor allem die seit ungefähr 2015 von Xi Jinping angemeldeten geopolitischen Ansprüche Chinas – Chinas Traum vom nationalen Wiederaufleben und vom „Make China Great Again" – lösten diese Vergeltungsaktionen der USA aus. Während unter Deng Xiaoping noch die Devise galt: China sollte seine Stärke verbergen, seine Zeit abwarten, niemals die Führung übernehmen, hat Xi Jinping plötzlich geopolitische Ansprüche und Strategien geäußert, die den Westen/die USA in gewissem Sinne schockten. Die USA fühlten sich dadurch als Hegemonialmacht herausgefordert. Es kam zum Kampf um die Vorherrschaft und zu den beschriebenen Gegenreaktionen der USA, die letztlich auch zu dem oben erwähnten Rückgang der ausländischen Direktinvestitionen beitrugen.

Im folgenden Abschn. 2.2 werde ich mich näher mit diesem erst begonnenen Kampf um die geopolitische Vorherrschaft beschäftigen.

2.2 Geopolitische Spannungen: Neuer Systemwettbewerb

Die letzten zehn Jahre waren geprägt durch zunehmende geopolitische Spannungen zwischen China und den USA. Dies äußerte sich in Vorwürfen unfairer Handelspraktiken, und gipfelte in Handelssanktionen mit Zollerhebungen und Ausfuhrverboten. Dies begann schon in der Obama-Ära und setzte sich verschärft fort unter den amerikanischen Präsidenten Trump und Biden. China wurde von den USA immer mehr als Konkurrent wahrgenommen, dies auf wirtschaftlichem und zuletzt auch auf militärischem Gebiet. Dagegen waren die Jahrzehnte vorher geprägt von einem eher partnerschaftlichen Verhältnis, aus dem beide Seiten als Gewinner hervorgingen. China zog große Vorteile aus diesem partnerschaftlichen Verhältnis, zum einen durch Exportmöglichkeiten und daraus resultierend Deviseneinnahmen, zum anderen durch kostenlosen Technologieimport und Humankapitalimport –durch die Ausbildung seiner Arbeitskräfte– mithilfe westlicher Direktinvestoren bzw. multinationaler Unternehmen. Auch die multinationalen Unternehmen aus den USA, Deutschland und anderen westlichen Ländern konnten enorme Gewinne erzielen durch Benutzung Chinas als „Werkbank" der Welt: Zwischengüter wurden in Massen nach China gebracht, und dort – kostengünstiger als in den Heimatländern – zu Endprodukten verarbeitet, die dann in den Westen exportiert wurden. Zudem betätigte sich China als preisgünstiger Zulieferer von Rohstoffen und Zwischengütern und war ein riesiger neuer Absatzmarkt für die westlichen Unternehmen.

2.2.1 Warum kam es zu den geopolitischen Spannungen während der letzten zehn Jahre?

2.2.1.1 Offizielle Gründe

Die von den USA/dem Westen geäußerten Gründe für die Spannungen einschließlich der Handelsstreitigkeiten –mit Zöllen, Ausfuhrverboten etc.– bezogen sich vor allem auf:

- Die *Verletzung von Menschenrechten in China gegenüber Minderheiten*, wie am prominentesten die in der Provinz Xinjiang: Vorwürfe der Inhaftierung und „Gehirnwäsche" von Minderheiten in Umerziehungslagern, Vorwürfe die von China entweder geleugnet oder mit der Notwendigkeit der Abwehr islamistischer Terrorgefahren und Separationsbestrebungen begründet werden.
- *Unfaire Handelspraktiken Chinas* gegenüber dem Westen, oder allgemein gegenüber ausländischen multinationalen Unternehmen: China wurde beschuldigt, dafür gesorgt zu haben, dass die chinesischen Handelsüberschüsse immer stärker stiegen, dass dadurch Arbeitsplätze aus dem Ausland abgezogen wurden, ausländische –westliche, multinationale– Unternehmen benachteiligt wurden, sprich ihr Zugang zum chinesischen Markt beschränkt wurde, und chinesische Unternehmen bevorzugt wurden. Chinesischen Unternehmen dagegen wurden, durch Subventionen gefördert, Vorteile verschafft, damit sie im internationalen Wettbewerb erfolgreich sein konnten. Die EU-Kommission spricht hier von „marktverzerrenden Praktiken". Das heißt, chinesische Unternehmen kamen bei internationalen

Ausschreibungen häufig nur deshalb zum Zuge, weil sie preisgünstigere, da vom chinesischen Staat subventionierte, Angebote abliefern konnten. Hier muss allerdings berücksichtigt werden, dass kostengünstigere Angebotsmöglichkeiten auch auf effizienteren Produktionsweisen, geringeren Rohstoff- oder Lohnkosten oder geringeren Regulierungs- und Bürokratiekosten beruhen können. Ähnlich verweist China selbst auf einen komparativen Vorteil, der sich aus Innovationen und Größenvorteilen – economies of scale – ergibt.

- *Spionagevorwürfe*: China wurde vorgeworfen, gezielt Handels- und Kooperationspartner als auch Forschungsinstitute, an denen chinesische Wissenschaftler tätig sind, auszuspionieren.
- *Aggressives Verhalten Chinas gegenüber anderen Ländern* als Antwort auf als „Beleidigungen" empfundene kritische Aussagen: In den letzten Jahren beispielsweise gegenüber Japan, Litauen und Australien.
- *Aggressives Auftreten Chinas in internationalen Gewässern* im südostasiatischen Raum zur Durchsetzung von eigenen geopolitischen Ansprüchen.

2.2.1.2 Eigentliche/tiefere Gründe

Die Angst der USA um ihre Vorherrschaft

Als tiefergehenden Grund für die harten Reaktionen vor allem der USA gegenüber China in den letzten Jahren kann man die Angst der USA um ihre Vorherrschaft ansehen. Solange China ein relativ armes Entwicklungsland war mit einem Riesenbinnenmarkt, der westlichen Unternehmen zur Eroberung offenstand, hegten die USA überwiegend positive Gefühle gegenüber dem damals bevölkerungsreichsten Land der Welt. China war für die USA/den Westen noch keine Konkurrenz. Zudem glaubten die USA bis Ende der 2000er-Jahre an den „politischen Wandel durch wirtschaftlichen Handel", sprich an eine Demokratisierung Chinas, sobald China wohlhabend genug und eingebunden genug in die globalen Wertschöpfungsketten sei. Globalisierung wurde nicht nur als eine wirtschaftliche, sondern auch als eine politische und kulturelle Angleichungsmöglichkeit an das westliche Modell gesehen.

Erst in den letzten zehn bis fünfzehn Jahren wurde China allmählich als ernstzunehmender wirtschaftlicher, politischer und zuletzt auch militärischer Konkurrent wahrgenommen. Nun hätte dies keine gravierenden Reaktionen von Seiten der USA nach sich gezogen, wenn China ein kleines, unbedeutendes Land wäre. Es gibt genug Länder, die gemessen am Pro-Kopf-Sozialprodukt reicher sind als die USA, z. B. Luxemburg, Norwegen, Singapur. Solange diese klein sind, stellen sie keine Bedrohung für die USA als Hegemon dar. China dagegen ist inzwischen je nach Messung die größte bzw. zweitgrößte Wirtschaftsmacht der Welt. Sein Bruttoinlandsprodukt ist in Kaufkraftparität gemessen inzwischen größer als das der USA. China hatte schon 2022 einen Anteil von 12 % am Welthandel (die USA 10 %), und – 2023 – 12 % Anteil an den weltweiten Militärausgaben (die USA 37 %). Insofern wird China zunehmend von den USA als Bedrohung wahrgenommen.

Die USA versuchen deshalb, China rechtzeitig aufzuhalten bzw. „kleinzuhalten", durch Behinderung seiner weiteren Entwicklung, damit ihre eigene Hegemonialposition nicht in Gefahr gerät. Nicht nur die zunehmende wirtschaftliche Macht Chinas bereitet den USA Sorgen, sondern auch die Tatsache, dass der erhoffte „politische Wandel durch wirtschaftlichen Handel" in China nicht stattgefunden hat. Noch schlimmer, China bietet sich anderen Entwicklungs- und Schwellenländern mehr und mehr als eine systempolitische Alternative zu den USA/zum Westen an und versucht eine Art Führungsposition im „Globalen Süden" zu erringen. Als Globaler Süden wird häufig die Ländergruppe der sogenannten Entwicklungs- und Schwellenländer bezeichnet – als Gegenpol zu den reichen Industrieländern des Nordens. Diese Länder unterscheiden sich stark nach ihrer Wirtschaftskraft, ihrer politischen Ausrichtung, ihrer Kultur und geopolitischen Ausrichtung. Viele haben als gemeinsame Erfahrung eine koloniale Abhängigkeit von europäischen Ländern oder den USA. Was sie verbindet, ist vor allem die Forderung nach einer Neuordnung der globalen Institutionen, die ihnen eine gerechtere politische Repräsentation in internationalen Organisationen erlauben würde. China, aber nicht nur China, möchte gerne der Sprecher des „Globalen Südens" sein, was bislang angesichts der von vielen – wie auch von Brasilien – verfolgten außenpolitischen Doktrin der „Äquidistanz" (gleicher Abstand zu den Großmächten) noch schwierig ist.

Historische Beispiele für Kämpfe um die Vorherrschaft

In der Geschichte gibt es viele Vorläufer solcher Verteidigungsstrategien der jeweiligen Hegemonialmächte, die häufig zu einem Krieg ausarteten. Dies hat der US-amerikanische Politikwissenschaftler Graham T. Allison 2017 in seinem Buch „Destined for War" anschaulich beschrieben. Konkret zeigte Allison die hohe Wahrscheinlichkeit für einen Krieg, wenn sich eine bestehende Großmacht durch eine aufstrebende Macht als regionaler oder internationaler Hegemon bedroht sieht. Allison wollte damals einen potenziellen Konflikt zwischen den Vereinigten Staaten und der Volksrepublik China beschreiben. Als Vorläufer solcher aus dem Ruder gelaufener Auseinandersetzungen führt Allison die folgenden zwölf historischen Beispiele an, die alle zu einem Krieg geführt hatten: der Kampf um die Vorherrschaft

- zwischen Frankreich und dem Habsburgerreich in der ersten Hälfte des 16. Jahrhunderts,
- zwischen dem Habsburgerreich und dem Osmanischen Reich im 16. und 17. Jahrhundert,
- zwischen dem Habsburgerreich und Schweden in der ersten Hälfte des 17. Jahrhunderts,
- zwischen der Niederländischen Republik und dem Königreich England Mitte bis Ende des 17. Jahrhunderts,
- zwischen Frankreich und Großbritannien Ende des 17. bis Mitte des 18. Jahrhunderts,
- zwischen dem Vereinigten Königreich und Frankreich Ende des 18. und Anfang des 19. Jahrhunderts,
- zwischen Frankreich und dem Vereinigten Königreich sowie dem Russischen Reich Mitte des 19. Jahrhunderts,
- zwischen Frankreich und dem Deutschen Reich Mitte des 19. Jahrhunderts,
- zwischen dem Kaiserreich China und dem Russischen Reich gegen das Japanische Kaiserreich Ende des 19. und Anfang des 20. Jahrhunderts,
- zwischen dem Vereinigten Königreich (unterstützt von Frankreich) und dem Deutschen Reich Anfang des 20. Jahrhunderts,

- zwischen der Sowjetunion, Frankreich und dem Vereinigten Königreich auf der einen Seite und NS-Deutschland Mitte des 20. Jahrhunderts,
- zwischen den Vereinigten Staaten und dem Japanischen Kaiserreich Mitte des 20. Jahrhunderts.

Allison prägt für diese Tendenz zu kriegerischen Auseinandersetzungen zwischen einer bestehenden Großmacht und einer aufstrebenden Macht den Begriff der „**Thukydides-Falle**". Der Begriff ist abgeleitet von dem Namen des griechischen Philosophen Thukydides, der den Peloponnesischen Krieg zwischen Athen und Sparta im 5. Jahrhundert v. Chr., ausgelöst durch die Angst Spartas vor der wachsenden Macht Athens, beschrieben hatte.

Der Begriff wurde seitdem häufig verwendet, auch von dem chinesischen Präsidenten Xi Jinping, der schon 2014 darauf hinwies, dass die Thukydides-Falle zwischen den USA und China vermieden werden müsse. Allison selbst argumentierte jedoch in seinem 2017 erschienen Buch, dass China und die USA auf Kollisionskurs zum Krieg seien. Nach Allison wurden die obigen 12 kriegerischen Auseinandersetzungen so gut wie alle von der sich bedroht fühlenden Hegemonialmacht entfacht; allerdings wird diese Interpretation so nicht allgemein in der Literatur akzeptiert.

Auslöser der geopolitischen Spannungen zwischen China und den USA
Der offensichtliche Auslöser der geopolitischen Spannungen zwischen China und den USA waren die Handelsüberschüsse, wie oben schon beschrieben, sowie die Arbeitsplatzverluste in strukturschwachen, nicht mehr wettbewerbsfähigen Regionen der USA („China-Schock").

Hinzu kamen die neuen geopolitischen Ansprüche Chinas unter Xi Jinping – unter der Devise, China wieder groß machen zu wollen – seit ungefähr 2014, sowie eine eindeutige Absage an die Hoffnung des Westens auf einen „politischen Wandel durch wirtschaftlichen Handel" in China. Seitdem herrscht eine Einigkeit zwischen der demokratischen und der republikanischen Partei in den USA und ihren Anhängern in dem Bestreben, China „klein zu halten", es in seinem Aufschwung und seiner Wettbewerbsfähigkeit zu stoppen. Dies wird noch genauer in Kap. 3 und 5 behandelt werden.

2.2.2 The New Normal: Systemwettbewerb

Die geopolitischen Spannungen zwischen den USA und China sind nicht nur wegen des Kampfes um die Vorherrschaft –die Hegemonialposition– heikel. Sondern sie gewinnen eine besondere Brisanz angesichts der speziellen Trilemma-Situation, der sich China gegenübersieht. Solange China am obigen, in Kap. 1 erläuterten, Ziel 1 – Machterhalt der Ein-Parteien-Herrschaft der kommunistischen Partei – festhält und damit gleichzeitig Ziel 2 – wirtschaftliche Entwicklung/Konvergenz – und Ziel 3 – Stabilität – erreichen will, werden diese geopolitischen Spannungen in einen **Systemwettbewerb** ausarten. Dieser muss von den USA –und auch von der EU– ernst genommen werden, da China inzwischen wirtschaftlich mit den USA und der EU weitgehend gleichgezogen hat, gemessen am Gesamt-Bruttoinlandsprodukt des Landes, natürlich nicht am pro Kopf Einkommen, und im Augenblick im Fall Chinas keine Hoffnung mehr auf „politischen Wandel durch wirtschaftlichen Handel" besteht. Bei einem Systemwettbewerb geht es, global betrachtet, nicht nur um politische und wirtschaftliche Konkurrenzkämpfe, sondern auch um einen Wettbewerb der kulturellen Werte. Anders gesagt, der chinesische Weg zur Lösung des Trilemma-Problems stellt eine grundlegende Herausforderung für das westliche, durch Demokratie und westlich geprägte Menschenrechte gekennzeichnete, Wertesystem und den westlichen Glauben an die Überlegenheit seines Systems dar. Wenn China wirtschaftlich und/oder technologisch genauso oder gar erfolgreicher sein sollte als der Westen, könnte dies zu politischen Legitimationsproblemen des westlichen Gesellschaftssystems führen. Zumindest würde es zu einem Anreiz für Entwicklungs- und Schwellenländer führen, für ihren Entwicklungs- oder Aufholprozess das chinesische Modell und nicht das westliche zu wählen. Dies wiederum würde zu einer Ablösung der USA, und allgemein der westlichen Länder, in ihrer Führungsrolle in den internationalen Organisationen führen.

Was ein solcher Systemwettbewerb konkret bedeutet, war in der Nachkriegszeit von 1945 bis 1991 im sogenannten „alten" Systemwettbewerb deutlich geworden.

Der „alte" Systemwettbewerb
Als „alter Systemwettbewerb" wird im Allgemeinen der sogenannte „Kalte Krieg" zwischen dem kapitalistischen Westen, damals angeführt durch die USA, und dem kommunistischen Osten, dominiert durch die Sowjetunion, in der Nachkriegszeit (1945–1991) bezeichnet. Es handelte sich im Grunde um einen Konflikt zweier Großmächte, wobei die Anhänger- oder Vasallenstaaten nur eine sekundäre, unterstützende Rolle spielten. Der Begriff „kalt" bezog sich darauf, dass sich die beiden Kontrahenten wohl feindlich gegenüberstanden, jedoch vor direkter, offener militärischer Gewalt zurückschreckten. Stattdessen unterstützten sie Verbündete in kriegerischen Auseinandersetzungen, was zu „Stellvertreterkriegen" führte, wie in der Kubakrise oder im Vietnamkrieg.

Hinter dem Systemwettbewerb stehen immer unterschiedliche Weltanschauungen, die als dogmatische Leitfäden und Orientierungshilfen dienen. Im Kalten Krieg dominierten Prototypen. Ideologie, Wirtschaft und Politik in den Ländern des Ostblocks folgten dem in der UdSSR praktizierten kommunistischen System mit dem Ziel einer klassenlosen Gesellschaft und betrieben eine von der Politik/Partei kontrollierte Planwirtschaft. Der Westen orientierte sich dagegen am Vorbild der USA. Allerdings gab es dort eine etwas größere Vielfalt an Entwicklungswegen. Der angelsächsische Kapitalismus unterschied sich in Sachen freier Marktwirtschaft doch vom nordeuropäischen Sozialstaat, vor allem durch den Umfang des Wohlfahrtssystems. Jedoch folgten alle Länder des Westblocks der Leitideologie einer liberalen Demokratie –politischem Pluralismus– und der Leitidee vom Privateigentum an Produktionsmitteln, von individueller Freiheit verbunden mit entsprechender Eigenverantwortung sowie individuellen Eigentumsrechten. Ungeachtet dessen, ist die politische Führung jeder Nation – damals wie heute – daran interessiert, ihre Machtposition zu erhalten, eben nur unter verschiedenen, systemalternativen Rahmenbedingungen, was sich in unterschiedlichen Ausprägungen des in Kap. 1 beschriebenen Ziels 1 – Machterhalt – äußert. Siehe auch in Kap. 7, Erläuterungen zu Abschn. 6.1.

Der „neue" Systemwettbewerb
Der neue Systemwettbewerb zeichnet sich gegenüber dem alten unter anderem dadurch aus, dass die derzeitigen ideologischen Konflikte nicht bloß auf den Gegensatz Kapitalismus versus Kommunismus oder Demokratie versus Diktatur reduziert werden können. Im neuen Systemwettbewerb sind die Strukturen weniger eindeutig. Einer wirtschaftlichen Liberalisierung steht mitunter ein klar autoritäres politisches System gegenüber, d. h. ein System, in dem die zentrale Regierung, eventuell auch nur eine Person, den Großteil der politischen Macht ausübt, wie auch im Beispiel China unter Xi Jinping. Gesetzgebung und Vollzug sind dabei in diesem Machtzentrum konzentriert, das oft ohne Kontrolle durch die Medien oder andere demokratische Institutionen auskommt. Dabei wird oft Ärger in der Bevölkerung kanalisiert, was ein Merkmal des Populismus ist, und was die Abschaffung von demokratischen Institutionen erleichtert.

Während noch in vielen westlichen Ländern liberale Demokratien vorherrschen, mit Pluralismus, Gewaltenteilung, Rechtsstaatlichkeit, Rechtsschutz der Individuen und freien Wahlen für alle Erwachsenen, nimmt die Zahl von Ländern mit unvollständigen, sogenannten defekten oder defizitären, illiberalen Demokratien zu, wie der „Freedom in the World"-Survey zeigt, der jährlich von der Nichtregierungsorganisation „Freedom House" herausgegeben wird. Die Staatsform nach der Landesverfassung und die politisch gelebte Realität stimmen in diesen Ländern nicht immer überein. Selbst Russland ist laut Verfassung ein „demokratisch föderativer Rechtsstaat mit republikanischer Regierungsform", während die gelebte Politik die einer Wahlautokratie ist, man könnte auch sagen: De-jure-Demokratie gepaart mit de-facto-Diktatur. Auf jeden Fall nehmen seit dem Ende des Kalten Kriegs politische Mischformen zu, wobei die Grenzen zwischen den verschiedenen Staatsformen oft fließend sind. Man spricht hier auch von „hybrider Staatsform".

Im neuen Systemwettbewerb geht es – gegenüber dem alten Systemwettbewerb – heutzutage eher um einen Wettbewerb von mehreren verschiedenen Entwicklungsmodellen in einer inzwischen globalisierten Welt. Vor allem die Schwellenländer können – bei der Verfolgung ihres Ziels sich stabil zu entwickeln und im globalen Wettbewerb konkurrenzfähig zu werden – wählen aus einem Portfolio verschiedener möglichst nachhaltiger Wachstumsstrategien. Wer den „Schönheitswettbewerb" gewinnt, China mit dem chinesischen oder die USA mit dem westlichen Modell, oder vielleicht langfristig sogar ein drittes, z. B. ein anderes BRICS-Land, wird in Zukunft auch die Führungsposition im Globalen Süden übernehmen und in internationalen Organisationen eine dominierende Position einnehmen.

Anders gesagt, es existiert im neuen Systemwettbewerb kein binäres System, so wie im alten Systemwettbewerb, sondern ein komplexes multipolares Modell, in dem verschiedene Systeme miteinander agieren. In der Zusammenarbeit zwischen den Ländern, in und außerhalb internationaler Organisationen, gibt es verschiedene bi- und multilaterale Bündnisse.

Gibt es sowas wie einen „fairen" Wettbewerb?
Die westlichen Staaten werfen China unfairen Wettbewerb vor. Allerdings kann ein fairer Wettbewerb nur erwartet werden, wenn beide/alle Seiten bereit sind, nach den gleichen Regeln zu spielen. Nun fordert der Westen von den Entwicklungs- und Schwellenländern seit langem, dass sie sich nach seinen Regeln – Regeln die von ihm, in von ihm von Anfang an dominierten internationalen Organisationen, aufgestellt worden sind –, verhalten und entsprechend festgelegte Menschenrechte, Lieferkettengesetze, Umweltvorschriften u. a. beachten. Wenn nicht, droht er mit Sanktionen, wie die USA, oder verweigert die Unterschrift unter Handelsverträge, wie die EU im Falle des Freihandelsabkommens Mercosur mit südamerikanischen Ländern. Jedoch sind die Entwicklungs- und Schwellenländer – der Globale Süden – in den letzten Jahren immer weniger bereit, sich den Regeln des Westens zu unterwerfen, was sie als postkolonialistischen Zwang ansehen. Stattdessen fordern sie von den Industrieländern eine Außen- und Entwicklungspolitik, die nicht auf Belehrungen und Werteexport setzt, sondern die Werte der anderen akzeptiert und auf Partnerschaft des gegenseitigen Respekts beruht. China will beispielsweise nach seinen eigenen Regeln handeln, nach Regeln, die es allerdings teilweise nicht klar offenbart. Unter solchen konfliktären Bedingungen sind nur mehr diskretionäre – oft nur bilaterale – Abmachungen realisierbar, keine global geltenden Regelvorschriften. Dort,

wo die Handelspartner einheitliche Regeln nicht anerkennen und nach ihnen handeln, Schiedsgerichtsstellen bzw. internationale Gerichtsurteile nicht anerkennen, kann es dann auch keinen fairen Handelswettbewerb geben, sondern es herrscht Systemwettbewerb, in dem die Teilnehmer nach ihren eigenen Regeln agieren, und im Konfliktfall das Recht des Stärkeren gilt.

3

Der Reformkurs Xi Jinpings

2012 begann die Herrschaft und der Reformkurs von Xi Jinping.[1] 2012 wurde Xi Jinping Generalsekretär der Kommunistischen Partei Chinas (KPCh) und 2013 Staatspräsident der Volksrepublik China. Seitdem hat er eine Machtfülle in China aufgebaut, wie vor ihm in der nachimperialen Zeit nur Mao Zedong. Man kann den Reformkurs von Xi Jinping als eine Art Neuausrichtung der chinesischen Wirtschaftspolitik ansehen. Allerdings war auch schon vor seiner Amtszeit, seit ungefähr 2003, eine Kehrtwende beobachtbar, wie in Kap. 1 im Abschnitt „Reformverlangsamung und Rückkehr der Industriepolitik" beschrieben. Schon damals ebbte die marktwirtschaftliche Reformfreudigkeit ab, und staatlich gelenkte Sozial- und Industriepolitik fanden wieder verstärkt Eingang in den wirtschaftspolitischen Alltag. Unter Xi Jinping hat sich dies in gewissem Sinne verstärkt und verstetigt und zu einer neuen Wachstumsstrategie entwickelt. Diese Strategie bezeichne ich im Folgenden als „Xi-Strategie", als Abgrenzung zur vorher dominierenden „Deng-Strategie", bzw. als „Xinomics". Sie ist in ihren Grundzügen und ihrer

---

[1] Quellenangaben, Begriffserläuterungen und sonstige Ergänzungen zu Kap. 3 sind in Kap. 7 zu finden.

Entwicklung in 270 gesammelten Reden und Schriften von Xi Jinping – veröffentlicht 2014, 2017, 2020 und 2022 in vier Bänden mit dem Titel „The Governance of China" – zusammengefasst. Der Kern wurde als „Xi Jinping Thought on socialism with Chinese characteristics for a new era" (Kurzform: „Xi Jinping Thought") 2017 in die Verfassung der KPCh aufgenommen.

Die Neuorientierung der Entwicklungsstrategie unter Xi Jinping ab 2012 kann man betrachten als eine Reaktion auf die in Kap. 2 beschriebene – weiterhin drohende – Wachstumsverlangsamung und eine damit verbundene MIT-Gefahr (MIT= Middle-Income-Trap). Xi kam an die Macht, als die Wachstumsverlangsamung einsetzte, und sich „alte", durch die vorhergehende Deng-Strategie verursachte, Ungleichgewichte mit neuen Ungleichgewichten – entstanden durch die Bekämpfung der Folgen der Globalen Finanzkrise – mischten. Durch die Wachstumsverlangsamung und die zunehmenden Ungleichgewichte drohte eine Verletzung der Ziele 2 (wirtschaftliche Entwicklung im Sinne anhaltender Wohlstandssteigerung) und 3 (Stabilität im Sinne der Vermeidung von sozialen Konflikten) und damit eine mögliche politische Legitimationskrise – mit einer Infragestellung des Machtmonopols der KPCh, d. h. einer Verletzung des Ziels 1. Zur Erläuterung der drei Ziele siehe in Kap. 1 und im Schlussabschnitt von Kap. 7.

Zuerst werde ich im Folgenden die Herausforderungen, denen Xi Jinping zu Beginn seiner ersten Amtszeit 2012 gegenüberstand, d. h. die zunehmenden ökonomisch-sozial-ökologischen Ungleichgewichte, erläutern. Die Wachstumsverlangsamung und ihre Hintergründe hatte ich ja schon in Kap. 2 analysiert. Dann werde ich die mit diesen Ungleichgewichten und der Wachstumsverlangsamung verbundenen Gefahren des Abgleitens in eine länger-andauernde MIT und des Aufkommens sozialer Konflikte – was eine Verletzung aller drei Ziele 1–3 implizieren würde – thematisieren. Des Weiteren werde ich Xi Jinpings politische Reaktion auf diese Herausforderungen, d. h. seinen Strategiewechsel oder Reformkurs, herausarbeiten, etwas, was man als „Rebalancing" im weiteren Sinne bezeichnen kann. Schließlich frage ich, ob diese Strategieänderung unter Xi Jinping unerlässlich war, und ob sie nachhaltig erfolgreich sein kann, bevor ich dann einzelne Aspekte der neuen Strategie genauer betrachte.

3.1 Die Herausforderungen Xi Jinpings zu Beginn seiner Herrschaft

3.1.1 Deng-Strategie nicht mehr zeitgemäß

Die Strategie von Deng Xiaoping und seinen Nachfolgern wurde schon in Kap. 1 kurz beschrieben. Die **Deng-Strategie** war gekennzeichnet durch

- eine schrittweise regionale Entwicklung des Landes, beginnend mit der Entwicklung des östlichen Teils Chinas, während die Entwicklung des westlichen Teils vernachlässigt wurde;
- die Priorisierung des Ziels der wirtschaftlichen Entwicklung im Sinne einer Maximierung des Wirtschaftswachstums – und des schnellen wirtschaftlichen Aufholprozesses gegenüber den fortgeschrittenen Frontier-Ländern wie den USA oder Japan –, wobei die Auswirkungen auf die soziale und ökologische Umwelt in Chinas Boom-Regionen „vernachlässigt" wurden;
- einen exportorientierten, auf die Industrie und das verarbeitende Gewerbe ausgerichteten Wachstumspfad; und
- politische „Dezentralisierung", d. h. eine teilweise Verlagerung der Macht von der Zentralregierung auf die lokalen Regierungen in den Regionen/Provinzen.

Schrittweise Entwicklung
Eine solche schrittweise Entwicklung wurde damals als „alternativlos/der einzige Weg" angesehen – und war es wahrscheinlich auch –, da China nicht über genügend Kapital verfügte, um ein so riesiges Land schnell als Ganzes zu entwickeln. Daher konzentrierten sich die Bemühungen zunächst auf Sonderwirtschaftszonen und Sonderentwicklungszonen, sozusagen Experimentierfelder, in den Küstenprovinzen. Außerdem konnten politische Reformen innerhalb dieser Zonen politisch einfacher umgesetzt werden als auf nationaler Ebene. Dabei konnte China in seinem Bemühen, die wirtschaftliche Wachstumsrate zu erhöhen, von den riesigen Migrationsströmen aus dem Westen in den Osten Chinas profitieren.

Prioritätensetzung auf das Wirtschaftswachstum

Da die Bevölkerung Chinas nach einer Verbesserung des wirtschaftlichen Lebensstandards strebte, war die Priorisierung des Wirtschaftswachstums unter Hintanstellung anderer – ökologischer und sozialer – Ziele damals naheliegend und schien auch am wenigsten risiko- oder konfliktreich. Wie sagte der deutsche Schriftsteller Berthold Brecht in der „Dreigroschenoper" so schön: „Erst kommt das Fressen, dann die Moral". Das heißt, zu Beginn bzw. in einem frühen Entwicklungsstadium dominieren ökonomische Präferenzen.

Darüber hinaus konnte die chinesische Regierung durch eine Strategie der Wachstumsmaximierung bzw. der schnellen Konvergenz mögliche soziale Spannungen, insbesondere nach den Ereignissen auf dem Platz des Himmlischen Friedens (Tian'anmen) im Jahr 1989, abmildern. Hier war es hilfreich, dass die kommunistische Regierung über genügend Macht verfügte, um den Strategiekurs auch gegen möglichen Widerstand durchzudrücken.

Das alles implizierte, dass der Entwicklung des Wirtschaftssystems Priorität eingeräumt wurde, bevor man sich auf andere Teilsysteme, das soziale und das ökologische System, in China konzentrierte.

Konzentration auf Export und Produktion

Eine Wachstumsstrategie, die sich hauptsächlich auf den Export und die verarbeitende Industrie konzentrierte, stand im Einklang mit Chinas Bestreben, sich schnell zu entwickeln – und war offensichtlich die richtige Wahl. Denn in China gab es damals einen dringenden Bedarf an technischem Wissen und Know-how. Dieses auf dem Markt zu kaufen, war zu teuer. Daher bestand die Notwendigkeit für das Land, sich zu öffnen und ausländische Unternehmen einzuladen, in der Hoffnung so einen kostenlosen Wissenstransfer zu erhalten, um möglichst schnell eigenständig zu werden.

China bot sich den fortgeschrittenen westlichen Ländern und ihren Unternehmen als Teil einer weltweiten Produktionskette an. Dementsprechend konnte China zur „Werkbank" der Welt werden. Insbesondere konnte es ausländische Direktinvestoren anlocken, um Know-how und Ausbildung – on the job – von ausländischen Unternehmen abzuschöpfen. Die chinesische Regierung „zwang" dabei ausländische Unternehmen zu „Joint Ventures", d. h. zu einer Zusammenarbeit bzw. einem Zusammenschluss mit heimischen Unternehmen. Dieser Ansatz war für China sehr vielversprechend und erfolgreich für eine schnelle und billige Art des Erwerbs von Know-how, da er China in die Lage versetzte, den technologischen Rückstand gegenüber den westlichen Ländern schnell zu verringern. Natürlich war dies nur aufgrund der riesigen Marktgröße Chinas möglich, die für ausländische Investoren attraktiv war – mit Aussicht auf eine wachsende, zahlungskräftige Mittelschicht als potentielle Käufer ihrer Produkte. Außerdem konnten ausländische Unternehmen durch einen lokalen Partner im chinesischen Markt das Risiko für den Markteintritt erheblich reduzieren. Viele ausländische Unternehmen hatten ja keine Erfahrung auf dem chinesischen Markt. In kleineren Ländern wäre der Anreiz, solche Joint Ventures einzugehen, für ausländische Unternehmen dagegen wesentlich geringer gewesen – basierend auf einer Kosten-Nutzen-Analyse, bei der ausländische Investoren vor allem nach großen Märkten suchen, während Joint Ventures in kleineren Ländern mit kleineren Märkten weniger attraktiv sind, weil ausländische Investoren in solchen Zusammenschlüssen ja technologisches Know-how abgeben müssen.

Politische Dezentralisierung
Nach 1978 verfolgte China drei Jahrzehnte lang einen schrittweisen, experimentellen Reformansatz, der als „den Fluss überqueren, indem man nach Steinen tastet" (Deng Xiaoping) bekannt ist. Dieser Ansatz war mit politischer – insbesondere wirtschaftspolitischer – Dezentralisierung verbunden, was eine Abgabe eines Teils der Macht an die lokalen Regierungen und die lokalen KP-Führer implizierte. Vorteil dieses Vorgehens war, dass fehlgeschlagene lokale Reformexperimente nicht der Zentralregierung, sondern lokalen Führern, angelastet wurden. Die Gefahr potentieller Legitimations- oder Systemkrisen nach Scheitern von Experimenten wurde so minimiert.

3.1.2 Nichtintendierte Nebeneffekte der Deng-Strategie: Zunehmende Ungleichgewichte

Seit Mitte der 2000er-Jahre wurde die Deng-Strategie immer häufiger als „nicht nachhaltig" bezeichnet. Meines Wissens wurde diese Charakterisierung zuerst von westlichen Wissenschaftlern und internationalen Organisationen wie dem Internationalen Währungsfonds (IWF) und der Organisation für wirtschaftliche Zusammenarbeit und Entwicklung (OECD) vorgenommen und bald darauf auch von chinesischen Wissenschaftlern und Politikern übernommen.

So warnten chinesische Politiker wie Ministerpräsident Wen Jiabao schon früh (2007) davor, dass das Wachstum der chinesischen Wirtschaft „instabil, unausgewogen, unkoordiniert und nicht nachhaltig" sein würde. Premierminister Li Keqiang bestätigte neun Jahre später (2016), dass die inzwischen eingeschlagene „neue Normalität einen Abschied vom unausgewogenen, unkoordinierten und nicht nachhaltigen Wachstumsmodell" bedeute. Auch Xi Jinping sprach schon 2014 von „imbalanced, uncoordinated, and unsustainable development", die die Politik in der Deng-Ära – aufgrund organisatorischer Laxheit und schwacher politischer Disziplin – ihm als Erbe hinterlassen hätte (siehe näher in Kap. 7).

Folgen der schrittweisen Entwicklung
Die schrittweise regionale Entwicklung führte zu einer zunehmenden Diskrepanz des Wohlstands und einer steigenden Einkommensungleichheit zwischen Ost- und West-China. Im Jahr 2015 betrug das durchschnittliche Pro-Kopf-Einkommen der westlichen Provinzen nur 55 % desjenigen der östlichen Provinzen (National Bureau of Statistics of China, eigene Berechnungen); und seitdem hat sich nicht viel geändert. Es ist schwer vorstellbar, dass diese zunehmende Diskrepanz und Ungleichheit für immer, oder für einen langen Zeitraum, aufrechterhalten werden kann, ohne dass es zu einer Verletzung von Ziel 3 – Stabilität im Sinne einer Vermeidung von sozialen Konflikten – und in Folge vielleicht sogar zu einer politischen Legitimationskrise mit einem Machtverlust der KPCh, d. h. einer Verletzung von Ziel 1 kommen könnte.

Folgen der Priorisierung des Wirtschaftswachstums
Wie oben betont, dominieren zu Beginn bzw. in den frühen Phasen der Entwicklung die wirtschaftlichen Präferenzen. Für China bedeutete dies eine Priorisierung des Wirtschaftswachstums. Das ging in den 1980er, 1990er und auch noch in den 2000er-Jahren nicht nur mit einer zunehmenden Ungleichverteilung einher, sondern auch mit einer Konzen-

tration auf die Kohlenstofftechnologie. Dadurch hat die Umweltverschmutzung in China stetig zugenommen, insbesondere in der Zeit des industriellen Booms. Diese Verschmutzung ließ sich nicht ohne Weiteres stoppen, da die Anreizmechanismen in China, die für Einzelpersonen, insbesondere Firmenchefs und Lokalpolitiker, relevant waren und zum Teil immer noch sind, individuelles und regionales wachstumsmaximierendes Verhalten belohnten.

Folgen der Konzentration auf Export und Produktion
Die Strategie der Maximierung des Wirtschaftswachstums in den 1990er- und 2000er-Jahren führte zu einem übermäßig hohen Anteil des industriellen Sektors und zu Überkapazitäten im verarbeitenden Gewerbe. Letzteres wiederum führte zu einer Verringerung der Marktrendite von Industrieinvestitionen und einem Rückgang der sektoralen und allgemeinen Produktivität.

Darüber hinaus führte die Fokussierung auf den Export zu einer hohen Abhängigkeit der chinesischen Wirtschaft, und ihrer Auslastungsrate, von der Nachfrage des Auslands nach chinesischen Produkten, was nach der Globalen Finanzkrise 2008 schmerzlich deutlich wurde.

Folgen der politischen Dezentralisierung
Politische Dezentralisierung bedeutete, dass die lokalen Regierungs- und Parteiführer recht eigenständig partikulare Wachstumsinteressen verfolgten, die nicht immer dem Gemeinwohl des Landes dienten. Dies führte zu Überakkumulation aufgrund unkoordinierten Vorgehens. Die Zentralregierung bot Anreize für Wirtschaftswachstum, und die Lokalpolitiker versuchten alle –unkoordiniert– diese Anreize abzuschöpfen. Auch florierte zunehmend Korruption und Vetternwirtschaft in einzelnen Provinzen und Kommunen. Insgesamt wurden die Lokalführer der Parteiführung in Peking zu mächtig und zu eigenständig, so dass eine Rückkehr zur zentralen Kontrolle als notwendig erschien; siehe auch in Kap. 7.

Zudem bedeutete die Öffnung der Wirtschaft in China nicht nur eine Öffnung für westliche Produkte, sondern auch für westliche Ideen und Vorlieben. Dies wurde von vielen chinesischen Politikern, so auch von Xi Jinping, als Bedrohung für die politische und kulturelle Stabilität in

China angesehen. Von daher versuchten diese, diesen Import westlicher Ideen zu stoppen, indem sie während der Xi-Ära wieder zu mehr zentraler Kontrolle zurückkehrten.

3.1.3 War die Deng-Strategie wirklich nicht mehr tragfähig?

Obwohl die Hypothese der Nicht-Nachhaltigkeit der Deng-Strategie argumentativ gut begründet war, wurde sie nicht empirisch getestet. Somit bleibt ungewiss, ob die Deng-Strategie, wenn sie fortgesetzt worden wäre, wirklich gescheitert wäre oder nicht. Sie wurde ja beendet, bevor die Hypothese der Nicht-Nachhaltigkeit getestet/bewiesen wurde und bevor das Land in eine MIT fiel.

Wohl baute die Deng-Strategie bewusst auf einer unausgewogenen Entwicklungsstrategie à la Hirshman (1958) auf, um das Wirtschaftswachstum und den Aufholprozess zu beschleunigen. Dies ging aber im Laufe der Zeit mit so starken sozialen und wirtschaftlichen Ungleichgewichten einher, dass vieles dafürsprach, dem Einhalt zu gebieten, bevor die zunehmenden Ungleichgewichte soziale und letztlich politische Krisen erzeugen konnten. So stieg die Zahl der „Massenvorfälle" wie Gruppenproteste in der Dekade vor Xis Amtsantritt bedrohlich an.

Wäre die alte Wachstumsstrategie weiterverfolgt worden, so wäre wohl irgendwann nicht nur das Wirtschaftssystem, sondern auch das politische System nicht mehr tragfähig gewesen. Dies dürfte letztlich auch der Grund gewesen sein für die bereits erwähnte Kurskorrektur durch Xi Jinping, verbunden mit der Rückkehr zu einer stärkeren Fokussierung auf zentrale Steuerung und mit einer Priorisierung von Stabilität statt von weiterer Maximierung des Wirtschaftswachstums. Siehe näher hierzu im nächsten Abschn. 3.2, sowie in Kap. 7.

Bevor wir zu Xi Jinpings Strategiewandel kommen, möchte ich noch einige kurze Erläuterungen zur Globalen Finanzkrise und ihren Auswirkungen auf China geben. Dies, weil die Antwort Chinas auf die Globale Finanzkrise selbst wieder neue Ungleichgewichte generierte, die es später, unter Xi Jinping, galt und immer noch gilt abzubauen.

3.1.4 Folgen und Lehren aus der Globalen Finanzkrise

Zu dem Problem zunehmender Ungleichgewichte, die die Deng-Strategie verursacht oder mit sich gebracht hatte, sozusagen als ungewollte – unvermeidliche? – Nebenwirkungen, die ein Umsteuern notwendig machten, kamen als eine zweite Herausforderung die Auswirkungen und Lehren aus der Globalen Finanzkrise 2008. Diese offenbarten die Abhängigkeit Chinas vom Westen, und die Verletzlichkeit Chinas, wenn Probleme im Westen – oder vom Westen verursachte Probleme – entstanden.

Gegenmaßnahmen mit der Folge neuer Ungleichgewichte

China wurde 2008 und 2009 von einer – drohenden – stark zurückgehenden Auslandsnachfrage getroffen. Die Globale Finanzkrise 2008 führte damals zu einer weltweiten Nachfragerezession, von der auch China nicht verschont blieb wegen der zurückgehenden Importnachfrage nach chinesischen Gütern. In dieser Situation veranlasste die Furcht vor einer drastischen Wachstumsverlangsamung und hoher Arbeitslosigkeit die chinesische Regierung dazu, expansive Konjunkturprogramme nach keynesianischem Vorbild zu betreiben. Unmittelbar nach der globalen Finanzkrise legte China ein riesiges Nachfrageprogramm im Umfang von umgerechnet rund 586 Mrd. US-Dollar auf. Damit sollte erreicht werden, dass China von der Globalen Finanzkrise und dem folgenden weltweiten Nachfrageeinbruch nicht so stark betroffen sein würde. Letzteres trat dann auch ein. Außerdem fungierte diese Politik auch noch als Rettungsanker für die stärker betroffenen westlichen Staaten, indem sie von chinesischen Importen – einer starken chinesischen Nachfrage nach ihren Produkten – d. h. von gestiegenen Exportmöglichkeiten nach China profitieren konnten.

Dennoch ging das chinesische Wirtschaftswachstum in den folgenden Jahren weiter zurück – 2012 bis unter siebeneinhalb Prozent –, was vor allem auf den Deindustrialisierungsprozess zurückzuführen war, den die chinesische Regierung eingeleitet hatte, um die Wirtschaft wieder ins Gleichgewicht zu bringen, wie im 12. und 13. Fünfjahresplan angekündigt. Um die negativen Auswirkungen dieser Wachstumsverlangsamung auf die Beschäftigung abzumildern, begann die Regierung ab 2011 mit der Umsetzung mehrerer weiterer, aber kleinerer, so genannter Mikro-Konjunkturpakete. Diese Pakete waren jedoch nicht wirklich erfolgreich, da sie den Wachstumsrückgang nur jeweils für einen sehr kurzen Zeitraum aufhielten, so dass die Regierung weitere Konjunkturprogramme auflegen musste. Spätestens Ende 2013 begann die Wachstumsrate wieder und dann dauerhaft unter siebeneinhalb Prozent zu fallen.

Zusammenfassend lässt sich sagen, dass die Regierung auf diese Weise ein Überschießen in einigen Sektoren wie dem Baugewerbe (dem Immobiliensektor), mit Überkapazitäten in diesen Sektoren sowie allgemein im Infrastrukturbereich, schuf. Anders gesagt, diese Konjunkturprogramme erzeugten ungewollte Nebenwirkungen, sprich neue Ungleichgewichte.

Konkret gingen die Programme einher mit

- expansivem Kreditwachstum,
- steigenden Schuldenständen und
- Boom-Bust-Zyklen bei den Vermögenspreisen.

Die Mikro-Konjunkturprogramme ab 2011 können als verzweifelter Versuch gesehen werden, die Kosten des Strukturwandels und der Neuausrichtung, sprich die Wachstumsverlangsamung und den Anstieg der Arbeitslosigkeit, zu kontrollieren. Die Finanzierung dieser Konjunkturprogramme wurde in zunehmendem Maße durch lokale Regierungen mithilfe von sogenannten „Schattenbanken" sichergestellt. Dies führte zu der erwähnten Kreditexpansion und dem Anstieg der Verschuldung von Unternehmen und lokalen Regierungen.

Notwendigkeit des gleichzeitigen Abbaus der alten und neuen Ungleichgewichte
Xi Jinping scheint heute stärker als früher willens zu sein, die Kosten der Transformation in Kauf zu nehmen. Dies war anfangs nicht immer so. Eine Reihe von expansiven Konjunkturprogrammen zum Abbau von Ungleichgewichten und zur Kompensation von –auch exogen verursachten– Wachstumseinbrüchen waren Anzeichen dafür, dass die Re-

gierung vor allem in der ersten Hälfte der 2010er-Jahre immer wieder „einknickte" und die angekündigten Strukturreformen zugunsten von schneller wirkenden Konjunkturmaßnahmen zurückstellte.

In der zweiten Hälfte der 2010er-Jahre stand China vor der Herausforderung, die alten Ungleichgewichte der ersten Welle, entstanden in der Deng-Ära, und die neuen Ungleichgewichte der zweiten Welle, entstanden seit 2010, gleichzeitig beseitigen zu müssen. Beide Anpassungskurse haben zu einer Verlangsamung des Wachstums geführt. Um die Kosten für die Wirtschaft zu begrenzen, hat die Regierung eine expansive makroökonomische Politik betrieben und auf diese Weise neue Ungleichgewichte bzw. Kosten geschaffen. Die Verringerung der oben genannten neuen Ungleichgewichte erforderte Gegenmaßnahmen wie eine makroprudenzielle Politik zur Verringerung der Kreditexpansion und der Verschuldung. Dies wiederum hat die Gefahr einer Wachstumsverlangsamung verschärft, der wiederum mit einer expansiven makroökonomischen Politik begegnet werden musste, wodurch weitere neue Ungleichgewichte entstanden. Hieraus entstand eine Art Teufelskreis, den Xi Jinping in den letzten Jahren versucht hat zu durchbrechen. Das Beenden dieses Stop-and-go-Expansionskurses ist jedoch sehr schmerzhaft. Ein Beispiel hierfür ist die sich seit Jahren hinziehende Immobilienkrise in China; siehe hierzu im nächsten Kap. 4, im Abschn. „Bewältigung der Immobilienkrise".

Die Lehren aus der Globalen Finanzkrise
Die Globale Finanzkrise offenbarte die Abhängigkeit Chinas von westlicher Nachfrage, von westlichem Know-How, und von westlichen Rohstoffen und Vorprodukten. In den letzten Jahren wurde diese Abhängigkeit noch deutlicher durch die Erfahrungen des Zusammenbruchs der globalen Lieferketten in der Pandemiezeit und der Sanktionspolitik der USA unter den Präsidenten Trump und Biden; siehe dazu in Kap. 2, Abschn. „Die Corona-Pandemie" und „Die Sanktionen des Westens". Daraus folgte letztlich die neue Strategie des „Dualen Kreislaufs", des Versuchs sich zunehmend unabhängig vom Westen zu machen. Hierzu siehe weiter unten in diesem Kapitel im Abschn. „Dualer Kreislauf"!

3.2 Die Antwort Xis auf die zunehmenden Ungleichgewichte

Xi Jinpings Antwort auf die sich angehäuften Ungleichgewichte war eine neue Wachstumsstrategie. Die „Oberziele" – erstens Machterhalt der KPCh, zweitens wirtschaftliche Wohlstandsmehrung/Konvergenz, und drittens soziale Stabilität – blieben jedoch gleich. Sie galten schon unter Mao Zedong und unter Deng Xiaoping, so auch unter Xi Jinping.

3.2.1 Gründe für eine neue Wachstumsstrategie

Die wichtigsten Ungleichgewichte, die durch die Deng-Entwicklungsstrategie ausgelöst wurden und die China schließlich dazu veranlassten, seinen Kurs zu ändern, waren eine Zunahme

- der Umweltzerstörung,
- der Einkommensdisparitäten,
- der Korruption (vor allem innerhalb der KPCh),
- der Überkapazitäten, sowie
- von politischer und kultureller Instabilität („historischer Nihilismus" und Unterwanderung durch andere, nichtsozialistische „westliche" Werte).

Diese wachsenden Ungleichgewichte bedrohten schließlich die Stabilität des Gesamtsystems und veranlassten die Kommunistische Partei Chinas (KPCh), die Notwendigkeit eines „Rebalancing", d. h. einer grundlegenden Neuausrichtung, zu akzeptieren. Dies ebnete den Weg für Xi Jinpings Kurswechsel, der 2012 eingeführt wurde.

Um die aufgelaufenen Ungleichgewichte und die damit verbundenen wirtschaftlichen, ökologischen und sozialen Instabilitäten abzubauen, versuchte die Xi-Regierung, die folgenden Reformschritte in Angriff zu nehmen:

(1) Neuausrichtung der Wirtschaft auf einen konsum- und dienstleistungsorientierten, vor allem aber innovationsbasierten Wachstumspfad

(2) Verbesserung der Sozial- und Umweltstandards, die in der vorherigen Deng'schen Entwicklungsstrategie vernachlässigt worden waren
(3) Stabilisierung des chinesischen Sozial- und Wirtschaftssystems durch Rezentralisierung des politischen Systems, basierend auf zentraler Kontrolle
(4) Einbindung der westlichen Regionen Chinas in das Entwicklungsprogramm

Gleichzeitig sollte aber auch der wirtschaftliche Aufholprozess fortgesetzt werden, wenn auch nicht in der Weise, wie dies in der Deng-Ära der Fall war.

Die **Hauptziele der Xi-Regierung** lassen sich – in der Reihenfolge ihrer Priorisierung – wie folgt benennen:

- 1. Ziel: (Re-)Stabilisierung des Wirtschafts- und Sozialsystems („Rebalancing")
- 2. Ziel: Wieder-Stärkung und Aufrechterhaltung der politischen Macht der KPCh
- 3. Ziel: Aufrechterhaltung eines hohen, anhaltenden Wachstums und einer raschen Konvergenz.

Ein viertes Ziel kam später noch – forciert durch die Erfahrungen aus der Globalen Finanzkrise und die Handelsstreitigkeiten mit den USA – hinzu: das 4. Ziel, unabhängiger vom Westen zu werden, eine eigenständige wirtschaftliche Weltmacht zu werden. Die Umsetzungsstrategie dieses Ziels ist bekannt unter dem Namen „Dual Circulation"; siehe näher unten in Abschn. „Dualer Kreislauf". Dieses Ziel wurde mit der Zeit von Xi noch ergänzt durch den Anspruch nach geopolitischer Macht in Form der Erlangung des Status einer –nicht nur wirtschaftlichen– Weltmacht. 2017 verkündete Xi Jinping auf dem 19. Parteitag, dass China bereit sei, in den Mittelpunkt des Weltgeschehens zu treten.

Präsident Xi Jinping wollte mit diesem Zielbündel China eine neue Wachstumsstrategie an die Hand geben, die es China ermöglichen sollte, die sogenannte Middle-Income-Trap (MIT) zu vermeiden oder zu überwinden. Um dies zu erreichen, musste sich China wandeln. Es musste von einem Kopierer von Technologien und Standards zu einem unabhängigen Initiator und Führer bei Technologieentwicklung, Innovationen und Technologiestandards werden. Dadurch sollte es China gelingen, eigene globale Wertschöpfungsketten zu schaffen, wogegen es unter der Deng-Strategie weitgehend nur ein Zulieferer in bestehende Wertschöpfungsketten war – unter Technologiestandards, die vom Westen gesetzt wurden. Dieser Wandel spiegelt sich in Visionen wie der „Seidenstraßeninitiative", dem Projekt „Made in China 2025" und dem Plan „China Standards 2035" wider.

3.2.2 Hauptelemente der Xi-Strategie

Was ich als Xi-Strategie bezeichne, gründete auf einem allumfassenden politischen Umsteuern („Rebalancing"), das mit der Machtübernahme von Xi Jinping im Jahr 2012 begann und erstmals im 12. Fünfjahresplan der chinesischen Regierung im Jahr 2011 angekündigt wurde. Diese Strategie des „Rebalancing" konzentriert sich auf das gesamte System, d. h. sie ist gekennzeichnet durch

- eine neue Wachstumsstrategie – mit Fokus auf Innovationen und Neuausrichtung der Wirtschaft auf einen konsum- und dienstleistungsorientierten Wachstumspfad;
- den Versuch, die Gesellschaft wieder zu stabilisieren, indem das politische System rezentralisiert – mehr Wert auf zentrale Kontrolle gelegt – wird, und indem westliche Werte zunehmend zurückgedrängt und durch eigene Wertvorstellungen ersetzt werden;
- den Versuch, die sozialen und ökologischen Standards innerhalb Chinas zu verbessern; und
- den Versuch, die westlichen Regionen Chinas stärker in die chinesische Entwicklungsstrategie einzubeziehen.

Neue Wachstumsstrategie (wirtschaftliches Rebalancing)
Xis neue Wachstumsstrategie ist der wirtschaftliche Kern seiner Reformen seit 2012. Ihr liegt die Erkenntnis zugrunde, dass eine MIT-Überwindung nur mithilfe eines neuen innovationsbasierten Wachstumsmodells möglich ist. Es reichte nicht mehr, Zwischengüterlieferant für

den Westen und Massenexporteur von Allerweltsgütern zu sein. Letzteres gründete auf den Kostenvorteilen der Produktion in China, die sich jedoch rapide verringerten angesichts steigender Löhne in China und der wachsenden kostengünstigeren Konkurrenz in Südostasien während der 2000er-Jahre. Außerdem zeigte die Globale Finanzkrise auf, wie abhängig China von Schocks und Nachfragezyklen in den westlichen Ländern war. Beides sprach dafür, den Wachstumsprozess zukünftig weniger auf Exporte und Investitionen, sondern mehr auf heimischen Konsum und Dienstleistungen, sowie eben auf eigene Innovationen zu setzen.

Vieles davon war schon zumindest in Ansätzen seit 2006 bekannt, angestoßen unter anderem von Empfehlungen des IWF, und spiegelte sich auch zunehmend in der Art der betriebenen Industriepolitik in China wider; siehe hierzu den Punkt „Staatlich gelenkte Industriepolitik" in Abschn. 3.3.5 unten. Von Xi wurden diese Aspekte schließlich nach seinem Amtsantritt zur neuen wirtschaftspolitischen Leitkultur erklärt und in seiner neuen Wachstumsstrategie zusammengeführt.

Neuausrichtung auf zentrale Kontrolle
Die politische Rezentralisierung war der politische Kern der neuen Xi-Strategie. Der Weg der politischen Dezentralisierung unter Deng Xiaoping hatte wohl anfangs das Wirtschaftswachstum vorangebracht, jedoch auch wachsende Ungleichgewichte erzeugt – wie Einkommens- und Vermögensungleichgewichte, Umweltzerstörung, Überkapazitäten, sowie auch Korruption im Parteiapparat, insbesondere in den Provinzen. Um diese Ungleichgewichte abzubauen, bedurfte es nach Ansicht von Xi einer koordinierten Anstrengung, die von der Parteizentrale in Peking aus gelenkt werden musste. Außerdem ging die Entwicklung in der Deng-Ära mit einem zunehmenden Eindringen von westlichen Werten wie Materialismus und Individualismus einher, die von Xi als gefährlich für Ziel 1 – den Machterhalt der Einparteienherrschaft der KPCh – angesehen wurden und deshalb zurückgedrängt werden sollten.

Ein Jahr nach Xi Jinpings Machtübernahme setzte die Kommunistische Partei Chinas am 12. November 2013 den „Beschluss über einige wichtige Fragen zur umfassenden Vertiefung der Reform" um. Dieses Dokument enthielt ein weitreichendes Reformprogramm mit dem Ziel, die Qualität und Effizienz der Regierungsführung auf allen Ebenen der

Partei zu verbessern. Noch wichtiger war, dass es einen massiven Schritt in Richtung einer rezentralisierten Regierungsführung und einer Re-Hierarchisierung markierte, die politische Steuerung von oben nach unten wiederherstellte und neue Instrumente für die politische und soziale Kontrolle in Bereichen wie Korruptionsbekämpfung, Sozialmanagement, ideologische Mobilisierung und Internetkontrolle einführte. Unter Verwendung von „Big Data" sollte ein landesweites System umfassender Datenauswertung entwickelt werden, um das Fehlverhalten Einzelner, insbesondere von Unternehmern und Kommunalpolitikern, computergestützt zu überwachen und auf dem schnellsten Weg zu bestrafen. Dies wurde als Neuerung oder Gegensatz zu der früheren Deng-Strategie eines dezentralen, experimentellen Reformansatzes gesehen.

Verbesserung der sozialen und ökologischen Standards
Die neue Schwerpunktsetzung auf eine Verbesserung der sozialen und ökologischen Standards zielte in China unter Xi Jinping darauf ab, zum einen die „sozialen Lücken" zu schließen („Wohlstand für alle"), die in China in den letzten Jahrzehnten größer geworden waren, und zum anderen die stark zugenommene Umweltzerstörung, vor allem in Industriegebieten und Großstädten, aufzuhalten. Dies spiegelte sich auch in zahlreichen öffentlichen Reden von Xi Jinping wider, die in seinem vierbändigen Werk „The Governance of China" abgedruckt sind.

Nicht mehr Wachstum um jeden Preis sollte das dominierende Ziel sein, sondern andere Elemente wie die Umverteilung („Wohlstand für alle") und die soziale Sicherheit sollten größeres Gewicht gewinnen. Dies war, wie China-Experten wie Barry Naughton, Tsang/Cheung und andere betonten, eine Antwort auf die gestiegenen Ansprüche der chinesischen Bevölkerung.

Außerdem versprach sich Xi Jinping durch die Bekämpfung der Korruption in Partei und Staatsapparat –vor allem in den Provinzen– einen Reputationsgewinn, und gleichzeitig auch die Möglichkeit, unbequeme Gegner auszuschalten, was ihm auch gelungen ist. Damit hat er nicht nur sein eigenes Ansehen und seine eigene Macht gefestigt, sondern auch Ziel 1, den Machterhalt der Partei, der in den 1990er- und 2000er-Jahre durch Legitimationsverluste der KPCh in Gefahr zu geraten drohte.

Integration der westlichen Regionen Chinas
Seit Anfang der 2000er-Jahre hatte sich das Einkommensgefälle zwischen der östlichen Region und den mittleren und westlichen Regionen stark vergrößert. Die wachsende wirtschaftliche Kluft zwischen dem wohlhabenden Osten und dem ärmeren Westen Chinas drohte nicht nur die soziale Stabilität (Ziel 3) zu gefährden, sondern auch die wirtschaftliche Entwicklung zu begrenzen (Gefährdung des Erreichens von Ziel 2). Xis Versuch, die westlichen Regionen in die Entwicklungsstrategie einzubeziehen, zielte darauf ab, die Wohlstandsunterschiede zwischen den östlichen und den westlichen Regionen Chinas – sowie auch das Migrationsproblem mit der Schlechterstellung der Migranten – zu verringern. Dies war auch Gegenstand der sog. „Anti-Armut-Kampagne" (2015–2020) von Xi Jinping und der „common prosperity"-Strategie von 2021 (mit der Zhejiang Provinz als „Demonstrationszone"), die auf Ausrottung der Armut zielten. Von ersterer sollte nur die arme Landbevölkerung mit einer ländlichen Hukou-Bescheinigung profitieren. Letztere implizierte, dass mehr Personen mit geringem Einkommen in die Gruppe mittleren Einkommens aufsteigen sollten (siehe näher die Erläuterungen in Kap. 7).

Xis Versuch, die westlichen Regionen stärker einzubeziehen, knüpft an die alte „Go West"-Strategie aus dem Jahre 2000 an, als versucht wurde, mit großen Infrastrukturprojekten das Einkommensgefälle zwischen der östlichen Region und den mittleren und westlichen Regionen zu verringern. Dies gelang für ungefähr 15 Jahre. Das Einkommensgefälle sank von ungefähr zwei Drittel auf die Hälfte beim BIP pro Kopf. In den letzten 10 Jahren allerdings stoppte dieser Abnahmeprozess bzw. kehrte sich zeitweise sogar um. Heute beträgt das Lebenshaltungsniveau der Bewohner der westlichen Provinzen gut die Hälfte des Niveaus der Bewohner der östlichen Küstenprovinzen.

Außerdem wurde die Bedeutung von Sonderwirtschaftszonen wieder stärker betont. Für den Zeitraum der Deng-Strategie habe ich bereits in Kap. 1 die positive Rolle der Einrichtung von Sonderwirtschaftszonen und einzelner Städte hervorgehoben, die als besondere Gebiete für wirtschaftliche Experimente ausgewählt wurden. Diese Sonderzonen und Städte/Gebiete für wirtschaftliche Experimente sollten nun unter Xis Herrschaft schrittweise auf andere westliche Gebiete in China ausgedehnt werden, um die wirtschaftlichen und sozialen Unterschiede zwischen den östlichen und westlichen Teilen Chinas zu verringern. Zudem kann ein stärkerer Rückgang des Wirtschaftswachstums in China als Ganzes nur verhindert werden, wenn der Westen Chinas stärker wächst, angesichts der „Erschöpfung" des Wachstumspotentials im schon entwickelten Osten (abnehmende Grenzerträge der Kapitalakkumulation; siehe in Kap. 2).

Während die erste, die sogenannte „Deng"-Strategie einen investitionsorientierten Wachstumspfad verfolgte, war für die zweite, die „Xi"-Strategie ein innovationsorientierter Wachstumspfad geplant. Ein wichtiger Plan zur Umsetzung dieses innovationsgeleiteten Wachstumspfads war die so genannte Initiative „Made in China 2025". Diese Initiative zielte darauf ab, die gesamte chinesische Produktion bis 2025 umzustrukturieren. Dabei beabsichtigte China, 2035 im Mittelfeld der Industrienationen zu liegen und bis 2049, dem hundertsten Jahrestag der Gründung der Volksrepublik, eine weltweit führende Position im verarbeitenden Gewerbe einzunehmen. Nun wurde sehr wohl gesehen, dass dieser strukturelle Umbauprozess mit zunächst deutlich sinkenden Wachstumsraten verbunden sein könnte, so wie auch andere grundlegende Transformationsprozesse in anderen Ländern vorher mit einem zeitweisen Wachstumseinbruch verbunden waren, zum Beispiel in Osteuropa nach 1990. Dies war und ist für das politische System in China jedoch nicht ungefährlich. Fällt nämlich die Wachstumsrate unter eine so genannte „politische Legitimationslinie", kann dies zu zivilen/politischen Unruhen führen. Da die chinesische Bevölkerung an sehr hohe BIP-Wachstumsraten gewöhnt war und immer noch ist und daher möglicherweise noch höhere Erwartungen an die Wachstumsleistung hat als andere Länder, waren chinesische Politiker – auf zentraler wie auch noch stärker auf lokaler Ebene – immer wieder versucht, die Rebalancing-Reformen zu verzögern. Zurückzuführen ist dies auf den sogenannten „post-Tian'anmen"-Gesellschaftsvertrag, der die Regierung/Partei auf eine stetige Wohlstandsvermehrung (das Erreichen von Ziel 2) verpflichtete in Gegenleistung für die Duldung der autoritären Machtausübung –Repressionen– der KPCh (die Sicherstellung von Ziel 1).

Zusammenfassend kann man sagen: Ein Charakteristikum der Xi-Politikstrategie war die Priorisierung von Ziel 3 – Stabilität und Ordnung in dem Riesenreich –. Dies zeigte sich in den letzten paar Jahren auch am

Beispiel der starken Regulierung von Techfirmen. Diese sollten sich nach Xis Wunsch weniger auf Technologie-Plattformen wie soziale Medien und mehr auf den für den Systemwettbewerb wichtigeren Produktionssektor –auf Zukunftsindustrien– konzentrieren. Auch offenbarte es sich in der rigiden Finanzregulierung, der die Angst vor einer Wiederholung der japanischen Verhältnisse von 1990, nämlich des Crashs eines Vermögenspreis-Bubble und anschließender langanhaltender Stagnation, zugrunde lag. Außerdem zeigte es sich in der Null-Covid-Politik, die aus Angst vor zu vielen Ansteckungen und Toten und der Schuldzusprechung an die Regierung, so lange durchgeführt wurde. Und nicht zuletzt ist dies auch der Grund für die Unterdrückung von Minderheiten – aus Angst vor regionalen Abspaltungen und folglich einer Zersplitterung des Riesenreiches.

Diese Fokussierung auf Stabilisierung muss/te erkauft werden durch hohe Kosten in Form von Wachstumsverzicht und einem langsameren Aufholprozess. Es sind sozusagen Kosten der Risikovermeidung – und ein Beispiel für eine strikte, konservative Risikomanagementstrategie.

3.2.3 Wird die Xi-Strategie nachhaltig sein und unter welchen Bedingungen?

Es ist ungewiss, ob die Xi-Strategie nachhaltig ist bzw. sein wird. Die Wahrscheinlichkeit, in eine Middle-Income-Trap (MIT) zu fallen, könnte unter der Xi-Strategie sogar höher sein als unter der Deng-Strategie. Um dies zu erklären, gehe ich noch einmal auf die oben gewählten Strukturierungsmerkmale der Xi-Strategie ein.

Neue Wachstumsstrategie (Rebalancing der Wirtschaft)
Eine Verlagerung hin zu Dienstleistungen (Tertiarisierung) wird, wie in Kap. 2 erläutert, mit einem Rückgang des Produktivitäts- und damit des Wirtschaftswachstums einhergehen. Dies gilt umso mehr, je mehr die Regierung darauf abzielt, die weniger produktiven Teile des Dienstleistungssektors, wie Sozial- oder Wohlfahrtsdienste, auszubauen. Es stellt sich die Frage, ob die Zentralregierung und die lokalen Regierungen dies akzeptieren oder, wie in der letzten Dekade, dem Rückgang des

Wirtschaftswachstums weiter entgegentreten mit makroökonomischen Konjunkturprogrammen, die den Infrastrukturbereich stärken. Dies würde jedoch ungewollt das Produktivitätswachstum weiter verringern, wenn dadurch noch mehr Überkapazitäten produziert werden. Auch würde so das Rebalancing hin zu mehr Konsum nicht gelingen. Der Konsumanteil in China verharrt auch heute noch wie 2005 auf dem niedrigen Niveau von rund 55 % und ist nicht wie geplant signifikant angestiegen.

Neuausrichtung auf zentrale Kontrolle
Die 2012 begonnene Rezentralisierung betrifft nicht nur die Politik – stärkere Disziplinierung der Partei und Lenkung der Regierung –, sondern auch die Wirtschaft, was sich in einem Wiedererstarken der großen staatlichen Unternehmen, stärkerer Regulierung der Privatwirtschaft, und stärkerer Einflussnahme der Partei auf Unternehmensentscheidungen äußert. All dies ist kostspielig, da es die wirtschaftliche Entwicklung bedroht, indem es Bürokratie und Regulierung erhöht und so die privaten Innovationstreiber lähmt. Dadurch sinkt die wirtschaftliche Effizienz, während die makroökonomischen Kosten der politischen Steuerung steigen. Die Rezentralisierung erweist sich insbesondere als nachteilig, wenn von Dengs Weg abgewichen wird, für Investoren in China Möglichkeiten zu schaffen, nach Marktregeln zu experimentieren, auf wirtschaftliche Anreize zu reagieren und eigenständig neue Technologien zu entwickeln. Zudem kann der neue Personenkult um Xi Xinping zu einer Art Kritikresistenz des allmächtigen Parteivorsitzenden führen, so dass Politikfehler nicht rechtzeitig korrigiert werden.

Verbesserung der sozialen und ökologischen Standards
Die Verbesserung der sozialen Standards erfordert den Aufbau eines sozialen Wohlfahrtssystems. Dies dauert nicht nur lange, sondern ist auch sehr kostspielig. Es wird die strukturelle Verlagerung von Arbeitskräften von produktiveren Arbeitsplätzen im verarbeitenden Gewerbe zu weniger produktiven Arbeitsplätzen im Dienstleistungssektor verstärken und damit die Gesamtproduktivität und damit das Wirtschaftswachstum in China verringern („Baumol's ‚cost disease'"; siehe in Kap. 7). Auch die Verbesserung der ökologischen Standards, so notwendig sie auch sein

mag, ist offensichtlich schwer umzusetzen. Wie die amtliche chinesische Nachrichtenagentur Xinhua immer wieder mal berichtete, gab es bei dem Versuch, die Umweltverschmutzung in den alten Industrieregionen zu reduzieren, erhebliche Rückschläge, da viele Unternehmen und lokale Behörden dort die Anweisung der Zentralregierung ignorierten, Produktionsprozesse mit hoher Umweltverschmutzung zurückzufahren. Die Gründe dafür liegen auf der Hand und beruhen auf falschen Anreizen, die den lokalen Unternehmen und Behörden bisher geboten wurden.

Integration der westlichen Regionen Chinas
Die Integration der westlichen Teile Chinas in den derzeitigen Modernisierungsprozess wird alles andere als einfach sein. Es mag möglich sein, Chinas Westen auf das Niveau zu bringen, das der Osten vor 15 Jahren erreicht hatte: Teil der „Werkbank für die Welt" zu sein, der kostengünstiger Zwischenprodukte für fortgeschrittene Länder oder Regionen produziert. Die Integration der westlichen Regionen Chinas in den aktuellen Modernisierungsprozess, der im Programm „Made in China 2025" angestrebt wird, wird jedoch kaum möglich sein, zumindest nicht kurz- bis mittelfristig. Das Ziel, das verarbeitende Gewerbe zu modernisieren und eine innovationsbasierte Industrie zu entwickeln, ist für die westlichen Regionen Chinas aufgrund des schwächeren Bildungsniveaus und des Mangels an Humankapital nur sehr begrenzt erreichbar. Auch ist die Bereitschaft gebildeter, gut ausgebildeter Arbeitskräfte aus dem Osten –einschließlich ehemaliger Migranten aus dem Westen–, in den Westen zu ziehen, um bei der Entwicklung der westlichen Regionen Chinas mitzuhelfen, Berichten zufolge relativ begrenzt. Zudem ist die Entwicklung/das Aufholen des Westens gegenüber dem Osten Chinas nur möglich, wenn auch die institutionelle Qualität in den westlichen Provinzen signifikant verbessert wird. Derzeit ist der Abstand der institutionellen Qualität in den östlichen Provinzen verglichen mit der in den westlichen Provinzen, in denen die große Mehrzahl der ethnischen Minderheiten Chinas lebt, noch ziemlich groß (Glawe/Wagner 2023). Diesen Abstand zu beheben, dürfte kurzfristig sehr schwierig sein, herrschen doch in den westlichen Provinzen noch verstärkt Clan-Strukturen, die häufig mit Nachteilen wie geringeren Bildungsausgaben, geringerer Marktdynamik, überbordender Bürokratie und Korruption einhergehen.

Ein reines Kopieren der Institutionen der östlichen Provinzen wird nicht ausreichend sein, da diese nicht passgenau für den in vielen Aspekten unterschiedlichen Westen sind. Außerdem bleiben für Chinas Westen geographische Nachteile wie die größere Entfernung zu Häfen bestehen, die die internationale Handelstätigkeit – Überseeexporte – erschweren, auch wenn die neuen Bahnstrecken entlang der „Neuen Seidenstraße" hier eine gewisse Entlastung bringen (sollen). Insofern ist eine Wiederholung des früheren Erfolgs der östlichen Küstenprovinzen, wie in den Anfangsjahrzehnten der Reform- und Öffnungsperiode, im Westen trotz reicher Bodenschätze nicht ohne weiteres möglich. Ein solcher Erfolg höherer Wachstumsraten auch im Westen wäre jedoch für eine Begrenzung der Wachstumsverlangsamung in China als Ganzes wichtig, da die Wachstumsraten im Osten Chinas entwicklungsbedingt abnehmen.

Alles in allem sind die Kosten und Unsicherheiten, die mit der allgemeinen Neuausrichtung der Xi-Strategie verbunden sind, hoch. Zudem treffen diese Kosten einflussreiche Interessengruppen im Industriesektor besonders hart, was zu viel Widerstand und Druck auf die Regierung führt und somit den Reformprozess verlangsamt.

Die Xi-Strategie wird daher nur dann erfolgreich sein, wenn Politik und Institutionen –einschließlich der Anreizmechanismen für die Lokalpolitiker – ausreichend reformiert werden, damit der Reformprozess eine Chance hat, schnell – schneller als bisher – umgesetzt zu werden und die innovationsorientierte Wachstumsstrategie erfolgreich zu realisieren. Hierfür erscheinen aus westlicher Sicht unter anderem folgende Reformschritte notwendig: eine Verbesserung des Finanzsystems; mehr Investorenschutz, generell ein besserer Rechtsschutz; die Erleichterung des Markteintritts für ausländische Wettbewerber; eine Reduzierung der Korruption; bessere Institutionen, unter anderem ein besseres soziales Sicherungssystem; und mehr politischer Wettbewerb. Vor allem bessere Institutionen sind aufgrund des schlechten Abschneidens Chinas bei den Bewertungen mit den „World Government Indicators" der Weltbank angesagt und von großer Bedeutung (zu den „World Government Indicators" siehe in Kap. 7).

Ein weiteres großes Problem ist, dass viele Politiker aufgrund kurzfristiger politischer Interessen dazu neigen, eine Rückkehr zur investitionsgeleiteten Strategie zu bevorzugen, um die hohen Kosten von Strukturreformen zu vermeiden. So ist, wie viele Beispiele aus der ganzen Welt zeigen, die Beseitigung von Überkapazitäten schwierig, da einflussreiche Interessengruppen in den jeweiligen Unternehmen oder Branchen von solchen Reformen stark negativ betroffen werden und daher Lobbyarbeit betreiben, um sie zu blockieren, hinauszuschieben oder zu verwässern.

Hier ist zu berücksichtigen, dass China, wie bereits kurz erwähnt, seit langem falsche Anreizmechanismen für lokale Politiker und Behörden geschaffen hat. Die lokalen Behörden in China haben bisher einen Anreiz gehabt, auch marode Unternehmen am Leben zu erhalten, da ihre Gewerbesteuereinnahmen nicht nach den Gewinnen, sondern nach dem Produktionswert berechnet wurden. Die Zentralregierung in Peking hatte jedoch auch einen Anreiz, den Abbau von Überkapazitäten hinauszuzögern, um eine korrigierende Rezession mit Arbeitslosigkeit und daraus resultierende soziale Unruhen zu verhindern.

Wichtig in diesem Zusammenhang ist auch die fiskalische Abhängigkeit des Staates bzw. der Kommunen von den Einnahmen bei Grundstücksverkäufen bzw. -verpachtungen. Das Land gehört in China formell der Regierung, wird aber teuer an Bauunternehmen verpachtet. Die Einnahmen aus dieser Quelle machen einen großen Teil der Gesamteinnahmen einer Kommunalverwaltung aus. Etwa 40 % der Gesamteinnahmen der chinesischen Städte stammten schon vor 15 Jahren und bis Anfang der 2020 Jahre aus Grundstücksverkäufen bzw. -verpachtungen, was den Immobilienboom und das Problem der Überakkumulation in der Zeit nach der Globalen Finanzkrise befeuert hat.

Darüber hinaus versuchen Kommunalpolitiker oft, einerseits – um Wirtschaftswachstum zu generieren – ausländische Unternehmen mit finanziellen Anreizen anzulocken, aber andererseits die etablierten heimischen Unternehmen zu schützen, da sie auswärtige Konkurrenz als Bedrohung betrachten. Von daher, sowie auch wegen erhoffter Wissenstransfers, „zwangen" sie ausländische Wettbewerber schon in den frühen Phasen der Reformen zu Joint Ventures mit heimischen Unternehmen.

Andererseits hat Xi Jinping, um die Kosten der Rebalancing-Reformen abzumildern, entsprechend seiner neuen Entwicklungsstrategie, die einen stärkeren Fokus auf das Stabilitätsziel legt, bisher oft eine expansive

Geld- und Finanzpolitik nach keynesianischem Vorbild gewählt, um den negativen Wachstumseffekten des „Rebalancing" entgegenzuwirken. Hiermit sollten wirtschaftliche Einbrüche im Zuge der strukturellen Anpassung und damit soziale Unruhen vermieden werden. Tatsächlich aber hat diese Vorgehensweise immer größere Ungleichgewichte aufgebaut, was oben schon erläutert wurde. Dies hat sich erst in den letzten Jahren, getragen von einer gestiegenen Machtbasis von Xi, begonnen zu ändern mit dem Übergang zu einer neuen angebotspolitischen Strategie (hierzu näher im folgenden Abschn. 3.4).

3.3 Einzelne Strategiemaßnahmen

3.3.1 Belt-and-Road-Initiative (BRI)

Die Belt and Road Initiative (BRI), auch Seidenstraßen-Initiative genannt, ist das Herzstück der Außenpolitik von Xi Jinping. Sie wurde 2017 in der Verfassung der Kommunistischen Partei Chinas verankert. Technisch gesehen handelt es sich um einen Infrastrukturplan, der China mit Asien, Europa und Afrika verbinden soll. Der Begriff BRI bündelt Projekte, die seit 2013 laufen und den Interessen und Zielen der Volksrepublik China unter Präsident Xi Jinping dienen sollen. Xi Jinping warb für sein Lieblingsprojekt mit dem Versprechen, dass es eine Win-win-Veranstaltung sei:

> „Das Konzept ‚Ein Gürtel und eine Straße', genauer gesagt der Aufbau des Wirtschaftsgürtels entlang der Seidenstraße und der maritimen Seidenstraße des 21. Jahrhunderts, verspricht eine Win-Win-Situation für alle Beteiligten" (aus: Rede Xi Jinpings auf der Eröffnungszeremonie der 6. Ministerkonferenz des Forums für chinesisch-arabische Zusammenarbeit, 5. Juni 2014).

Dies sollte erreicht werden über den Auf- und Ausbau interkontinentaler Handels- und Infrastrukturnetze zwischen China und über 60 weiteren Ländern in Afrika, Asien und Europa. Inzwischen kamen auch zahlreiche südamerikanische Länder hinzu. Insgesamt hatte China nach Recherchen der Shanghaier Fudan-Universität in den ersten zehn Jahren nach dem Beginn des BRI-Projekts bereits umgerechnet rund eine Billion US-Dollar unter dem Namen der BRI-Initiative – zumeist als Kreditvergaben – investiert oder dafür zugesagt. Während China von Anfang an für die BRI als Win-win-Veranstaltung warb, sahen westliche Beobachter die Initiative wesentlich kritischer. Der „westliche" Tenor war eher, dass China mit dem Gürtel andere Staaten finanziell, über Kreditverpflichtungen, fesseln und erpressbar machen wollte und an den Rand des finanziellen Bankrotts trieb, wenn die Kredite nicht zurückgezahlt werden konnten.

Das Ziel der BRI war anfangs in erster Linie ökonomischer Art, nämlich eine Reduzierung der heimischen Überkapazitäten, die durch die wirtschaftliche Expansionspolitik Chinas zur Vermeidung eines Wachstumsrückgangs ausgelöst worden waren. Heutzutage jedoch ist das Ziel der BRI vorwiegend politischer Natur – Unterstützung beim Erreichen des oben genannten Ziels 1 (Machterhalt der KPCh). Nachgelagert verfolgt China mit der BRI-Initiative aber heute weiterhin auch wirtschaftliche und soziale Ziele (Ziele 2 und 3).

Was das politische Ziel betrifft: Im Mittelpunkt des Infrastrukturplans bzw. der interkontinentalen Handels- und Infrastrukturnetze steht die Erlangung von politischem Einfluss in verschiedenen, vor allem Entwicklungs- und Schwellenländern auf verschiedenen Kontinenten durch die Schaffung wirtschaftlicher und finanzieller Abhängigkeiten. China erkaufte sich sozusagen politischen Einfluss durch Vorfinanzierung von Infrastrukturprojekten in Asien, Afrika und Südamerika. Auch in Europa wurde China sehr aktiv, was man an der „16 + 1-" bzw. „17 + 1-Initiative" sieht, einer Kooperation zwischen China und vor allem zentral- und osteuropäischen Ländern; siehe näher in Abschn. 5.3. Dabei profitierte China von der (ersten) Trump-Regentschaft in den USA, als sich die USA von ihren Verbündeten distanzierten – mit ihrer „America first"-Politik, mit Isolationstendenzen, der Drohung aus der NATO auszutreten, und Sanktionen gegen europäische Unternehmen. Die USA schufen dabei ein Vakuum, das China gerne ausfüllte. So kündigte Xi Jinping in seiner Rede auf dem Weltwirtschaftsforum in Davos 2017 an, dass China als Alternative bereitstünde, falls sich die USA unter Trump als Hüterin des freien Wettbewerbs zurückzögen. Zu keiner Zeit traten so viele Staaten der BRI-Initiative bei wie während der ersten Trump-Präsidentschaft. Wie gesagt entstanden dadurch wirtschaftliche Abhängigkeiten. Diese wurden durch Investitionen in die Infrastruktur sowie durch finanzielle Abhängigkeiten durch Kreditvergabe geschaffen, vor allem durch Bankkredite ohne große – Kreditnehmer knebelnde – Konditionalitäten, wobei allerdings Vergabe und Konditionen für diese Kredite oft sehr intransparent waren. Chinas Banken haben in den letzten Jahren zahlreiche ihrer Kredite an rohstoffreiche Entwicklungsländer vergeben, unter anderem nach Afrika. Auf diese Weise konnte sich China auch den Zugang zu wichtigen Rohstoffen sichern, über die es selbst nicht in ausreichender Menge verfügt.

Hinzu kommt ein makroökonomisches Nebenziel, das das obige Ziel 2 –wirtschaftliche Wohlstandsmehrung/Konvergenz– unterstützt: nämlich durch die BRI inländische Überkapazitäten, anfangs insbesondere in den Bereichen Stahl und Zement, abzubauen. Heimische Überkapazitäten sollten durch den Export in die Länder entlang der Seidenstraße/n abgebaut und so auch ein Rückgang der Exportnachfrage westlicher Länder abgefedert oder kompensiert werden. Ein solcher Rückgang der Exportnachfrage wie auch von Direktinvestitionen drohte unter anderem aufgrund der gestiegenen Arbeitskosten in China, da Chinas Wettbewerbsfähigkeit dadurch geschwächt wurde. Dies hat auch zu dem Wandel der chinesischen Wachstumsstrategie von einer investitions- und exportorientierten zu einer auf den Binnenkonsum und den Dienstleistungssektor ausgerichteten Wachstumsstrategie beigetragen, mit dem Ziel, eine Falle mittleren Einkommens (MIT) in China zu vermeiden.

Nicht zuletzt kann auch ein sozialpolitisches Ziel genannt werden, das zum Erreichen der oben genannten Ziele 3 – Stabilität – und 1 – Erhalt der kommunistischen Einparteien-Herrschaft – beitragen soll: China erhofft sich, dass die Erfolge der BRI den Nationalstolz in der Bevölkerung erhöhen, so dass die politische Legitimität der kommunistischen Partei und ihre Einparteienherrschaft gefestigt wird.

China hat bislang Hunderte von Milliarden Dollar für den Bau von Infrastruktur in Entwicklungsländern zur Verfügung gestellt. Allerdings ist die Kreditvergabe seit 2016 zurückgegangen, da viele Projekte nicht die erwartete finanzielle Dividende gebracht haben. In den letzten Jahren liegt der Schwerpunkt weniger auf Milliardenkrediten und dem Bau von Straßen und Brücken als vielmehr auf der Förderung chinesischer Standards, Netze und Technologien, insbesondere im Bereich der grünen und digitalen Infrastruktur. Außerdem werden heute eher „kleine, aber feine" Basisprojekte gefördert, z. B. die Einrichtung zahlreicher Berufsschulen in ärmeren Ländern wie die „Luban-Werkstätten" für die Ausbildung von Studierenden in Bereichen wie künstliche Intelligenz, Elektrofahrzeuge, Eisenbahnbetrieb und Robotik.

Wie gesagt, heute – mehr als zehn Jahre nach dem Beginn des BRI-Projektes – ist die Seidenstraßen-Initiative für Xi Jinping keine rein ökonomische Angelegenheit mehr, sondern Ausgangspunkt für eine weiterführende geopolitische Strategie, die eine Blockbildung gegen die westlich geprägte Weltordnung sucht. China hat in den vergangenen Jahren massiv versucht, neue Allianzen einzugehen. Deswegen hat Xi auch 2021 eine neue Initiative, die „Globale Entwicklungsinitiative", lanciert. 2022 wurde diese durch eine „Globale Sicherheitsinitiative", sowie im März 2023 durch eine „Globale Zivilisationsinitiative" ergänzt. Diese neuen Initiativen benötigen nicht die finanzielle Anstrengung, die anfangs noch mit BRI verbunden war. Mit diesen neuen Initiativen bietet China seinen Partnern, insbesondere denen im Globalen Süden, eine Alternative zur bestehenden „westlich" geprägten regelbasierten Ordnung an: eine Entwicklung nach dem Vorbild des „Sozialismus chinesischer Prägung" sowie der Förderung eines durch China definierten Wertesystems.

Allerdings scheint die BRI bei den Teilnehmerländern in den letzten Jahren auf abnehmendes Interesse zu stoßen, wenn man die Teilnahme an den seit 2017 stattfindenden BRI-Gipfeltreffen betrachtet. So nahmen im Oktober 2023 bedeutend weniger Staatschefs teil als noch am ersten Gipfeltreffen 2017. Kein einziges EU-Mitglied außer Ungarn, vertreten durch Ministerpräsident Viktor Orbán, hatte teilgenommen. Dies mag auch daran liegen, dass die Möglichkeiten und die Bereitschaft Chinas, große Kredite zu vergeben, nachgelassen haben, bedingt durch die oben beschriebene Schwerpunktverlagerung als auch durch geringere zur Verfügung stehende finanzielle Mittel. Chinas Wachstumsrate ist heute nur mehr etwas mehr als halb so hoch wie zu Beginn bei der Planung des BRI-Projekts 2012; insofern schmelzen auch die verfügbaren Mittel für das BRI-Projekt. China ist in letzter Zeit auch zögerlich gewesen, Kreditnehmern, die in Zahlungsschwierigkeiten – bei der Rückzahlung von Krediten – geraten sind, auszuhelfen. Dagegen hatte China nach einer Studie, an der das IfW Kiel beteiligt war (siehe IfW Newsletter vom 28.03.2023), zwischen 2008 und 2021 noch umgerechnet 240 Mrd. US-Dollar aufgewendet, um zahlreichen Ländern mit Rettungskrediten aus der Patsche zu helfen.

So rückten in den letzten Jahren auch einige osteuropäische Staaten von China und der BRI-Initiative ab, unter anderem bedingt durch die undurchsichtige Rolle, die China im Ukraine-Krieg spielt.

3.3.2 BRICS-Zusammenschluss

BRICS ist eine Vereinigung von Staaten, die überwiegend aus dem „Globalen Süden" stammen. BRICS ist ein Akronym aus den Anfangsbuchstaben der ersten fünf Mitgliedsstaaten: Brasilien, Russland, Indien, China, und Südafrika. Die ersten vier gründeten die BRIC-Gruppe 2006; Südafrika stieß 2010 hinzu. Aus BRIC wurde BRICS. Anfang 2024 wurde die Gruppe erweitert um die Staaten Ägypten, Äthiopien, Iran und die Vereinigten Arabischen Emirate, weshalb sie zuweilen auch als „BRICS plus" oder „BRICS+" bezeichnet wird. Den Antrag auf Mitgliedschaft hatten 2023 insgesamt 22 Staaten gestellt. Auch Argentinien wurde eingeladen, hatte jedoch nach dem Regierungswechsel im Dezember 2023 angekündigt, sich nicht den BRICS-Staaten anschließen zu wollen. Gut 45 % der Weltbevölkerung leben heute in den BRICS+-Staaten. Ihr Anteil am weltweiten Bruttoinlandsprodukt beträgt 35 % (laut DESTATIS, Statistisches Bundesamt). Im Vergleich dazu leben in den G7-Staaten, die die Weltwirtschaft seit dem Ende des Zweiten Weltkriegs dominiert haben, etwa 10 % der Weltbevölkerung, und es werden dort 30 % des weltweiten BIP erwirtschaftet (Zahlen wiederum von DESTATIS). Dies spiegelt das große geopolitische Gewicht der BRICS(+)-Staaten wider, das in den kommenden Jahren, nicht zuletzt auch wegen der geplanten Erweiterungen, noch ansteigen dürfte.

Die Idee hinter den BRICS war zunächst ein vorwiegend wirtschaftliches Konzept. Sie sollte dem wachsenden Gewicht einiger großer

Schwellenländer Rechnung tragen. Inzwischen hat es sich jedoch zu einem hochpolitischen – und weniger wirtschaftlichen – Konzept entwickelt.

Die BRICS-Teilnehmerländer haben sich zunehmend auf China konzentriert, wobei die Interaktion zwischen den anderen BRICS-Mitgliedern relativ gering ist. Die jüngste Erweiterung der BRICS-Staaten erhöht die Heterogenität der Gruppe, da einige Mitglieder große Ölexporteure und andere auf externe Finanzierung angewiesen sind.

Die Bedeutung von Chinas dominanter Rolle in den BRICS zeigt sich am Beispiel von dem BRICS-Gründungsmitglied Brasilien. Chinas Unternehmen lösen dort derzeit die Hersteller aus Europa und Nordamerika als führende Partner ab, und besetzen in den Bereichen grüner Wasserstoff, nachhaltige Stromgewinnung, E-Mobilität, Digitalisierung, Forschung und Entwicklung heute Schlüsselpositionen. Chinas Investitionen in Brasilien konzentrieren sich auf innovationsbezogene Sektoren und nicht mehr wie früher auf Milliardenprojekte in Infrastruktur und Bergbau. Chinas Unternehmen dominieren bereits heute den brasilianischen Stromsektor und werden bald auch die Netze digital nutzen. Auch treibt China die Kooperation mit Forschungsinstituten für autonomes Fahren und E-Mobilität an den führenden Universitäten Brasiliens voran. Es bietet somit Brasilien einen Anreiz durch Technologietransfers und Schulung von Personal und Studierenden – das was der Westen China während der Deng-Ära angeboten hatte.

Ein Ziel ist es, mit dem Zusammenschluss zu BRICS+ den Schwellenländern mehr Macht zu verleihen. Dies ist letztlich auch ein Ziel der „Shanghaier Organisation für Zusammenarbeit (SOZ)", die sich als geopolitisches Gegengewicht zu den USA und ihren Verbündeten versteht (siehe auch in Kap. 7). Dabei scheint sich die BRICS-Gruppe zunehmend auf die Reform des internationalen Währungssystems zu konzentrieren, das sich derzeit noch auf die von den westlichen Staaten dominierten Bretton-Woods-Institutionen, vor allem den IWF, stützt.

Angesichts der großen Heterogenität unter den BRICS+-Mitgliedern und der zunehmend zentralen Rolle Chinas stellt die Reaktion Indiens ein weiteres wichtiges Risiko für die Zukunft der Gruppe dar. Indien versucht nämlich anscheinend seit neuestem, China die Führungsrolle bei den BRICS+ sowie bei der Führung des Globalen Südens streitig machen zu wollen. So bot sich der indische Premierminister Modi auf dem G-20 Gipfel 2023 in Neu-Delhi – in Abwesenheit von Chinas Xi und Russlands Putin – als Brückenbauer zwischen dem Westen und dem „Globalen Süden" an, als selbsternannte „Stimme des Globalen Südens". Er forderte eine gerechtere internationale Ordnung sowie eine neue Tech- und Handelspolitik mit einfacheren Zugängen für die Länder des Globalen Südens zu wichtigen Schlüsseltechnologien. Dabei verwies er darauf, dass Indien seit 2023 China als bevölkerungsmäßig größtes Land abgelöst habe und auf absehbare Zeit wesentlich höhere Wirtschaftswachstumsraten als China erzielen werde, und leitete daraus die Führungsrolle Indiens im Globalen Süden ab.

3.3.3 Dualer Kreislauf

Zu den obigen Elementen der Xi-Strategie mit dem Ziel der Stabilisierung von Wirtschaft und Gesellschaft kam in der zweiten Amtszeit von Xi Jinping noch ein weiteres (Unter-)Ziel: China zunehmend unabhängiger vom Westen zu machen. Der Fachbegriff hierfür lautet: „Dual Circulation" (dualer oder doppelter Wirtschaftskreislauf). Dieses Anliegen fußt zum einen auf den Erfahrungen aus der Globalen Finanzkrise, wie oben schon erwähnt. Zum anderen erfordert die Überwindung der MIT eine auf eigenständige Innovationen basierende Entwicklung, die es China ermöglicht, Weltmarktführer in zukunftsträchtigen Industrien zu werden. Dies begründet letztlich das Wieder-Erstarken der staatlich gesteuerten Industriepolitik in China (siehe Abschn. „Staatlich gelenkte Industriepolitik" unten). Schließlich hängt die erweiterte Zielsetzung nach Aussage von chinesischen Politikern auch zusammen mit dem teilweise arroganten Auftreten westlicher Staaten und Unternehmen. Dieses hat in China Erinnerungen an das „Jahrhundert der Demütigung" aufkommen lassen – siehe hierzu in Abschn. 1.1 – und in den letzten Jahren verstärkt zu dem Wunsch nach einer Abkoppelung und „nationalen Erneuerung" geführt. Alle Führer Chinas seit Mao Zedong haben die Doktrin der Eigenständigkeit – self-reliance – unterstützt, dies im Sinne, dass die KPCh die letztliche Kontrolle über Chinas wirtschaftliche Entwicklung behalten sollte. Nur konnte diese in der Phase der Reform- und Öffnungspolitik von 1978 bis 2006/13, als China noch stark auf die Unterstützung des Westens durch technisches und institutionelles Wissen angewiesen war, noch nicht umgesetzt werden. Es galt damals noch das Mantra Deng Xiaopings, dass China erstmal „seine Stärke verbergen, seine Zeit abwarten, niemals die Führung übernehmen" sollte, bzw. die Devise, die in der zweiten Hälfte des 19. Jahrhunderts von damaligen Führern der Qing-Dynastie ausgerufen wurde, nämlich zunächst „die überlegene Technologie der Barbaren zu lernen um sie (anschließend) kontrollieren zu können" (zu Quellenangaben siehe in Kap. 7). Als dringend notwendig wurde diese Eigenständigkeits-Strategie allerdings erst empfunden während der ersten Amtszeit von US-Präsident Donald Trump, als sich das Verhältnis zu den USA zunehmend verschlechterte, und es von Seiten der USA – später auch von Seiten der EU – zu heftigen Handelsstreitigkeiten und Sanktionsmaßnahmen gegen China bzw. chinesische Unternehmen kam.

Dual Circulation bedeutet die Aufspaltung des Wirtschaftskreislaufs in einen externen und einen internen Teil/Strom (external and internal circulation). Dahinter steckt die Vision von Xi Jinping und seinen Parteigenossen, China unabhängig zu machen, ohne die Verbindung mit der Außenwelt zu kappen. Im Idealfall bedeutet dies, dass China unabhängig von Rohstoff- und Zwischengütern aus dem Ausland wird – Streben nach self-reliance: Eigenständigkeit, wirtschaftliche Unabhängigkeit. Gleichzeitig will China allerdings weiterhin Nutznießer aus den Wirtschaftsbeziehungen mit dem Ausland sein. Das heißt, China strebt die eigene Unabhängigkeit von der Außenwelt, jedoch gleichzeitig die Abhängigkeit anderer Länder von China an – deren Abhängigkeit von Rohstoff-, Zwischen- und Endproduktlieferungen aus China. Dies erfordert die Aufrechterhaltung der Globalisierung, das heißt der globalen Wirtschaftsverflechtung.

Die Dual Circulation-Strategie wurde am 14. Mai 2020 im Anschluss an eine Sitzung des Ständigen Ausschusses des Politbüros der KPCh angekündigt. Die Lieferkettenprobleme der Covidpandemie-Zeit hatten damals gerade begonnen, die Sanktionsmaßnahmen von US-Präsident Donald Trump gegenüber China waren voll im Gange. Die Dual Circulation-Strategie betonte die Abgrenzung zwischen heimischer und internationaler Wirtschaft. Man kann dies als letztlichen Ausdruck dafür werten, dass das chinesische Wirtschaftssystem nicht zu dem westlichen System konvergieren wollte. Diesen Schritt kann man als Reaktion auf die vorherigen als feindselig empfundenen Abgrenzungssanktionen von US-Präsident Trump – den Versuch der USA, ihre Hegemonialstellung zu verteidigen – sowie der EU verstehen. Allerdings ist in der Literatur und in den Medien umstritten, wessen protektionistische Maßnahmen wann den heute beobachtbaren Abnabelungsprozess eingeläutet haben. Die Abgrenzung Chinas ging einher mit Xis Betonung der Notwendigkeit, Chinas eigene technologische Fähigkeiten zu stärken sowie die heimische Konsumnachfrage als die Hauptstütze von Chinas künftigem Wachstum zu steigern. Diese letztere Betonung ist allerdings nicht neu, sondern stammt schon aus der Zeit vor Amtsantritt von Xi Jinping. Seit 2006, angestoßen zuerst vom IWF, und verstärkt nach Xis Amtsantritt, wurde dies immer öfter hervorgehoben als Voraussetzung zur Überwindung der MIT mithilfe einer neuen Wachstums- und Entwicklungsstrategie, die auf eigene, hausgemachte Innovationen und Fokussierung auf heimische Konsumnachfrage setzt.

Zusammengefasst, beinhaltet Dual Circulation, dass China seinen Inlandsmarkt und seine inländischen Unternehmen stärken will. Statt importierter Güter sollen die chinesischen Verbraucher mehr inländische Produkte von inländischen Unternehmen kaufen. Dies bedeutet, dass der Inlandsmarkt und die Selbstversorgung in mehreren wichtigen Bereichen –insbesondere in den Bereichen der Hochtechnologie – gestärkt werden sollen, um globale Schocks abfedern zu können. Hierzu soll nach Xis Wunsch ein „back-up"-Plan für kritische Industrien aufgestellt werden. Damit soll sichergestellt werden, dass es für jedes wichtige Produkt und Material „mindestens eine alternative Quelle" gibt, damit die für China wichtigen Industrie- und Lieferketten innerhalb des Landes vollständig „autonom, kontrollierbar, sicher und zuverlässig" sein können (Xi, zitiert von Tsang/Cheung 2024: 133; hier übersetzt). Eine ähnliche Dual Circulation-Strategie wird übrigens seit etlichen Jahren schon von der amerikanischen Regierung unter den Präsidenten Trump und Biden gefahren. Insofern kann man China nicht unbedingt als Auslöser dieses gegenseitigen Abgrenzungsprozesses betrachten.

Mit dem „Dual Circulation"-Plan werden die chinesischen Unternehmen und Behörden unter Druck gesetzt, die Bedingungen für eine schnellere Umsetzung von Innovationen und für technologische Verbesserungen heimischer Produkte zu schaffen, damit China so bald wie möglich technologisch unabhängig wird. Dadurch sollen Lieferketten „unabhängig kontrollierbar" werden, um „die industrielle und nationale Sicherheit Chinas zu gewährleisten". Im April 2020 sprach Xi von der Notwendigkeit, „unsere Überlegenheit in der gesamten Produktionskette in Bereichen wie Hochgeschwindigkeits-Eisenbahn, elektrischer Energie, neuer Energie und Kommunikationsausrüstung zu erhalten und auszubauen sowie die Qualität der Industrie zu verbessern". China müsse „die Abhängigkeit der internationalen Produktionsketten von China verschärfen und starke Gegenmaßnahmen und Abschreckungsmöglichkeiten schaffen, die auf der künstlichen Unterbrechung der Versorgung von Ausländern beruhen" (Zitate aus dem Buch von Cainey/Prange 2023: 100-1, von dort übernommen und übersetzt).

Zentral hierbei ist auch die im vorvorherigen Abschnitt beschriebene BRI-Strategie, die Xi schon früher eingeleitet hatte. Sie sollte garantieren, dass die Länder entlang der „neuen Seidenstraße" den Rohstoffbedarf Chinas befriedigen und andererseits zunehmend von Chinas Infrastruktur-Exporten abhängig sind. China sollte nicht mehr vom Rest der Welt abhängig sein außer eben von Rohstofflieferungen der Verbündeten entlang der BRICS-Länder.

China ist dabei wie gesagt bemüht, die Sicherheit seiner Wertschöpfungs- und Lieferketten zu erhöhen und Eigenständigkeit in Wissenschaft und Technologie zu gewinnen. Hierfür ist eine neue, auf Technologie und Innovationen gründende, Wachstumsstrategie erforderlich, die auf „Produktivkräfte neuer Qualität" setzt, was bedeuten soll: Die chinesische Industrie soll moderner, digitaler und grüner werden. Dabei loten chinesische Regierungsvertreter auch aus, welche ausländischen Unternehmen dabei helfen können, diese Ziele zu erreichen. Hierfür werben sie gezielt um deren Unterstützung; dies auch bei deutschen Unternehmen wie Siemens, Bosch, Bayer und Mercedes, deren CEOs zum „2023 China Development Forum" eingeladen waren und daran, neben zahlreichen CEOs aus den USA, auch teilgenommen haben. Insgesamt kann diese neue Wachstumsstrategie auch als ein Weg weg von bisheriger expansiver Nachfragepolitik hin zu moderner Angebotspolitik verstanden werden. Hilfe von außen wird dabei weiterhin gerne angenommen, trotz Bestreben nach Eigenständigkeit.

Das Ziel der self-reliance – Eigenständigkeit– bezieht Xi übrigens nicht nur auf das Land insgesamt, sondern auch auf dessen Bürger, indem er davor warnt, die sozialen Sicherungssysteme überzustrapazieren, und fordert, „uns von der Faulheitsfalle des Welfarism fernzuhalten". Die Forderung „Wohlstand für alle" sei kein Plan für die Errichtung eines Wohlfahrtsstaates. Die Voraussetzung für die Errichtung eines Wohlfahrtsstaates sei die vorherige Verwirklichung des Chinesischen Traums, China – unter der Führung der KPCh – wieder groß, mächtig und bewundernswert zu machen, was wiederum voraussetzt, dass China bzw. Chinas Wirtschaft und Unternehmen zuerst innovativ und wettbewerbsfähig werden (siehe hierzu den folgenden Abschn. „Staatlich gelenkte Industriepolitik"). Die Zitate in diesem Abschnitt beziehen sich immer auf Aussagen aus Xis vierbändigem Reden- und Schriftenbuch (Jinping 2014–2022), das die Quelle bzw. den Grundpfeiler des dominierenden „Xi Jinping Thought"-Kerns bildet; siehe auch in Kap. 7.

3.3.4 Nationale Erneuerung

Die Erwartung der chinesischen Regierungen in den 1980er- und 1990er-Jahren hat sich bestätigt: Solange Ziel 2 – stetige Wohlstandsvermehrung – erreicht wurde, waren auch Ziel 1 – Machterhalt der KPCh – und lange Zeit auch Ziel 3 – Stabilität – nicht gefährdet („post-Tian'anmen-Gesellschaftsvertrag"). Nachdem jedoch seit 2012 die Wachstumsverlangsamung, verbunden mit unerwünschten Nebeneffekten wie steigender Jugendarbeitslosigkeit, eingesetzt hat, ist die Regierung unter Xi Jinping zunehmend beunruhigt über die Erreichbarkeit des Ziels 2, und implizit damit auch der Ziele 3 und 1. Nicht nur das Verharren in einer MIT droht, sondern dadurch auch ein politischer Legitimationsentzug für Regierung, Präsident und Partei. Das Fortschrittsversprechen stetiger Wohlstandsmehrung von Regierung und Partei seit Deng Xiaoping – im sogenannten „post-Tian'anmen Gesellschaftsvertrag" – ist brüchig geworden. Es drohen Erwartungsenttäuschungen und folglich

Legitimationsentzug für Regierung und Partei. Xi hat die mit der Entwicklung eines Wachstumsrückgangs verbundenen Gefahren seit 2012 richtig vorausgesehen und versucht, rechtzeitig Gegenmaßnahmen zu treffen, um dem – dem Hineingleiten in eine MIT und der damit verbundenen Legitimationsgefahr – entgegenwirken zu können. Hierzu zählen nicht nur die oben beschriebene neue, auf Innovationen bauende, Wachstumsstrategie – und das Setzen auf qualitatives statt quantitatives Wachstum; später auch zunehmend die Abkehr von einem „fiktivem" Wachstum auf Pump –, sowie die Etablierung der BRI. Hinzu kam auch das Entfachen eines neuen Nationalismus und Patriotismus inklusive der geopolitischen Herausforderung des Westens durch den Versuch, die Führerschaft des Globalen Südens zu übernehmen.

Der neue Nationalismus wurde versucht zu entfachen durch Narrative wie dem „Chinesischen Traum vom nationalen Wiedererstarken" (rejuvenation), sprich dem Traum von einer neuen sino-zentrierten Weltordnung nach dem Vorbild der *tianxia*-Vergangenheit, und den großen Leistungen und Errungenschaften Chinas in der Vergangenheit (siehe in Abschn. 1.1, sowie in Kap. 7). Es geht hier um die Massenindoktrination einer parteipolitischen Geschichtsdarstellung und die Abwehr eines „historischen Nihilismus". Demgegenüber werden die Fehler des westlichen politischen Systems überpointiert dargestellt. Andererseits zielt der neue „Patriotismus" auf die Schaffung von neuen Menschen („new-era people"), die „die Nation, die Partei und den Sozialismus lieben", was alle Chinesen einschließlich der chinesischen Diaspora einbeziehen soll (siehe die Erläuterungen in Kap. 7).

Weitere Narrative – Interpretationen, Ideologien – wurden erfunden, um die Bevölkerung auf wirtschaftliche Einschränkungen im Übergangsprozess einzustellen und um Erwartungsenttäuschungen vorzubeugen. Hierzu zählt die Erklärung der Alternativlosigkeit einer Hinnahme vorübergehender Einschränkungen im Übergang zu einer neuen Zukunft, zu einer neuen wirtschaftlichen Blüte – „China Dream of national rejuvenation". Zu Hilfe kommt Xi Jinping dabei die derzeitige „Schwäche" des Westens, die sich in den großen Partikularisierungs- und Fragmentierungsströmungen und den diese begleitenden sozialen Konflikten in westlichen Ländern, vor allem in den USA (Stichwort: Trump-Wiederwahl), zeigt, und die in China das Narrativ des wirtschaftlichen und moralischen „Niedergangs des Westens" nährt. Damit wird auch die Unterlegenheit und damit Unattraktivität der möglichen westlichen Systemalternative propagiert, auf dass es gar nicht erst zu Forderungen nach einer Systemänderung komme.

Des Weiteren wird die Bevölkerung einer andauernden propagandistischen Berieselung durch gefilterte Nachrichten aus staatlichen Medien ausgesetzt, die die eigene wirtschaftliche Leistung beschönigt. Auch chinesische Wissenschaftler werden zunehmend aufgefordert, ja unter Druck gesetzt, nur positiv über die chinesische Wirtschaft zu berichten. Dies verstärkt wiederum die Sicht vieler Chinesen auf den Westen als eine nichtlohnende, nicht-stabile Alternative, sodass das Regierungsnarrativ bei der chinesischen Bevölkerung auch Anklang findet und so einen Legitimationsentzug in Folge der Wachstumsverlangsamung vermeidet.

Dies wird verstärkt durch handelskriegerische Aktionen oder Drohungen westlicher Länder, vor allem der USA. Der Westen liefert damit genug Munition, um das obige Narrativ glaubhaft zu machen. Dadurch wird das Bild der Bedrohung durch einen Feind von außen aufgebaut, der es gilt patriotisch zu entgegnen, auch wenn dafür wirtschaftliche Einbußen hingenommen werden müssen. So fordert Xi Jinping neuerdings von den jugendlichen Arbeitslosen häufiger, sie sollten lernen „Bitternis zu essen". Dadurch wird auch suggeriert, dass an den derzeitigen Problemen wie Wachstumsverlangsamung und Arbeitslosigkeit das Ausland sowie exogene – nicht selbst, sondern vom Westen verursachte – Schocks im Wesentlichen schuld seien. So soll es möglich werden, trotz Verfehlung von Ziel 2 einen politischen Legitimationsentzug zu vermeiden. Es ist ein Versuch, die sogenannte „Legitimationsgrenze" nach unten zu verschieben – per Propaganda, wenn nötig auch per Unterdrückung durch Gewalt oder mittels KI-Manipulation. Dies soll auch durch eine Erweiterung/Neufassung des post-Tian'anmen-Gesellschaftsvertrags mit der Bevölkerung geschehen. Gegenleistung für das Wohlwollen der Bevölkerung gegenüber der Partei (Sicherstellung von Ziel 1) ist nun neben dem Versprechen der Wohlstandsvermehrung auch und verstärkt das Versprechen, die Regimesicherheit zu verteidigen und China wieder groß und mächtig zu machen (neues Ziel 2). Die Frage ist nur, wie lange dies gelingt. Siehe hierzu in Kap. 5 das Szenario 3, sowie die Erläuterungen in Kap. 7.

Derzeit auf jeden Fall werden Vergeltungsmaßnahmen Chinas als Antwort auf die Exportkontrollen der westlichen Länder, die Teil der neuen China-Politik der EU und der USA sind, in der chinesischen Bevölkerung positiv aufgenommen. So entgegnete China den westlichen Exportkontrollen zum Beispiel mit dem Verbot der Ausfuhr von Technologien, die für die Verarbeitung seltener Erden nötig sind. Dies betrifft Rohstoffe, auf die vor allem Europa angewiesen ist, um die Energiewende umsetzen zu können. China begründet diese Vergeltungsmaßnahmen mit dem Schutz nationaler Sicherheit. Zudem sind die Zustimmungsraten für die Regierung von Xi Jinping sowie für seine Person trotz der sichtbaren Wachstumsverlangsamung immer noch erstaunlich hoch. Das deutet darauf hin, dass das Entfachen eines neuen Nationalismus und Patriotismus in China legitimationspolitisch gewirkt hat.

Eingebettet wird dieser neue Nationalismus und Patriotismus in das Narrativ der nationalen Erneuerung, des Wiederauflebenlassens der alten Erfolgsgeschichte Chinas. China hat, wie zu Beginn von Kap. 1 geschildert, über Jahrtausende hinweg eine führende Rolle in der Welt gespielt, wirtschaftlich, technologisch und auch kulturell. Daran versucht Xi Jinping seit Beginn seiner Amtszeit anzuknüpfen, indem er stetig vom „Chinesischen Traum" redet, davon China wieder groß und mächtig werden zu lassen. Voraussetzung dafür sei, dass China bis 2049 führend bei Innovationen in zukunftsträchtigen Industriesektoren werde; siehe hierzu den nächsten Abschn. „Staatlich gelenkte Industriepolitik". Dabei wird vermittelt, dass dies nur möglich sei, wenn alle, die gesamte Nation, der Partei und ihm, Xi, folgen, wobei „Xi Jinping Thought" die „Road Map" darstellt.

3.3.5 Staatlich gelenkte Industriepolitik

Wenn die Ziele 1 – Machterhalt der KPCh – und 3 – Stabilität – prioritär sind, so wie in der Xi-Strategie, dann bedarf es anscheinend als Ergänzung für die Erreichung des Zieles 2 –Wohlstandsvermehrung/Entwicklungskonvergenz – entweder des Mittels einer Planwirtschaft, wie unter Mao Zedong, oder einer Marktwirtschaft mit zentral durch die KPCh gesteuerter Industriepolitik als Ergänzung zu Ziel 1. Unter Xi wurde die zweite Variante gewählt, wobei die zentrale Steuerung der Industriepolitik durch die KPCh in den letzten Jahren immer weiter ausgedehnt wurde. Dies steht im Einklang mit „Xi Jinping Thought", nach der die KPCh die Führung der Transformation der Gesellschaft übernehmen soll. Dies äußerte sich zuletzt in Form einer gesetzlich vorgeschriebenen möglichen Mitbestimmung der KPCh in den Entscheidungsprozessen privater Unternehmen und noch strikter in den staatseigenen Unternehmen (SOEs), in beiden in Form einer Überwachung von Unternehmensentscheidungen durch Parteifunktionäre. Diese Überwachung, und mögliche Einflussnahme durch Parteifunktionäre, wird begründet durch nationale Sicherheitsinteressen. Industriepolitik in China ist damit nicht wie in den westlichen Staaten eine „Industriepolitik light", getragen vor allem von Subventionen des Staates, sondern eine „harte, staatlich gelenkte Industriepolitik", bei deren Umsetzung der Staat aktiv mitwirkt. Xi Jinping versucht so, mithilfe der Industriepolitik die Abkehr vom ungesteuerten quantitativen Wachstum hin zum gesteuerten qualitativen Wachstum zu bewerkstelligen bzw. zu beschleunigen. Über die Förderung bestimmter Industrien und Regionen versucht die chinesische Regierung, die Richtung und Geschwindigkeit des Strukturwandels zu beeinflussen.

Beachtenswert ist, dass Industriepolitik nicht nur in China seit 2006/9 auf dem Vormarsch ist, sondern auch, wenn auch teilweise später angefangen, in vielen der westlichen Länder stark an Boden gewonnen hat. Dies geschah vor allem in den letzten Jahren in verstärktem Maße im Zusammenhang mit der Energiewende und der Bekämpfung des Klimawandels. Ein prominentes aktuelles Beispiel ist der 2022 ins Leben gerufene „Inflation Reduction Act" (IRA) in den USA, der insbesondere erneuerbare Energien fördern soll, und anfangs Steuergutschriften und Subventionen im Umfang von insgesamt rund 369 Mrd. US-Dollar über einen Zeitraum von zehn Jahren beinhaltete.

Die Hinwendung Chinas zu staatlich gelenkter Industriepolitik begann um das Jahr 2006 herum. Sie wurde nach der Globalen Finanzkrise 2009–2010 ausgeweitet und intensivierte sich 2015–2016 unter der Überschrift „Innovation-Driven Development Strategy" (IDDS). Der amerikanische Sinologe Barry Naughton spricht von der IDDS als der größten Einzelverpflichtung von Regierungsressourcen für ein industriepolitisches Ziel in der Geschichte Chinas. Sie ist größer, aggressiver, und umfassender als jede vorhergehende chinesische Industriepolitik. Auf jeden Fall stellte die IDDS eine grundlegende Transformation der Industriepolitik in China dar. Sie wurde von der KPCh und dem Staatsrat der Regierung gemeinsam herausgegeben und ist somit für alle im politischen System in China bindend. Während die industriepolitischen Programme anfangs noch darauf fokussierten, in traditionellen Industriebranchen durch Technologietransfer aus dem Ausland aufzuholen, verfolgt die moderne Industriepolitik Chinas seit 2015 das Ziel einer stärker eigenständigen innovationsgetriebenen und nachhaltigen Entwicklung. Vor dem Hintergrund des demografischen Wandels und steigender Lohnkosten sind auch in China Produktivitätssteigerungen – zumindest die Vermeidung von Produktivitätsrückgängen – zwingend notwendig.

Der IDDS war ein Versuch, die zuvor disparaten Stränge der Industriepolitik in China in eine übergreifende Vision des technologischen Wandels zu integrieren. So gingen auch die 2015 beschlossenen „Made in China 2025"- und „Internet Plus"-Strategien in die umfassende IDDS-Strategie (2016) ein. Diese wurde danach bis 2020 sukzessive erweitert: 2017 durch Aktionspläne wie den „Military-Civilian Fusion Plan", den „Artificial Intelligence Plan" sowie den „AI 3 Year Action Plan", 2018 durch den „Intelligent Shipbuilding Cloud Computing"-Plan, den „Intelligent Photovoltaics"-Plan, und 2019 durch den „Internet and Services"-Plan. Dies alles ist zusammengefasst in einem zentralen Dokument in 2020; siehe hierzu in Kap. 7; einen detaillierten Überblick über die obigen Aktionspläne findet man auch in einem neueren Buch von Barry Naughton von 2021. Seitdem sind als zentrale Wachstumsbranchen Elektromobilität, Solarenergie und Batterietechnik hinzugekommen. In diese Reihe von industriepolitischen Ansätzen passt auch, dass 2021 sechs chinesische Ministerien gemeinsam eine Leitlinie herausgaben, nach der China bis 2025 – als Ergänzung zur „Made in China 2025"-Initiative – 10.000 „Little Giants", die sich auf Nischensektoren spezialisieren, und 1000 Unternehmen, die in einer einzigen Branche führend sein sollten, entwickeln wollte. Dies war inspiriert durch Deutschlands Weltmarktführer unter den Kleinen und Mittelgroßen Unternehmen (KMUs).

Riesige Mengen an öffentlichen Geldern wurden seit 2016 von China in die Umsetzung dieser Pläne und in die übergreifende Vision des technologischen Wandels investiert. So wuchsen die „Industrial Guidance Funds" (IGF) allein bis 2020 auf umgerechnet 1,6 Billionen US-Dollar an, was eine Vervielfachung der bereitgestellten industriepolitischen Mittel gegenüber 2014 bedeutete. Diese „guidance funds" sind Risikokapitalfonds, die von Zentral-, Provinz- und Bezirksregierungen aufgelegt und verwaltet werden, um öffentliches und privates Kapital zu bündeln und Großprojekte zu finanzieren, die den in „Made in China 2025" festgelegten strategischen Sektoren zugutekommen. Drei Viertel des Werts der IGF sind dabei unter der Kontrolle von Lokalregierungen. Es wurden auch private Firmen eingeladen, in diese Fonds zu investieren und sich so an den Projekten zu beteiligen. Die Regierung ist dabei bereit, wenn nötig auch für hochriskante und spekulative Fehlinvestitionen einzuspringen, sie zu „retten". Siehe hierzu wiederum das besagte Buch von Naughton (2021). Insbesondere private Unternehmen in Shenzhen sind hier angesprochen. Shenzhen war 1980 die erste Sonderwirtschaftszone im aufstrebenden reformwilligen China. Und sie gilt auch heute noch als das Innovationszentrum Chinas, das entscheidende Technologiedurchbrüche in den strategischen Branchen liefern soll. Allerdings bremst die Tatsache, dass China immer autoritärer wird, den strategischen Vorteil Shenzhens dadurch, dass die Räume für Kreativität und freies Denken immer enger werden. Nicht zuletzt deswegen wird auch in nichtoffiziellen Quellen konstatiert, dass die Ziele der „Made in China 2025"-Strategie bislang nicht erreicht worden sind.

Den Hintergrund dieser staatlich gelenkten industriepolitischen Großanstrengung kann man wie folgt interpretieren. Nachdem der komparative Kostenvorteil einer arbeitsintensiven Industrieproduktion mehr und mehr schwand – aufgrund steigender Löhne in China als auch zunehmender kostengünstigerer Konkurrenz anderer Entwicklungs- und Schwellenländer –, suchte China einen neuen komparativen Kostenvorteil in technologieintensiven Sektoren mit hohem Qualifikationsbedarf. Die neuen Technologiedurchbrüche der letzten 10 Jahre, wie 5G, Big Data, Künstliche Intelligenz, industrielles Internet der Dinge, lieferten hierfür einen Ansatzpunkt. Nach Xi ging es darum, zukunftsträchtige Sektoren zu finden, in denen diese neuen Technologien eingesetzt werden könnten. Diese zukunftsträchtigen Branchen, wie auch die Weiterentwicklung der neuen Technologien selbst, galt es dann „mit allen Mitteln" zu fördern, um so schnellstmöglich gleich zur Technologiegrenze vorzustoßen und so irgendwann – spätestens bis 2049 – die USA und Europa in möglichst vielen Zukunftsbereichen übertrumpfen zu können.

Dabei wollte man sich in China nicht auf die Innovations- und Umsetzungskräfte des Marktes – der privaten Unternehmen – allein verlassen, sondern lieber die Sache zentral gesteuert und staatlich lenkt angehen, um so schnellere Erfolge erzielen zu können. Dieses geringe Vertrauen in die Marktkräfte hinsichtlich ihrer Fähigkeit, grundlegende Innovationen in den zukunftsträchtigen Industrien zu finden UND sodann zügig in die industrielle Praxis umzusetzen, kennzeichnet Xi Jinpings Sichtweise. Dies heißt aber nicht, dass private Unternehmen keine Rolle in Xis Strategiekonzept spielen würden. Im Gegenteil waren sie doch die Innovationsmotoren des wirtschaftlichen Aufstieg Chinas während der Deng-Ära. Es gilt jedoch nach Xis Ansicht, die privaten Unternehmen stärker zu lenken und auf ein Gesamtkonzept zu verpflichten, auch mithilfe von mixed-ownership-Formen, d. h. joint ventures von privaten Firmen und SOEs.

Bei der Umsetzung dieses Vorhabens bedient sich China, wie auch der Westen mit seiner Industriepolitik, Maßnahmen wie Steuererleichterung und Subventionierungen von Unternehmen oder Industrien. Jedoch geht es weit darüber hinaus, indem der chinesische Staat viel tiefgreifender in die Unternehmensentscheidungen eingreift, den Unternehmen also weniger Entscheidungsfreiheiten lässt. Es handelt sich gleichsam um eine Wette des Staates darauf, dass bestimmte Unternehmen oder Industriebereiche – wenn sie nur genügend mit öffentlichen Hilfsmitteln unterstützt und in die richtige Richtung gelenkt werden – in Zukunft eine dominierende Rolle auf den Weltmärkten spielen werden. China kann diese Wette verlieren, und das eingesetzte Geld könnte verlorengehen. Jedoch besteht so für China die Chance, schnell – schneller, so die Hoffnung, als allein über die Entdeckungskräfte des Marktmechanismus – Technologieführer in den zentralen Zukunftssektoren zu werden und diese zu beherrschen. Insofern ist Xis Strategie eine sehr riskante, aber nichtsdestoweniger unter Umständen sehr lukrative, die China schnell in vielen Bereichen an die Weltspitze katapultieren könnte. Und sie hat sich bisher nicht schlecht geschlagen; ein Beispiel ist die Elektromobilität im Automobilsektor. Der Vorteil von Xi ist, dass er nicht den Zwängen stetiger Neuwahlen unterworfen ist, sondern eine langfristige Entwicklungsstrategie fahren kann und den geförderten Unternehmen und Industriebereichen Planungssicherheit sowie jegliche Unterstützung und ein Minimum an bürokratischen Hindernissen bieten kann. So könnte es China gelingen, wie es ostasiatischen Nachbarländern vorher schon gelungen war, der Gefahr einer Mittleren Einkommensfalle (MIT) zu entkommen. Zudem könnte China so seine Position in einem neuen ‚Kalten Krieg' mit den USA verbessern. Es ist ein nach Xis Ansicht erfolgversprechender Weg, um aus China eine industrielle und militärische Supermacht zu machen, die der USA die Stirn bieten kann.

Dass das Überwinden der MIT ein Hauptziel in Xis Wirtschaftspolitik ist, habe ich ja oben schon betont. Entscheidend für das Überwinden der MIT sind Innovationen. Auch die Erlangung geopolitischer, wirtschaftlicher und militärischer Überlegenheit führt nur über Innovationen. Dies wurde von China, von Xi Jinping, richtig erkannt, und war der Auslöser für die sogenannte Xi-Strategie als Abkehr von der Deng-Strategie. Solange China den Westen nicht bezüglich Innovationen überholen kann, bleibt nach Xis Überzeugung Chinas politische Macht beschränkt und China politisch abgehängt vom Westen. Nur eigene innovative, revolutionäre Erfindungen plus deren zügige Umsetzung in praktische Produkte und Verfahren führen zum Erfolg und zum Überwinden der MIT. Hierfür ist die Förderung von zukunftsträchtigen Technologien wichtig. China versucht dies über staatlich gelenkte, interventionistische Industriepolitik. Vorteil ist, dass Chinas Politikführer langfristig denken und ihre Politikstrategie Schritt für Schritt umsetzen können. Damit bieten sie den Unternehmen Planungssicherheit. Nachteil ist, dass der Prozess von oben gelenkt wird. Es gibt im Innovationsfindungsprozess anfangs häufig keinen oder kaum unternehmerischen Wettbewerb, wenn dann erst später. Insofern gelten vielen die USA und ihr freies Unternehmertum als das überlegene Alternativmodell: weil dort eben große Freiheit herrscht und Scheitern nicht als Versagen gilt, sondern als Lernprozess. Welches Modell bessere Ergebnisse erzielt, wird die Zukunft zeigen.

Auf jeden Fall geht Chinas Fokussierung auf Autoritarismus und interventionistische Industriepolitik einher mit einer weiteren Entfernung Chinas von einem möglichen demokratischen Weg (Szenario 2 in Kap. 5) und freier Marktwirtschaft. Stattdessen ziehen Bürokratien immer mehr Entscheidungsgewalt an sich, und engen die unternehmerischen Freiheits- und Kreativitätsräume immer weiter ein. Außerdem löst der chinesische, protektionistische Weg tendenziell einen Subventionswettlauf aus, der für alle Teilnehmer, so auch für China, letztlich recht kostspielig werden dürfte. Zweifel an einem dauerhaften Erfolg dieses chinesischen Modells sind daher durchaus angebracht.

Man muss dabei nicht so weit gehen wie die Österreichische Schule der Nationalökonomie, aus deren Sicht die Marktlösung immer die überlegene ist. Unternehmerische Freiheit schafft dort erst die Grundlage für Innovationen, und nur der Markt weiß, welchen Technologien die Zukunft gehört. Alles andere sei, so hat es Nobelpreisträger Friedrich A. von Hayek ausgedrückt, eine „Anmaßung von Wissen". Die Zukunft wird zeigen, ob dies auf China auch zutrifft. Wenn ja, wird China mit seinem Versuch, mithilfe von staatlich gelenkter Industriepolitik schneller die USA und die EU auf vielen Gebieten technologisch zu überflügeln, scheitern. Wenn nein, würde dies eine Art „game changer" sein, da China dann zum Vorbild für andere würde und die meisten Entwicklungs- und Schwellenländer in die Arme des chinesischen autoritären Entwicklungsmodells getrieben würden. Die Welt würde eine ganz andere, weniger freiheitliche, werden. Die Vorherrschaft des Westens wäre dann endgültig gebrochen.

3.4 Erfolge und Misserfolge in der Xi-Ära

Wie sind nun die bisherigen Ergebnisse der Xi-Regentschaft zu beurteilen? Insgesamt ergibt dies ein sehr gemischtes, uneinheitliches Bild. Im Folgenden werden einige der wichtigsten Erfolge und Misserfolge der Xi-Herrschaft kurz angesprochen.

3.4.1 Erfolge

Vermeidung von Aufruhr der zurückgebliebenen Gebiete
Viele Länder wurden in den letzten Jahren, nach der Globalen Finanzkrise, von populistischen Strömungen heimgesucht. Dies kann vor allem zurückgeführt werden auf „geographische Ungleichheiten", die ihren Ausgangspunkt in der Unzufriedenheit abgehängter Regionen haben. Der Wirtschaftsgeograph Andres Rodriguez-Pose hat dies die „Rache der unwichtigen Orte" genannt. Diese Regionen oder Orte mussten mit ansehen, wie hochwertige Arbeitsplätze verschwanden, öffentliche Dienstleistungen abgebaut wurden, sich ihre wirtschaftlichen Aussichten rapide verschlechterten (wie in den letzten Jahrzehnten im „Rust Belt" der USA, zuletzt verstärkt durch den sogenannten „China-Shock"). Demgegenüber werden viele, ja das Gros der Politiker als Teil der florierenden städtischen Elite wahrgenommen und sind es wahrscheinlich auch. Diese privilegierte Elite der städtischen Gebiete profitiert von positiven Übertragungs- oder Spillover-Effekten, die sogenannte „Agglomerationsvorteile" mit sich bringen. Dies beschreibt auch die zunehmende „Zweiteilung" der USA zwischen demokratischen und republikanischen Staaten, letztere –in den letzten Jahren– angeführt durch Donald Trump.

Dem in China entgegenzuwirken, sah Xi schon 2012 als eine seiner wichtigsten Aufgaben an, was insofern vorausschauend klug war: Ein Teil seiner Strategie war es, Kleinstädte und ländliche Gemeinden, von denen vor allem der Westen Chinas geprägt war, zu beleben und ihnen den Zugang zu modernen öffentlichen Dienstleistungen bereitzustellen. Dies war auch Teil der angestrebten Verbesserung des kollektiven Wohlergehens – der „Common Prosperity"-Strategie von 2021 –, so zumindest in Xis bekannten Narrativen. Positive Erzählungen –Narrative– sind bedeutsam in China. Sie haben die Macht, wie der US-Nobelpreisträger Robert Shiller überzeugend beschrieben hat, die wirtschaftlichen Ergebnisse zu verbessern. Sie erzeugen ein gemeinsames Gefühl des Optimismus, das die öffentliche Moral stärken und das BIP-Wachstum ankurbeln kann. Solche Narrative erzeugen Netzwerkeffekte, die den kollektiven Interessen eines Landes den Vorrang vor Gewinnen geben. Voraussetzungen hierfür sind natürlich, dass die Narrative auch begleitet werden von Taten wie der Bereitstellung von öffentlichen Dienstleistungen und Infrastrukturen wie Straßen und anderem. Hier muss man zugestehen hat Xi bzw. Chinas Regierung bisher geliefert – zumindest was die Vermeidung von Aufruhr in den zurückgebliebenen Gebieten des Westens und Nordostens anbelangt, auch wenn dies in einigen Fällen, wie im Fall der Provinz Xinjiang, mit starken Repressionen und „Umerziehungsaktionen" verbunden war.

Erfolge in der Korruptionsbekämpfung
Das beherzte Angehen Xis seit seinem Amtsantritt gegen das Korruptionsgeschwür, das sich in der KPCh während der Wirtschaftswunderzeit gebildet hatte und das Ansehen der Partei schwächte, brachte ihm große Anerkennung – als Vertreter des Volkes – und Zustimmung in der Bevölkerung. Diese war es leid, für öffentliche Dienstleistungen Bestechungsgelder bezahlen zu müssen, etwas, was auch in vielen anderen Entwicklungs- und Schwellenländern gang und gäbe war und ist. Xis beherztes Angehen der Korruptionsbekämpfung, durch die inzwischen schon angeblich mehr als eineinhalb Millionen Parteimitglieder bestraft wurden, imponiert der breiten Bevölkerung (siehe auch die Erläuterungen in Kap. 7).

Auch 2024 hat Xi Jinping wieder eine Verschärfung seiner Antikorruptionspolitik angekündigt, wobei besonders die Sektoren Finanzen, Infrastruktur, Energie, Pharma und Staatskonzerne im Fokus stehen. So ordnete er an, die Disziplinaraufsicht zu stärken und sie zu einer „eisernen Armee" zu formen, die auch eine umfangreiche Antikorruptionskampagne in der Volksbefreiungsarmee miteinschließt. Allein in den ersten neun Monaten des Jahres 2023 wurde gegen mehr als 22.000 Partei- und Regierungsmitglieder wegen Korruption ermittelt. Darunter waren 54 hochrangige Beamte, sogenannte „Tiger", wie der entlassene und verhaftete Chef der Bank of China, Liu Liange.

Dies bedeutet jedoch nicht, dass China heute schon weitgehend korruptionsfrei wäre. Beileibe nicht. Im neuesten 2023 ‚Korruptionswahrnehmungsindex' der Nichtregierungsorganisation „Transparency International" kommt China auf Rang 76 von 180 Staaten. Immerhin liegt es damit vor den anderen BRICS-Staaten. Südafrika nimmt dort Rang 83, Indien Rang 93, Brasilien Rang 104, und Russland Rang 141 ein.

Schaffung eines nationalen Patriotismus
Das Entfachen von Nationalismus und Patriotismus als Elemente der Strategie der „nationalen Erneuerung" war für Xi Jinping von Anfang an ein wichtiges Hilfsmittel zur Absicherung gegen drohende Legitimationsverluste bei Wachstumsrückgängen und anderen Gefahren.

Dass China heutzutage gemeinhin als große wirtschaftliche Macht, als geopolitische Größe und als der zentrale Gegenspieler der USA angesehen wird, hat den Stolz vieler Chinesen gesteigert. Es ist sozusagen ein Wundpflaster auf die Wunde der in Abschn. 1.1 beschriebenen mehr als hundert Jahre andauernden Demütigung durch den Westen, die verbunden war mit der Wegnahme von Gebieten und Rechten sowie mit dem abschätzigen Herabschauen auf China bzw. auf Chinesen.

Ob allerdings der neue Nationalismus und Patriotismus auf Dauer als Bollwerk gegen jegliche Kritik an der KPCh wirkt, ist fraglich. Ein längerfristiges Verfehlen der Ziele 2 –Wohlstandssteigerung – und 3 – Stabilität – würde der Partei sicherlich gefährlich werden – trotz entfachtem Nationalismus und Patriotismus.

Schaffung von Ordnung und Stabilität
Es ist Xi in den ersten 12 Jahren seiner Herrschaft relativ gut gelungen, das Riesenreich China vor größeren sozialen Unruhen zu bewahren. Dies ist teils auf die als hinreichend gut empfundene Politik unter Xi zurückzuführen, teils und vor allem aber durch Propaganda, Angsterzeugung, Manipulation und Überwachung begründbar. So gibt die Regierung viele Milliarden pro Jahr dafür aus, um Online-Inhalte zu zensieren. Die Mehrheit der Chinesen bezieht nach einer Umfrage von 2022 ihre Informationen über chinesische Social Media-Plattformen wie Douyin, das chinesische Äquivalent zu TikTok, Weibo, eine X-/Twitter-ähnliche Seite, und WeChat. Die Partei hat die dahinterstehenden Firmen immer stärker darauf verpflichtet, vor allem die Botschaften der Partei zu verbreiten, hingegen parteikritische Kommentare sowie neuerdings auch Videos, die „Pessimismus" unter jungen Leuten verbreiten, von ihren Seiten zu verbannen. Dagegen wurde der Zugang zu Webseiten in amerikanischem Besitz wie Facebook, X und YouTube schon lange von der KPCh verboten. Diese restringierte und einseitige Informationsbeschaffungsmöglichkeit führte zu einer Entpolitisierung eines Großteils der Bevölkerung, vor

allem auch der Jugend, die sich weitgehend ins Private zurückgezogen hat. Die Bevölkerung begnügt sich in weiten Teilen mit Freiheiten im privaten Bereich sowie wirtschaftlichen Annehmlichkeiten und verzichtet – auch wegen sonst drohender Repressionen – auf die lautstarke Forderung nach politischer Freiheit/Teilhabe.

Erzielung von hohen Zustimmungswerten
Die vorhergehenden Punkte trugen dazu bei, dass die Zustimmungswerte für Xis Politik und für die KPCh auch heute noch – selbst nach der von vielen als misslungen angesehenen Non-Covid-Politik – in China erstaunlich hoch sind: Nichtanonymisierte Umfragen von Forschern kommen teilweise auf Zustimmungsraten von 80–90 % und mehr für Xis Politik. Wenn die Befragten allerdings anonym befragt werden, sinken die Werte deutlich, wie in einem neueren Artikel der Zeitschrift „China Quarterly" berichtet wird. Im „Westen" dagegen ist das Image Chinas und Xis in den letzten Jahren immer schlechter geworden laut einer im Juli 2023 veröffentlichten Umfrage des amerikanischen Thinktanks „Pew Research Center".

3.4.2 Misserfolge

Wenn man die wirtschaftlichen (Miss-)Erfolge der letzten Jahre betrachtet, als das Wachstum in China stärker abnahm und auch der Anteil Chinas am Welt-BIP nach 2019 zurückging, könnte man versucht sein, diese allein auf Xis Strategie zurückzuführen. Jedoch haben wir in Kap. 2 gesehen, dass die wahren Ursachen vielfältig sind. Neben diversen fehlerhaften Politikentscheidungen haben auch der Strukturwandel sowie externe Schocks eine Rolle gespielt. Dies gilt es zu berücksichtigen bei der Bewertung der Ergebnisse der Politik von Xi Jinping.

Xis Non-Covid-Politik
Die langandauernde inflexible Non-Covid-Politik brachte Xi einige Kritik in der Bevölkerung ein. Der Politikkurs wurde zu lange durchgehalten, wobei riesige ökonomische und nichtökonomische Kosten in Kauf genommen wurden. Gleichzeitig verzichtete die Regierung währenddessen

auf die notwendige Massenimpfung vor allem der älteren Bevölkerung mit einem wirksamen Impfstoff auch gegen die Omikron-Variante, was zu einer Unterimpfung führte. Diese lange Aufrechterhaltung der Non-Covid-Politik war aus der Sicht von Xi Jinping vielleicht strategisch richtig gewesen, weil er so seine Wiederwahl nicht durch eine mögliche, befürchtete Todeswelle bei einer früheren Lockerung der Non-Covid-Regeln gefährdete. Diese Todeswelle kam erst nach seiner Wiederwahl nach der Beseitigung der Null-Covid-Restriktionen, vor allem wegen der oben erwähnten Unterimpfung. Schätzungen zufolge gab es damals 1 Mio. Tote. Die wirtschaftlichen Folgen von Xis Non-Covid-Politik waren extrem hoch, und China spürt heute noch die Nachwirkungen. Das Land ist wirtschaftlich dadurch zurückgefallen; der erhoffte starke Aufschwung nach der Lockerung der Non-Covid-Restriktionen blieb bislang aus. Auch die Jugendarbeitslosigkeit ist weiter angestiegen, so dass es zu einer Verunsicherung der ausländischen Investoren angesichts der erlahmenden Dynamik der chinesischen Wirtschaft gekommen ist. Sogar Spekulationen über eine Disharmonie über den weiteren Wirtschaftskurs innerhalb der Führungszirkel kamen auf angesichts der Absage des Dritten Plenums des 20. Zentralkomitees der KPCh im Herbst 2023.

Scheitern der Rebalancing-Politik
Seit 20 Jahren, seit einer Wirtschaftskonferenz Ende 2004, sprechen die politischen Entscheidungsträger Chinas von einer Neuausrichtung der Wirtschaft hin zu mehr Konsum und Dienstleistungen und weg von Exporten und Investitionen – dies auch um das Überakkumulationsproblem in den Griff zu bekommen. Doch liegt der Anteil des Konsums am BIP heute immer noch bei dem damaligen Niveau von rund 55 %. Der Anteil des Konsums der privaten Haushalte sank sogar leicht von 39,6 % 2005 auf 38 % 2023, während er in den USA 67 % beträgt. Die Bruttoanlageinvestitionen in Prozent des BIP sind von 39 auf 42 % gestiegen statt gesunken – in den USA betrugen sie 2023 21 %. Und das Überakkumulationsproblem hat eher zu- als abgenommen. Nur die Exportquote ist von 34 auf 20 % gesunken. Allerdings ist der chinesische Außenhandelsüberschuss – Export minus Import – im Juni 2024 auf den höchsten Stand seit 1990 gestiegen, was zur zunehmenden Verärgerung in den

Handelspartnerländern, vor allem in den USA, geführt hat. Eine Neuausrichtung ist anscheinend leichter gesagt als getan. Außerdem würde ein solches Rebalancing nicht mit Xis/Chinas neuer innovationsfokussierter Angebotspolitik harmonieren. Letztere erfordert große Investitionen in als zukunftsträchtig eingeschätzte Industriesektoren – mit Hilfe staatlich gelenkter Industriepolitik– und verstärkte Bemühungen, die massenhaft kostengünstig hergestellten neuen Produkte in andere Länder zu exportieren. Eine gewisse Ähnlichkeit mit der früheren Politikstrategie deutscher Regierungen während des deutschen Wirtschaftsaufschwungs ist hier nicht zu übersehen; vgl. zur Erläuterung in Kap. 7.

Derzeit wird im Parteijargon deswegen nicht mehr so sehr von Rebalancing gesprochen, sondern von „Neuen Produktivkräften". Der Schwerpunkt liegt dabei auf der Umstellung weg von einem aufgeblähten Immobiliensektor, schuldenfinanzierten Investitionen und der Grundstoffherstellung hin zu hochproduktiven Branchen wie grüne Energie, künstliche Intelligenz und digitale Dienstleistungen. Es bleibt abzuwarten, ob diese Umstellung erfolgreicher verlaufen wird als die des alten Rebalancing. Auf jeden Fall führt Chinas neue Wachstumsstrategie mit der Fokussierung auf eine Förderung von möglichen bahnbrechenden Innovationen und einer gleichzeitigen Abkehr –trotz Konsumschwäche und Immobilienkrise– von expansiver Nachfragepolitik tendenziell zu Überkapazitäten, die China versuchen muss über Exporte loszuwerden. Dies hat zur Folge, dass es weltweit zu einem brutalen Preiswettbewerb und protektionistischen Schutzvorkehrungen kommt.

Überregulierung der privaten Unternehmen
Während noch in den 2000er-Jahren politische Toleranz und wirtschaftliche Freiheiten ein günstiges Umfeld für ein dynamisches und kreatives Unternehmertum in China boten, hat sich die Situation inzwischen stark verändert. Die KPCh hat in den letzten Jahren unter Xi Jinping immer mehr in die Politik der Unternehmen eingegriffen, zuletzt durch den Aufbau von Parteizellen in den Unternehmen. Die Überwachung und Einflussnahme durch die staatliche Bürokratie in den Unternehmen, bis hin zu Sanktionen, hat stark zugenommen. So vernichtete zum Beispiel das harte Durchgreifen 2021 im Tech-Bereich zwischen Anfang 2021 und Ende 2022 riesige Unternehmens- bzw. Aktionärswerte. Das Ein-

greifen drückte die Missbilligung der starken Präsenz von Big Tech im Alltag der Bürger durch Xi Jinping bzw. die KPCh aus. Xi forderte, dass sich die Tech-Unternehmen und -Investoren stattdessen auf „ernsthafte" Dinge wie Chipherstellung, Cloud Computing und künstliche Intelligenz für die Industrie fokussieren sollten. Ähnlich negative Folgen hatte die 2021 ideologisch begründete Zerschlagung des Nachhilfesektors für Schüler in China, die angeblich an die 100 Mrd. US-Dollar an Unternehmenswerten und Millionen von Arbeitsplätzen auslöschte und für den dringend notwendigen Humankapitalaufbau in China auch gerade nicht förderlich war.

Diese und andere Eingriffe, wie beispielsweise neuerdings durch das Antispionage-Gesetz, verunsichern die multinationalen wie auch die heimischen Unternehmen. Dies geht zulasten von Investitionen, die aufgrund dessen unterlassen oder verschoben werden. Der US-Nobelpreisträger Joe Stiglitz kommt deswegen zu dem Urteil: „Xi Jinping ist kein guter Manager in Sachen Ökonomie" (Joe Stiglitz im Handelsblatt-Interview vom 1.–3. März 2024, S. 17).

Die Rückführung marktwirtschaftlicher Reformen
Das Erlahmen marktwirtschaftlicher Reformen seit Mitte der 2000er-Jahre, sowie die Rücknahme einzelner marktwirtschaftlicher Reformerfolge, vor allem durch die sukzessive Beschränkung der Freiheit der privaten Unternehmen unter Xi Jinping ab 2012, dürften langfristig die größten ökonomischen Kosten verursacht haben. Mit Sicherheit haben sie die Geschwindigkeit des wirtschaftlichen Aufholprozesses zum Westen verlangsamt. Diese ökonomischen Kosten könnten allerdings durch das Erreichen einer erhöhten Stabilität, mittels des Ausbaus der Führung der kommunistischen Partei in allen gesellschaftlichen und wirtschaftlichen Bereichen, gerechtfertigt werden. Die Prioritätenänderung zwischen den beiden Zielen ökonomische Entwicklung und Stabilität zugunsten von Stabilität unter Xi Jinping wurde ja oben schon als strategisch gewollt hervorgehoben.

Mangelnder Einbezug der zurückgebliebenen Gebiete
Wie wir in dem Abschn. „Vermeidung von Aufruhr der zurückgebliebenen Gebiete" oben sahen, konnte Xi wohl bislang einen Aufruhr der zurück-

gebliebenen Gebiete verhindern. Auch konnte 2019 „absolute" landwirtschaftliche Armut für „ausradiert" erklärt werden. Dies bedeutet jedoch nicht, dass sich die Einkommenslücke zwischen Ost- und West-China wesentlich verringert hätte seit seinem Amtsantritt.

Die im Jahr 2000 eingeleitete „Go-West-Strategie" der damaligen Regierung hatte auf eine Reduzierung dieser Einkommenslücke zwischen Ost- und West-China gezielt und war dabei über 15 Jahre hinweg einigermaßen erfolgreich gewesen. Der Westen Chinas hatte in dieser Zeit ein Stück weit zum Osten aufgeholt, von einem Drittel auf gut die Hälfte des Lebenshaltungsniveaus. Allerdings ist seitdem die Angleichung des Lebenshaltungsniveaus in den westlichen Provinzen an das Niveau im Osten während der Amtszeit Xi Jinpings nicht weiter vorangeschritten, trotz großer Bemühungen. Kleinstädte und ländliche Gemeinden, von denen vor allem der Westen Chinas geprägt ist, wurden versucht zu beleben und ihnen den Zugang zu modernen öffentlichen Dienstleistungen bereitzustellen. Dies war auch Teil der Strategie zur Verbesserung des kollektiven Wohlergehens von 2021. Die Wohlstandslücke zwischen Ost und West konnte dadurch jedoch nicht abgebaut werden. Das Lebensstandardniveau im Osten ist immer noch knapp doppelt so hoch wie das im Westen Chinas.

Wenn Xi diese Ungleichheit nicht in den Griff bekommt, droht über kurz oder lang sozialer Unmut. Und die politische Legitimationsfrage wird dann auf den Tisch kommen mit Gefährdung des Erreichens von Ziel 1 (Machterhalt der KPCh). Zudem fällt dann der Westen Chinas aus als erhoffte neue Boomregion, die den Wachstumsverlangsamungsprozess und damit die MIT-Gefahr in China, bremsen könnte. Das wiederum ist bedeutsam für das Erreichen von Ziel 2 (wirtschaftliche Wohlstandsvermehrung).

3.5 Resümee

Die Modernisierung Chinas ist eines der Hauptziele von Präsident und Parteichef Xi Jinping. Dazu gehört das Hinaufklettern der technologischen Leiter als Voraussetzung, um eine MIT zu überwinden, und um für China weitgehende Eigenständigkeit und Unabhängigkeit vom Westen – Xi: „independent innovation ability" – zu erreichen. Hierfür wird die Anwendung von staatlich gelenkter Industriepolitik als zentrales Element gesehen. Dabei wird übersehen oder vernachlässigt, dass es Marktanreize waren, und nicht bürokratische Entscheidungen, die die Innovationen in Chinas Wirtschaftsblütezeit von 1980 bis 2010 gefördert haben. In Chinas Technologiesektor, auch in Bereichen, in denen China dem Westen voraus ist, haben private Unternehmer den Weg vorgegeben. Verantwortlich hierfür waren Unternehmer, die relativ frei von staatlicher Regulierung waren, und nicht Regierungsbürokraten, die Technologien auswählten.

Quantitatives Wirtschaftswachstum ist nicht länger das prioritäre Ziel unter Xi Jinping. Außerdem soll das Wirtschaftswachstum „balanced" sein, und nicht wie früher „unausgewogen-ungesteuert". Es soll gelenkt sein durch den Staat/die Partei. Hier kommt wieder die zentrale Rolle der Industriepolitik unter Xi ins Spiel, die Planung und Förderung strategischer Innovationen, außerdem die Mitwirkung der kommunistischen Partei in den Entscheidungsgremien von Großunternehmen. So soll gesichert werden, dass Zukunftsinvestitionen und Finanzhilfen in die „richtigen" Zukunftsbereiche gelenkt werden. Alles steht letztlich unter dem Schirm der angestrebten Eigenständigkeit und der nationalen Sicherheit, aber auch geopolitischer Machtansprüche.

Xi Jinping schwört den Staatsrat, Pekings Kabinett und den Staatsapparat nachdrücklich auf die Kommunistische Partei und seine Ideologie – niedergelegt in „Xi Jinping Thought" – ein. Kader auf allen Ebenen werden für ihr Festhalten an der Xi-Philosophie belohnt, nicht dafür, dass sie Initiativen ergreifen oder experimentieren. Damit werden auch die Räume der Regierung für eine pragmatischere Wirtschaftspolitik immer enger. Der Staat/die Regierung sollen von der Partei gelenkt werden. Xi hat die Rolle der Partei und seine eigenen Ansichten – „Xi Jinping Thought" – in allen Bereichen zum Kern erklärt, von der Wirtschaftsplanung bis zur Bildung. Er lässt so keinen Raum mehr für Regierungspragmatismus, auch nicht für unterschiedliche Meinungen und Interpretationen innerhalb der Regierung und der Partei. Ideologie schlägt Pragmatismus, und der Personenkult um Xi Jinping beherrscht China. Beides bedeutet eine Umkehr von Deng Xiaopings Position und eine Rückgängigmachung seiner Reformbemühungen.

Xi ist jedoch überzeugt, dass sich nur so die obigen drei Ziele – Machterhalt der KPCh, Wohlstandssteigerung und Stabilität – miteinander verbinden und gemeinsam erreichen lassen, dies vor allem vor dem Hintergrund des Kampfs um die wirtschaftliche und politische Vorherrschaft zwischen den USA und China; siehe zu letzterem näher in Kap. 5. Weitere Erläuterungen sind wiederum in Kap. 7 zu finden.

4

Chinas wirtschaftspolitische Herausforderungen der nächsten Jahr(zehnt)e

Chinas beeindruckender Aufstieg ist nicht zu Ende, aber er ist weniger steil, d. h. er ist langsamer geworden.[1] Gründe dafür hatte ich in Kap. 2 aufgelistet. Dadurch und durch die neuen geopolitischen Spannungen ist China anfälliger geworden. Die chinesische Regierung und die kommunistische Partei scheinen ein Stück weit verunsichert angesichts der Wachstumsschwäche und des geopolitischen Gegenwinds, auf jeden Fall sind sie dünnhäutiger geworden. Die Stimmung in chinesischen Unternehmerkreisen ist –wie man hört– angesichts der Wachstumsrückgänge, des Rückgangs der Investitionen in die Infrastruktur, der Überregulierung durch die Regierung/Partei, der geopolitischen Unsicherheiten, und der Intransparenz des Staates, schlecht. Auch die Konsumlaune der chinesischen Verbraucher ist auf einem Tiefpunkt angelangt: die Verbraucher setzen eher auf verstärktes Vorsichtssparen. Noch dazu ist China inzwischen wieder gezwungen, verstärkt um ausländisches Kapital zu werben und muss andererseits die wirtschaftlichen Probleme klein reden – aus Legitimationsgründen gegenüber der heimischen Bevölkerung. Um dem

---

[1] Quellenangaben, Begriffserläuterungen und sonstige Ergänzungen zu Kap. 4 sind in Kap. 7 zu finden.

allem legitimationspolitisch entgegenzuwirken, hat Xi Jinping, wie ich im Kap. 3 erläutert habe, Patriotismus und Nationalismus gestärkt und ein neues Feindbild – die USA, den Westen – aufgebaut. Dies zielt auf eine Ablenkung von innenpolitischen und ökonomischen Problemen durch übersteigerten Patriotismus im Inneren und Eskalationen in der Außenpolitik, wie den maritimen Ansprüchen Chinas im Südchinesischen Meer, Drohungen gegen die Philippinen und gegenüber Taiwan, gleichzeitig der strategischen Partnerschaft mit Russlands Präsident Putin und mit Nordkoreas Kim Jong-un. China und Russland eint die Angst vor der liberalen Demokratie (dem politischen Pluralismus) sowie das Interesse, die Weltordnung im Sinne ihrer autoritären Ideen zu ändern. Sie peilen beide die Führerschaft im Globalen Süden an, der einen erheblichen Bedarf an Infrastrukturinvestitionen hat, den China in den letzten Jahren mit seiner Belt-and-Road Initiative zu befriedigen versucht hat. 2017 unterstützte China noch Sanktionen gegenüber Nordkorea. Seit sich der Konflikt mit den USA verschärft hat, ist das nicht mehr der Fall.

Vor diesem Hintergrund hat der chinesische Zentralbankchef Pan Gongsheng davor gewarnt, dass sein Land sich auf einer „langen und schwierigen Reise" befindet (,Handelsblatt' vom 01.01.2024). Ich versuche im Folgenden die Problemschwerpunkte, die zentralen Herausforderungen vor denen China steht, anzusprechen und zu erläutern.

Zuerst beschäftige ich mich mit den aktuell drängendsten Problemen Chinas – der Bewältigung der Immobilienkrise, dem Abbau der Überkapazitäten, der Reduzierung der Arbeitslosigkeit, und der Vermeidung einer Finanzkrise.

Anschließend gehe ich auf die längerfristigen globalen, strukturellen Herausforderungen ein, vor denen nicht nur China, sondern auch andere Länder stehen. Hierzu zählt die demographische Entwicklung – der Alterungsprozess –, unter der auch andere Länder Ostasiens, aber auch Europas leiden, dann der digitale Wandel, der Klimawandel –die notwendige ökologische Transformation–, der kulturelle Wandel in einer globalen Welt, sowie der sektorale Strukturwandel Chinas. Diese Herausforderungen zu bewältigen gehört mit zur Aufgabe der chinesischen Regierung, ebenso wie die Verhinderung des Verharrens Chinas in einer „Middle-Income-Trap" (MIT), womit ich mich zum Abschluss des Kapitels beschäftige.

4.1 Die aktuell drängendsten Probleme

4.1.1 Bewältigung der Immobilienkrise

Knapp drei Viertel des chinesischen Haushaltsvermögens steckt Schätzungen zufolge in Immobilien (‚Business Insider' vom 30. September 2024; Ende 2022 waren es noch 80 % laut Wirtschaftsmagazin ‚Capital' vom 18. Januar 2023). Für viele sind die Immobilien ihre Altersvorsorge. Diese Altersvorsorge von vielen ist jetzt bedroht. Über viele Jahre hatten sich die Immobilienpreise immer nur erhöht, dank einer wachsenden Mittelschicht, die angesichts begrenzter Anlagemöglichkeiten und der Erwartung steigender Immobilienpreise ihre Ersparnisse vorwiegend in Immobilien steckte. Nun sinken sie seit einer Weile stark, nachdem immer mehr Immobilienunternehmen an den Rand des Bankrotts geraten oder schon bankrottgegangen sind und viele vorausbezahlte Immobilienprojekte nicht fertiggestellt werden konnten. Dies alles sorgt bei den Bürgern Chinas für massive Verunsicherung und führt folglich zu einer weiteren Schwächung ihrer Konsumnachfrage. Außerdem sät die derzeitige Immobilienkrise in der Bevölkerung Zweifel am Wachstumsversprechen der Regierung wie auch an der Politikkompetenz der Regierung. Chinas Staatsführung hat diese Krise erst ermöglicht in den letzten 15 Jahren durch ihre häufigen durch Niedrigzinspolitik unterstützten keynesianischen Expansionsprogramme, die der strukturell bedingten Wachstumsverlangsamung entgegenwirken sollten. Durch die immer weitere Anfeuerung des Immobiliensektors als Wachstumsmotor wollte die Staatsführung an die früheren Wachstumserfolge anknüpfen und ihr früheres Wachstumsversprechen – andauernde Wohlstandsvermehrung – einhalten. Der Immobiliensektor war so in den letzten 20 Jahren zum wichtigsten Wachstumstreiber in China geworden und trug direkt und indirekt längere Zeit mehr als 25 % zum chinesischen Bruttoinlandsprodukt bei.

Die anhaltende Krise auf dem Immobilienmarkt bremste die Erholung der chinesischen Volkswirtschaft nach der Pandemie. Dabei ist ein langsameres Wachstum des Sektors, ein „kontrolliertes Abkühlen" des überhitzten Immobilienmarktes, in China politisch durchaus gewollt. Denn die große Abhängigkeit von Investitionen in Immobilien und Infrastruktur gilt als nicht nachhaltig. So fordert Staats- und Parteichef Xi Jinping schon längere Zeit eine Abkehr von diesem „fiktiven Wachstum". Allerdings fehlt China noch ein alternativer, gleich effektiver Wachstumstreiber. Die derzeitige Ratlosigkeit der Staatsführung bezüglich der Lösung der Immobilienkrise führt tendenziell zu einem Misstrauen in der Bevölkerung gegenüber dem Krisenmanagement von Staatspräsident Xi Jinping und könnte so längerfristig das Erreichen des obigen Ziels 1 – Machterhalt – gefährden.

Der Versuch, den Rückgang der Investitionen in Immobilien durch steigenden Konsum aufzufangen, hat bislang nicht geklappt, da die Verbraucher wie gesagt wegen der Immobilienkrise und anderer Krisen verunsichert sind. Im Grunde würde hier nur eine Zunahme der Exporte oder der staatlichen Investitionen helfen. Die Zunahme der Exporte hängt allerdings von der jeweiligen Weltkonjunktur – einem exogenen, von China nicht direkt beeinflussbaren Faktor – ab. Die derzeit eher rezessive Weltkonjunktur begrenzt jedoch die Exportmöglichkeiten Chinas. Außerdem behindern Handelsbeschränkungen der USA und neuerdings auch der EU gegenüber chinesischen Produkten den Expansionsdrang Chinas. Was eine Zunahme der staatlichen Investitionen anbelangt, so zögert die chinesische Regierung seit Jahren, den in den letzten zehn Jahren aus dem Ruder –heiß– gelaufenen, von Spekulation getriebenen Immobilienboom weiter durch staatliche Unterstützungsmaßnahmen anzuheizen. Nichtsdestotrotz hat die Regierung in Peking die Kreditinstitute des Landes im Jahr 2024 angewiesen, verschuldete Unternehmen der Baubranche gezielt darin zu unterstützen, geplante Projekte fertigzustellen. Hinzu kommen konkrete Hilfen von den Lokalregierungen. Das Kernstück eines im Mai 2024 vorgestellten Reformpakets war ein 300 Mrd. Yuan – entsprach umgerechnet 38,5 Mrd. € – schweres Aufkaufprogramm von „unverkaufbaren" Wohnungen und ihre Überführung in Sozialwohnraum. Zudem hat die Regierung im Herbst 2024 weitere geldpolitische und fiskalpolitische Unterstützungen angekündigt. Was jedoch bislang nicht gewollt ist, sind noch massivere staatliche finanzielle Unterstützungen oder Rettungsaktionen wie früher, da diese tendenziell die Verschuldung Chinas – oder der chinesischen Immobilienfirmen; allein die Immobilienfirma Evergrande ist schon derzeit mit mehr als 300 Mrd. Dollar verschuldet – weiter steigern würden. Es ist jedoch gerade ein Ziel von Präsident Xi Jinping, den Anstieg der Verschuldung zu bremsen, und die diesen Anstieg verursachte jahrelange Expansion der Infrastrukturinvestitionen auf Pump zu stoppen. Zudem sollen möglichst wenig Zombie-Firmen geschaffen werden, nicht so wie damals in Japan in den 1990er-Jahren.

Andererseits führen die massiven Verluste von Vermögensanlegern auf dem Immobilienmarkt und zeitweise auch noch auf dem Aktienmarkt dazu, dass insbesondere die während der Deng-Ära wohlhabend gewordene Mittelschicht starke Abstriche im Konsum oder zumindest als Buchverluste hinnehmen muss. Von daher beginnt sich gerade in dieser Gruppe Unmut zu regen. Die Gefahr ist neben Legitimationseinbußen für die Regierung/Partei auch eine Rücknahme der Risikofreudigkeit, die Chinas Investoren bis vor Kurzem ausgezeichnet hatte, und die für eine weitere Wachstumsdynamik entscheidend ist. Für Chinas Kommunen hingegen bedeutet die Immobilienkrise eine Reduzierung ihrer Einnahmen. Die Einnahmen aus Grundstücksverkäufen an Bauträger – bzw. aus der Übertragung von Landnutzungsrechten – stehen für einen beträchtlichen Teil (vor der Covidpandemie bis zu 40 %) der Einnahmen der Kommunen. Und diese brechen seit einer Weile drastisch ein.

Derzeit dümpelt Chinas Immobilienwirtschaft vor sich hin. Investoren am Immobilienmarkt mit wenig Eigenkapitaleinsatz und hoher Fremdfinanzierung geraten an ihre finanziellen Grenzen. Die Immobilienpreise sind ja gefallen. Große Mietsteigerungen lassen sich auch nicht durchsetzen. Zudem verlangen die Banken höhere Zinsen und mehr Sicherheiten. So brach der Wohnungsbau 2023 um 6,2 % ein. Dagegen war die produzierende Industrie mit einem Plus von 4,6 % 2023 ein Wachstumstreiber. Dies ist genau nach dem Wunsch der Regierung: das Kapital soll künftig statt in Beton in Unternehmen fließen, die China technologisch nach vorn bringen. Durch die Ankurbelung der Industrieproduktion droht jedoch eine chinesische Güterschwemme. So sind die Überkapazitäten auf dem chinesischen Automarkt und in der Solarindustrie schon heute groß. Die Folge ist ein ruinöser Preiskampf. Was nicht in China verkauft wird, geht in den Export mit Unterstützung durch Subventionen zu Dumpingpreisen. Auch führt die subventionierte Massenproduktion zu Größenvorteilen (Economies of Scale) und damit zu Kosten- und dadurch Wettbewerbsvorteilen. Überkapazitäten sind für China nichts Neues. Schon vor acht Jahren legte die Europäische Handelskammer in Peking zusammen mit der Unternehmensberatung Roland Berger eine Studie vor, die damals die Überkapazitäten der chinesischen Stahlproduktion beschrieb.

4.1.2 Abbau der Überkapazitäten

Seit Jahren ist China geplagt von Überkapazitäten. Dies ist nicht zuletzt dem dauernden Versuch der Regierung geschuldet, ein möglichst hohes Wirtschaftswachstum zu generieren, um Ziel 2 – stetige Wohlstandsmehrung – zu erreichen. Dabei war die Regierung angesichts mangelnder inländischer Konsumnachfrage angewiesen auf hohe Exporte und eine künstliche Aufblähung des Wachstums durch eine Förderung des Immobilienbooms, allgemeiner von Infrastrukturinvestitionen. Letzteres wurde insbesondere von den Regierungen der einzelnen Provinzen mit Hilfe von neuen Finanzierungsinstrumenten und unter Zuhilfenahme der Einnahmen aus dem Verkauf bzw. der Verpachtung von Grundstücken umgesetzt. Diese so produzierten Überkapazitäten auf dem Häusermarkt sorgen nun dafür, dass eine Vielzahl von Immobilien leer stehen bzw. nicht fertiggestellt wurden, und so „Geisterstädte" entstehen. Doch nicht nur Immobilienunternehmen sind betroffen, sondern auch andere Unternehmen, die häufig zwar viele Produkte herstellen, aber wenig Gewinne erzielen. Denn die „überschüssigen" Produkte können ja nur dann verkauft werden, wenn sie auf den Weltmärkten Absatz finden; dies allerdings kann unter Umständen nur zu geringeren Preisen gelingen, die keine oder kaum Gewinne generieren. Noch dazu führen subventionierte Dumpingpreise zur Verärgerung bei und deswegen zu Konflikten mit den Handelspartnern Chinas. Nicht nur dies; durch die weit gestreuten Überkapazitäten waren auch die Produktivitätsfortschritte in China in den letzten 15 Jahren enttäuschend gering, zu gering, um nachhaltig aus einer MIT herauszukommen.

Der derzeitige Aufbau von Überkapazitäten wird vor allem erzeugt durch die neue Wachstumsstrategie der letzten Jahre in China, die sich, im Gegensatz zu früher, einseitig auf eine Stimulierung der Angebotsseite fokussiert. So führt zum Beispiel die derzeitige, durch Subventionen und industriepolitische Vorgaben getriebene, Fokussierung auf neue, zukunftsfähige Produkte wie E-Autos oder Solarpanels dazu, dass derzeit nur rund die Hälfte der bei Vollauslastung möglichen Autoproduktion im Inland absetzbar ist. Das bedeutet, dass China versuchen muss, mit allen Mitteln möglichst viele dieser Autos, die Überkapazitäten, auf dem Weltmarkt, in anderen Ländern zu verkaufen, wenn nötig über hohe Subventionen zu Dumpingpreisen. Dies gilt auch für Solaranlagen. Die Solarindustrie wurde von der chinesischen Regierung als eine ihrer Schlüsselindustrien auserkoren. Entsprechend stieg die Produktion von Solaranlagen stark an. Die Produktionskapazitäten für Solaranlagen steigen derzeit schneller als die Nachfrage in China. Insofern flutet China den globalen Photovoltaikmarkt mit seinen günstigen, subventionierten Angeboten. Die Folge ist ein heftiger Preiskampf, den viele Hersteller nicht überleben werden.

Nun profitieren wohl die Konsumenten der Handelspartner von den niedrigen Preisen chinesischer, subventionierter Produkte; doch gehen unter Umständen viele Arbeitsplätze in den Handelspartnerländern so verloren. Letzteres ist das Konfliktpotential, das in vielen Ländern zu einem China-Bashing geführt hat, so wie in den USA unter den Präsidenten Trump und Biden, d. h. sowohl bei den US-Republikanern als auch den US-Demokraten.

Relevant ist hier auch die Rolle der Neuen Seidenstraßen- oder Belt-and-Road-Initiative (BRI) für den Abbau von Überkapazitäten. Die BRI wurde anfangs strategisch eingesetzt, um Überkapazitäten – vor allem von Stahl und Zement – auf dem heimischen Markt durch Nachfrage von BRI-Partnerländern abzubauen. Daneben war es natürlich auch ein zentrales Ziel der BRI, die notwendigen Rohstoffe für die wirtschaftliche Entwicklung Chinas, die in den BRI-Partnerländern vorhanden waren, zu sichern, wie in Kap. 3 näher beschrieben. Dies ist auch im Kontext der Dual Circulation-Strategie zu sehen, da China nur begrenzt eigene Rohstoffmengen zur Verfügung hat, so dass es auf längerfristig verlässliche ausländische Rohstofflieferungen angewiesen ist. Hierzu dienen weitgehend unkonditionierte Kreditvergaben Chinas an BRI-Partnerländer im Austausch für vertraglich vereinbarte längerfristige Zusagen von Rohstofflieferungen an China. Rohstofflieferungen als Zahlungsinstrument bzw. als Absicherung gegenüber Kreditausfällen dienten China so zur Befriedigung des eigenen Rohstoffbedarfs.

Hier steht China in Konkurrenz mit den westlichen, insbesondere den europäischen Ländern, die auch rohstoffarm und deswegen auf Rohstofflieferungen aus den besagten Ländern angewiesen sind. Ein Beispiel sind die Nickellieferungen aus Indonesien, das die meisten Nickelvorkommen der Welt hat, und um dessen Nickellieferungen sowohl die westlichen Länder als auch China buhlen. Chinas strategischer Vorteil ist, dass es sich frühzeitig in Indonesien und in anderen rohstoffreichen Ländern positioniert hat und gegenüber diesen Ländern keine Vorbedingungen hinsichtlich der Verausgabung seiner vergebenen Kredite an das Land oder der Beachtung von Menschenrechten bei der Nickelproduktion oder anderer Produktionen stellt. Insbesondere die dauernden Forderungen westlicher Länder nach Beachtung der Menschenrechte als auch internationaler Handelsgepflogenheiten werden von den Ländern des Globalen Südens als „geschichtsvergessen" empfunden. So seien Verletzungen internationaler Handelsgepflogenheiten das gute Recht von Ländern, dessen Schätze die früheren westlichen Kolonialherren einst reich gemacht hätten. Es fällt nicht selten gegenüber den westlichen Ländern das Argument des Korrektivs einer historischen Schuld, als ein Instrument um die Schmach von einst wettzumachen.

Bisher war das Problem der Überkapazitäten auch ein Problem der mangelnden Koordinierung und Kontrolle der Lokalregierungen durch die Zentralregierung in Peking. Die Lokalregierungen waren immer bei der Erfüllung allgemeiner Wachstumsdirektiven in einem Wettkampf untereinander um Marktanteile oder um Zuschüsse der Zentralregierung, so dass mit lokalen Subventionen ungebremst parallel am Marktbedarf vorbeigebaut wurde. Außerdem wurden Wachstumserfolge in der Karriere von Lokalpolitikern durch Beförderungen honoriert. Ein zusätzlicher Punkt war, dass die Zentralregierung in Peking zu viele Steuern einzog, sodass die Lokalregierungen gezwungen waren, in ihrer Suche nach Einnahmen und Arbeitsplätzen um jeden Preis Industriebetriebe bei sich anzusiedeln. Ein weiteres Problem war, dass nicht vorgesehen war, Staatsunternehmen bankrottgehen zu lassen. Die Kommunistische Partei Chinas (KPCh) hatte bislang den Staatsfirmen über Staatsbanken nahezu unbegrenzte Kredite gewährt. Von daher ließen sich auch die Überkapazitäten vor allem in Staatsbetrieben beobachten, dagegen weniger im Privatsektor. Vor diesem Hintergrund wäre es angebracht, dass die unregulierte Kreditfinanzierung der Staatsfirmen gestoppt wird, diese zur Abführung höherer Dividenden gezwungen und die Subventionen der Lokalregierungen an die Staatsfirmen zurückgefahren werden. Dies erforderte jedoch einen grundlegenden Umbau des Finanzierungssystems und des Steuerverteilungssystems zwischen Zentralregierung und Lokalregierungen sowie eine Änderung der Anreizstrukturen für die Lokalregierungen.

Die Zentralregierung weiß eigentlich schon lange um das Problem. So hatte der Staatsrat schon im August 2009 eine Erklärung veröffentlicht, in der er feststellte, dass Überkapazitäten in vielen Branchen zu einem ernsten Problem geworden seien, und dass viele Kommunalverwaltungen „blind" ihre Kapazitäten ausbauen würden. Nur ist bisher angesichts der Dominanz der Partikularinteressen trotz vieler Reformversuche zu wenig geschehen, um dieses Problem zu lösen. Von daher hat China auch deswegen heute immer noch mit diesem Problem der Überkapazitäten zu kämpfen.

4.1.3 Reduzierung der Arbeitslosigkeit

In China lag die Arbeitslosenrate schon vor den Auswirkungen der Covid-19-Pandemie und der Non-Covid-Politik 2020 offiziell bei 5,6 % (laut IWF). Dies bezog jedoch noch nicht die etwa 300 Mio. Wanderarbeiter mit ein, so dass realistischere Schätzungen schon damals eher von einer Arbeitslosenrate von 10 % ausgingen. Eine solch hohe Arbeitslosigkeit gefährdet jedoch auf Dauer das stille Übereinkommen, dass Chinas Bevölkerung weitgehend die Repression des Regimes erträgt, solange ihr Wohlstand wächst. Hier ist auch zu berücksichtigen, dass viele der Arbeitslosen in China im Gegensatz zu denen in vielen entwickelten europäischen Ländern praktisch keine finanzielle Unterstützung vom Staat erhalten. Arbeitslos gewordene Wanderarbeiter kehren meist in ihre Dörfer zurück und bewirtschaften dort ihr Land, um über die Runden zu kommen.

Besonders gefährlich für die Regierung kann die steigende Jugendarbeitslosigkeit in China werden. Mitte 2023 war die offizielle Arbeitslosenrate bei den 16- bis 24-jährigen Städtern auf einen Rekordwert von 21,3 % gestiegen, woraufhin die Behörden ihre Berechnungsmethode änderten, so dass die Rate dieses Jahr (2024) etwas niedriger liegt. Das entsprach 2023 knapp 7 Mio. junger Männer und Frauen, die arbeitslos waren. Hinzu kamen noch die jugendlichen Arbeitslosen auf dem Land sowie diejenigen, die länger als drei Monate arbeitslos sind.

Gleichzeitig drängte im Sommer 2023 eine Rekordzahl von 11,6 Mio. Hochschulabsolventen auf den ohnehin angespannten Arbeitsmarkt und verschärfte die Situation – ähnlich war es im Sommer 2024. Eine Konsequenz war, dass China seitdem keine Daten zur Jugendarbeitslosigkeit mehr veröffentlicht. Man könnte behaupten, dass die hohe Zahl der Hochschulabsolventen nicht zur aktuellen Wirtschaftsstruktur Chinas passt, die noch immer stark industriell geprägt ist. Das würde bedeuten, China bildet am Bedarf vorbei aus. Andererseits kann man argumentieren, dass China damit die Zukunftsherausforderungen einer wachsenden modernen Dienstleistungsgesellschaft im Auge hat, die auf gutausgebildete Arbeitskräfte angewiesen ist.

Auf jeden Fall birgt der enttäuschte Ehrgeiz der Hochschulabsolventen politische Risiken. Die Mittelschicht hat sich an die Vorstellung gewöhnt, dass ihre Kinder in einem aufstrebenden China gute Aussichten haben werden. Dies ist Teil des Wohlfahrtsversprechens seit der Deng-Ära. Es könnte irgendwann der Partei legitimationspolitisch auf die Füße fallen, wenn weiterhin jährlich viele Millionen von Hochschulabsolventen arbeitslos sind.

Dem könnte die Regierung entgegentreten durch schuldenfinanzierte Beschäftigungsprogramme. Doch zum einen ist Wirtschaftswachstum, wie in Kap. 3 schon erwähnt, nicht länger das prioritäre Ziel unter Xi Jinping, vor allem nicht quantitatives, „unausgewogen-ungesteuertes" Wirtschaftswachstum. Wirtschaftswachstum soll, wenn dann, „balanced" sowie nachhaltig, grün und auf Zukunftsindustrien gerichtet sein. Von daher wurden auch die Erwartungen im Vorfeld des Volkskongresses im März 2023 und des Dritten Plenums im Juli 2024 an ein Konjunkturprogramm oder Reformen, um die aktuelle Wachstumsschwäche und die hohe Arbeitslosigkeit zu überwinden, enttäuscht. Auch wenn das

Wachstumsziel bei „rund 5 %" blieb, wurde nicht angegeben, wie dies erreicht werden soll. Allerdings wurde deutlich, dass Xi Jinping nicht weiterhin auf konjunkturpolitische Expansionsmaßnahmen, auf eine nennenswerte Stützung des Konsums und der Subventionierung kranker Unternehmen, sondern auf die langfristige Stabilität md Resilienz des Parteistaates setzt. Dies auch zum anderen, um die Staatsverschuldung zurückzufahren und eine Finanzkrise zu vermeiden.

4.1.4 Vermeidung einer Finanzkrise

Die staatlichen Gegenmaßnahmen gegen die –drohende– Wachstumsverlangsamung und der Aufbau der Überkapazitäten, der sich daraus ergeben hat, waren begleitet von einer Zunahme der staatlichen und privaten Verschuldung in China. So leidet China heute wie andere Länder auch unter einer langanhaltenden Zunahme der Verschuldung des Staates, insbesondere der lokalen Regierungen, aber auch der Unternehmen, vor allem der Immobilienunternehmen. China hat somit keinen großen fiskalischen Spielraum mehr angesichts der hohen Staatsverschuldung, die heute mehr als dreimal so hoch ist wie noch vor 20 Jahren. Dieser enorme Anstieg ist vor allem auf die hohen Infrastruktur- und Immobilieninvestitionen der Lokalregierungen – mit Hilfe außerbilanzieller Einrichtungen; siehe näher in Kap. 7 – zurückzuführen, aber auch auf die massive Industriepolitik zur Schaffung von Global Champions im verarbeitenden Gewerbe.

Bevor der Immobilienzyklus Mitte 2021 zusammenbrach, konnten die Kommunalverwaltungen noch auf Grundstücksverkäufe (dem Verkauf von Nutzungsrechten) zählen, um ihre Ausgaben zu finanzieren. Doch funktioniert das seitdem immer weniger. Die Ausgaben der Kommunen stiegen während der Covid-Pandemie noch weiter an, insbesondere für Tests und Quarantäne. Als ob dies nicht schon genug gewesen wäre, schränkten die wachsende Zinslast einer solchen ausufernden Verschuldung, sowie die strikten Finanzmarktregulierungen der Regierung in den letzten Jahren, den Finanzierungsspielraum der lokalen Regierungen weiter ein. Mit anderen Worten: Chinas Kommunalverwaltungen waren gezwungen, sich mit dem Problem der fiskalischen Nachhaltigkeit stärker auseinanderzusetzen, da sich das Wachstum verlangsamt hatte und die Realzinsen aufgrund der Deflation ein Rekordniveau erreicht hatten. Infolgedessen scheint es schwer vorstellbar, dass die Lokalregierungen in der Lage sein werden, die Wirtschaft wie in der Vergangenheit anzukurbeln, ohne eine Steuerreform, die es ihnen ermöglicht, neue Steuereinnahmen zu generieren. Ein Grundproblem ist, dass sich die Provinzregierungen etwa die Hälfte ihrer Steuereinnahmen mit der Zentralregierung in Peking teilen müssen, aber 80 % der Ausgaben schultern. Die Hoffnung, dass die Zentralregierung diese große Reform in Betracht zieht, ist gedämpft angesichts fehlender Anzeichen, dass diese aktiv werden könnte, auch wenn die KPCh auf ihrem Dritten Plenum im Juli 2024 eine solche Reform in Aussicht gestellt hat. Die Zentralregierung empfiehlt derzeit den Kommunen, Teile ihres „Tafelsilbers" (Vermögensbeteiligungen) zu „revitalisieren", sprich an Private zu verkaufen, um so ihre Schulden zu drücken. Die Kommunen hingegen favorisieren in letzter Zeit als Alternative eher eine Erhöhung von „Bußgeldern" bei Verstößen gegen Vorschriften.

Nach Xi waren und sind SOEs, lokale Regierungen, die Finanzinstitutionen sowie der Immobiliensektor in gefährlichem Maße „überschuldet", „unterreguliert" und „intransparent", was sie zu Brutstätten von Finanzrisiken macht, die leicht außer Kontrolle geraten können. Letzteres ist verständlich, da eine dadurch ausgelöste Zunahme der Verschuldung nicht ungefährlich ist. Sie kann letztlich eine Finanzkrise auslösen. Es stimmt wohl die Aussage: Wenn die Zinsen (i) dauerhaft kleiner als die Wirtschaftswachstumsrate (g) sind, lohnt sich das Schuldenmachen für ein Land. Nur kann man sich nicht darauf verlassen, dass die Wirtschaftswachstumsrate immer über der Zinsrate bleibt, noch dazu, wenn, wie oben in Kap. 2 im Abschnitt „Strukturwandel" beschrieben, die Tendenz einer Wachstumsverlangsamung aufgrund des sektoralen Strukturwandels besteht. Dann kann sehr schnell passieren, dass die Wirtschaftswachstumsrate unter die Zinsrate fällt, d. h. $g < i$ wird. Auch wenn es zu Vertrauensverlusten der ausländischen Kapitalgeber kommen sollte mit der Folge von steigenden Risikoprämien im Zins, oder zu Inflation, so dass die Regierung bzw. die Zentralbank mit einer Zinssteigerung gegensteuern muss, kann dies eintreten.

Dies ist kein grundsätzliches Plädoyer gegen Schuldenmachen. Selbstverständlich soll in die Zukunft investiert werden, in Infrastruktur, Klimaschutz, Transformation der Wirtschaft. Nur so kann Wohlstand für zukünftige Generationen gesichert und die Wettbewerbsfähigkeit eines Landes erhalten werden. Dies sollte jedoch, konservativ/aus Risikomanagementsicht gedacht, wenn möglich nicht ausschließlich mit Staatsschulden finanziert werden, sondern unter Einbeziehung von privaten Investoren sowie in Begleitung von Strukturreformen geschehen. Eine der wichtigsten Strukturreformen in China wäre: eine Rentenreform mit einer Anpassung des Renteneintrittsalters an die Lebenserwartung – was die Regierung gerade endlich angehen will. Und was die Einbeziehung privater Investoren anbelangt, so setzt dies häufig eine Verbesserung der institutionellen Rahmenbedingungen voraus.

Nun wirken aber Strukturreformen erst mittelfristig. Wenn ein Land allerdings Investitionen in die Transformation, in den Klimaschutz usf. jetzt sofort braucht, um zum Beispiel einen Klimakollaps zu verhindern, oder um eine systemgefährdende Legitimationskrise zu vermeiden? Was dann tun? Umverteilen, Sozialleistungen drastisch kürzen? Die Frage ist, ob sich dies so ohne weiteres politisch umsetzen lässt.

Was tun, wenn die Mehrheit in der Gesellschaft dies nicht will und den Strukturreformen immer wieder ihre Zustimmung verweigert, weil sie die damit verbundene Kostenbelastung ablehnt und lieber ein sogenanntes „game-of-chicken" betreibt? Letzteres bedeutet, dass die Mehrheit wartet, bis andere Gruppen – die Minderheit – in der Gesellschaft aus Angst vor den negativen Folgen eines weiteren Wartens bereit sind, die Kosten der Strukturreforminvestitionen auch ohne den Beitrag der abwartenden Mehrheit zu stemmen? Ein solches Verhinderungs- oder Verzögerungsverhalten ist nicht selten. Vor allem Länder in Lateinamerika sind berühmt für solche „Verhaltensspiele". Und es wird oft von populistischen Parteien oder selbernannten Führern ausgenutzt. Dies kann letztlich dazu führen, dass Länder in einer mittleren Einkommensfalle (MIT) gefangen bleiben, oder gar, nachdem sie diese bereits überwunden haben, doch wieder in diese zurückfallen. So ist es beispielsweise mit Argentinien geschehen, das im letzten Jahrhundert schon längere Zeit zu den reichen Ländern zählte, und heute ein krisengeschütteltes, wieder viel ärmer gewordenes Land mittleren Einkommens ist. Es bleibt also der jeweiligen Regierung gegebenenfalls gar nichts anderes übrig, als doch eine vorübergehende Zunahme der Verschuldung in Kauf zu nehmen, will sie nicht die politische Legitimität verlieren. Das heißt, normalerweise werden Politiker dem Druck der Bevölkerung (der Mehrheit) über kurz oder lang nachgeben.

4.2 Länger anhaltende strukturelle Herausforderungen

Mindestens ebenso wichtig, wenn nicht gar wichtiger als die Lösung der eben erläuterten aktuell drängendsten Probleme ist für die chinesische Regierung, die großen, längerfristigen –die nächsten Jahrzehnte dominierenden – Herausforderungen erfolgreich anzugehen. Zu diesen großen strukturellen Herausforderungen, denen China in den nächsten Jahrzehnten gegenüberstehen wird, zählen der demographische Wandel, die digitale Transformation, der Umgang mit dem Klimawandel und dem kulturellen Wandel sowie dem sektoralen Strukturwandel. Je nachdem, wie die derzeitige und die kommenden chinesischen Regierungen diese Herausforderungen anpacken werden, können sie das auserkorene Ziel, eine MIT in China zu verhindern bzw. sie nachhaltig zu überwinden, erreichen oder nicht.

4.2.1 Demographischer Wandel: Alterung der Bevölkerung

Die Herausforderung des Alterungsprozesses in China hatte ich schon in Kap. 2, Abschnitt „Natürlicher Alterungsprozess", angesprochen. Die Alterung der Bevölkerung ist ein großes Problem, eine Herausforderung nicht nur für China, sondern auch für die anderen ostasiatischen Länder, insbesondere für Japan und Südkorea, und für viele europäische Länder. Für China könnte dies bedeuten, dass das Land in eine Falle mittleren Einkommens (MIT) gerät. Das würde bedeuten, dass China nicht weiter nennenswert aufholen könnte zu dem wirtschaftlichen Lebensstandard der USA, die weniger schnell altern, sondern längerfristig zurückbleiben würde. Für China würde dies heißen, dass das Land alt wird, bevor es reich wird.

Der Grund ist, dass dann das langfristige Wachstum bzw. das Wachstumspotential aufgrund verlangsamter Produktivitätszuwächse schwächer wird. Zum einen ist zu erwarten, dass die Erwerbsbeteiligungsrate einer schrumpfenden erwerbsfähigen Bevölkerung zurückgehen wird. Zum anderen und noch wichtiger ist, dass – während der Anteil der Alten immer weiter zunimmt – es zu einer Verringerung der Anzahl der jüngeren Beschäftigten unter 50 Jahren kommen wird. Dies ist eine Gruppe, die in der Regel als leistungsfähiger und produktiver, da kreativer, risikofreudiger und innovationszugewandter als die ältere Arbeitnehmerschicht angesehen wird. Dies wird sich in Form einer geringeren durchschnittlichen Arbeitsproduktivität auswirken. Ein simpler wachstumstheoretischer Zusammenhang, der von führenden Wachstumstheoretikern wie Charles Jones und Nobelpreisträger Paul Romer immer wieder betont wird, ist der: Je geringer und älter die Bevölkerung, umso geringer wird langfristig der Pool an Leuten sein, die nach Ideen suchen, umso weniger Erfindungen wird es geben, und damit umso geringer wird das Produktivitätswachstum sein.

Darüber hinaus droht in alternden Gesellschaften, zumindest in alternden Wahl-Demokratien, das Phänomen einer sogenannten „silbernen Demokratie", in der eine immer größere Zahl – letztlich eine Mehrheit – älterer Wähler steigende Gesundheits- und Rentenausgaben einfordert. Wenn Regierungen aus Wiederwahlinteressen auf diese Forderungen eingehen, wird dies in der Regel zu steigenden Staatsschulden und wachsenden Zinszahlungen führen. Eine dadurch notwendig werdende gleichzeitige Einschränkung anderer öffentlicher Investitionen und der öffentlichen Finanzierung von Bildung, Forschung und Entwicklung würde das Wachstumspotential des Landes drücken. Mit einem geringeren Wachstumspotential wäre das Ziel eines raschen Anstiegs des BIP pro Kopf oder des Wachstums des Lebensstandards, und damit einer weiteren Konvergenz (hin zum Lebensstandardniveau eines Landes wie der USA), schwieriger zu erreichen. Indirekt wird dieses Phänomen auch China betreffen, da die Älteren ein zahlenmäßig immer größeres Gewicht erhalten werden, auch angesichts der steigenden Lebenserwartung. Auch hier werden dann mehr Gesundheitsdienstleistungen in Anspruch genommen und Arbeitskräfte aus anderen produktiveren Branchen abgezogen.

Zudem wird die Erweiterung des Wohlfahrtsstaates in Form von mehr Dienstleistungen für ältere Bürger, die nicht nur in einer solchen „silbernen Demokratie", sondern auch in Autokratien wie China zu erwarten ist, die Tertiarisierung in der Wirtschaft – den sektoralen Strukturwandel – vorantreiben. Insbesondere der Teil der Tertiarisierung wird zunehmen, der für eine rückläufige Durchschnittsproduktivität der Wirtschaft verantwortlich ist; zum Beispiel Pflegedienste, d. h. Dienstleistungen mit unterdurchschnittlich hohen Produktivitätszuwächsen (Schlüsselwort in der Wissenschaft: „Baumols Kostenkrankheit"). China hat bislang nicht genug getan, um ein Vorsorgesystem für alle aufzubauen. Erstens hatten bislang immer die Kinder für die Älteren/Eltern gesorgt. Nur wird die Anzahl der Kinder immer geringer, unter anderem als Folge der früheren Ein-Kind-Politik; und viele von ihnen sind weit weg in die bzw. andere Städte gezogen in der Suche nach Arbeit. Zweitens dominierte während der Deng-Ära das Ziel der Wirtschaftswachstumsmaximierung; ökologische und soziale Ziele wurden sträflich vernachlässigt. Und auch unter Xi Jinping werden die knappen Mittel zuletzt eher in die Subventionierung zukunftsträchtiger Branchen gelenkt als in den Aufbau eines auskömmlichen Wohlfahrtsstaates. Und in den zuständigen Provinzen und Kommunen sind häufig die Kassen leer.

Nun ist ein Land nicht völlig diesem Automatismus, dass geringeres Bevölkerungswachstum zu geringerem Wirtschaftswachstum pro Kopf führt, ausgeliefert, sondern kann versuchen **Gegenmaßnahmen** zu finden, die diesem Automatismus zumindest für eine Weile entgegenwirken. So kann ein alterndes Land, das vor einem schrumpfenden Arbeitskräftepool und einer steigenden Altersabhängigkeitsquote, d. h. einem steigenden Verhältnis zwischen der Anzahl Rentnerinnen und Rentner und der für sie aufkommenden Erwerbsfähigen, steht, folgende Maßnahmen ergreifen:

Es kann (i) die heutigen Beschäftigten dazu bringen, länger zu arbeiten; wenn erforderlich, durch eine Erhöhung des gesetzlichen Rentenalters. Und es kann versuchen (ii) mehr Frauen in den Arbeitsmarkt zu bringen. Darüber hinaus kann es (iii) mehr Immigration von Fachkräften ermöglichen, (iv) Arbeitsmarktreformen durchführen, um die Mobilität auf dem Arbeitsmarkt zu erhöhen, (v) eine grundlegende Reform des Pensions- und des Gesundheitssystems angehen, oder (vi) eine technische Veränderung in der Produktion hin zu einer steigenden Nutzung von Kapital herbeiführen. Letzteres kann dadurch geschehen, dass verstärkt in Robotik und künstliche Intelligenz (KI) investiert wird, um die Produktivität zu steigern.

Hierbei ist es entscheidend für den jeweiligen Erfolg, dass die notwendigen institutionellen Anpassungen rechtzeitig vorgenommen werden. So haben die chinesischen Regierungen zu lange an der Ein-Kind-Politik festgehalten und keine wirksamen Gegenmaßnahmen gegen den Alterungsprozess getroffen, worunter das Land noch lange leiden wird. Immerhin kann China versuchen, von Ländern zu lernen, die diese Herausforderung, die der Alterungsprozess mit sich bringt, bereits einigermaßen gemeistert haben, indem sie rechtzeitig Gegenmaßnahmen ergriffen haben.

So kann China von Japan lernen, das sich im letzten Jahrhundert als erstes in Ostasien entwickelt hat und als erstes alterte. Japan wird oft als ein Land gesehen, das zu wenig getan und zu spät reagiert hat, um das Problem der Alterung wirksam anzugehen. Dies wurde von dem damaligen Ministerpräsidenten Abe Anfang des letzten Jahrzehnts anerkannt und führte folglich zum dritten Pfeiler seines Abenomics-Programms struktureller Reformen, der Reformen zur Bewältigung des Problems der Alterung umfasste. Konkret führte es zur Mobilisierung der Frauen, dem sogenannten „Womenomics". Der Anteil der erwerbstätigen Frauen in Japan ist nach Zahlen des Innenministeriums zwischen 2012 und 2023 von 46 auf 53 % gestiegen. Bei den Männern sind hingegen 69 Prozent erwerbstätig. Jedoch arbeiten viele Frauen nur in Teilzeit und haben nur selten Chancen in Führungspositionen aufzusteigen. Des Weiteren ist der Anteil arbeitender Rentnerinnen und Rentner zwischen 2011 und 2021 von 19 auf über 25 % gestiegen. Auch wurde das Renteneintrittsalter schrittweise auf heute 65 Jahre angehoben. Und das Rentenniveau wurde in den letzten 20 Jahren sukzessive nach unten angepasst. Zudem versucht Japan, die soziale Stabilität, unser obiges Ziel 3, auch dadurch zu erhalten, dass Arbeitsplätze für jüngere und ältere Geringqualifizierte geschaffen werden, was nicht nur die Sozialsysteme entlastet, sondern auch den Betroffenen das Gefühl geben soll, ein nützlicher Teil der Gesellschaft zu sein.

Auch Japans Wirtschaftspolitik hat zum Wachstum bei gleichzeitiger Schrumpfung der Bevölkerung beigetragen. Einmal, indem sie nach dem Platzen der Spekulationsblase Ende der 1980er-Jahre den Staatshaushalt mit immer mehr Schulden ausweitete, sodass die Staatsverschuldung inzwischen von knapp 50 % im Jahre 1990 auf heute rund 250 % angestiegen ist, wobei inzwischen mehr als die Hälfte der Staatsschulden im Besitz der Zentralbank sind (Statistisches Bundesamt). Eine Finanzkrise vermied Japan durch die rapide Senkung der Zinsen. Seit 2000 wurde der Leitzins bei null Prozent fixiert, ab 2016 auf − 0,1 % gesenkt, was den Schuldendienst erträglich hielt und gleichzeitig viele schwache Unternehmen so gerade noch am Leben erhielt. Dies ging allerdings, wie auch die vorher beschriebene Schaffung von Arbeitsplätzen für Geringverdienende, zulasten des Produktivitätswachstums in Japan. Das derzeitige erhoffte Ende der lange währenden Deflation und die folgende Zinswende werden vor allem auch die schwachen Unternehmen unter Druck setzen, ihre Produktivität zu steigern, um in der neuen raueren Welt überleben zu können.

Auch die Regierung bzw. die Kommunistische Partei Chinas hat die Herausforderungen für den Aufholprozess durch den Alterungsprozess erkannt. Im 14. Fünfjahresplan (für die Jahre 2021 bis 2025) hatte sie unter anderem eine allmähliche Erhöhung des Rentenalters angekündigt, das bislang noch niedrig bei 60 Jahren für Männer und 55 (50) Jahren für Frauen lag. Ab Januar 2025 beträgt das neue Renteneintrittsalter für Frauen 55 bzw. 58 Jahre, und bei Männern 63 Jahre. Allerdings klingen die Prognosen der Vereinten Nationen (UN) und anderer internationaler Organisationen eher düster. So erwartet die UN einen Rückgang der Bevölkerung insgesamt um 10 % bis 2040. Dabei wird die Alterung der chinesischen Landbevölkerung noch gravierender sein als die der Stadtbevölkerung. Im Gegensatz zu Ländern wie Südkorea, Japan oder Italien, in denen die Bevölkerung auch schon länger altert, altert China laut einer kürzlich veröffentlichten Studie der chinesischen Zentralbank in einem früheren Stadium der wirtschaftlichen Entwicklung. Da die Produktivität der chinesischen Wirtschaft laut dem Internationalen Währungsfonds

(IWF) derzeit nur etwa 30 % der Produktivität der Industrieländer, wie der USA, Japan oder Deutschland, beträgt, besteht die Gefahr, dass China den Produktivitätsabstand zu diesen Ländern nicht rechtzeitig aufholen kann. Nur schnelle Gegenmaßnahmen, wie die oben genannten, sowohl institutioneller als auch technologischer Natur, z. B. Automatisierung, könnten diese Gefahr vermeiden oder mildern. Eine Verhaltensänderung bei jüngeren chinesischen Paaren hin zu mehr Geburten dürfte allerdings angesichts des Erbes der früheren Ein-Kind-Politik – einer durch Propaganda, Strafen und erzwungene Abtreibungen und Sterilisationen über Jahrzehnte anerzogenen und sich verfestigten Haltung – nur schwer erreichbar sein.

Neuere Erkenntnisse über die demografischen Trends Chinas hat die siebte Volkszählung Chinas, die 2020 durchgeführt und im Mai 2021 veröffentlicht wurde, geliefert. Demnach stieg 2020 die Zahl der Personen im Alter von 60 Jahren und darüber auf 264 Mio., was 80 Mio. mehr waren als 2010. Darüber hinaus ging die Zahl der Geburten deutlich zurück, um fast 20 % zwischen 2019 und 2020. 2020 wurden nur 12 Mio. Geburten registriert. Der erwartete Babyboom nach der Abschaffung der Ein-Kind-Politik fand nicht statt. Tatsächlich entscheiden sich heutzutage viele Frauen in China, nicht zu heiraten, insbesondere wegen der steigenden Kosten für Bildung und Wohnraum. Mit 1,1 Kindern pro Frau ist die Fertilitätsrate Chinas heute sogar geringer als die von Japan und deutlich niedriger als die 2,1, die für eine stabile Bevölkerung erforderlich wären. Deswegen besteht die Befürchtung, dass „China alt wird, bevor es reich wird".

Die chinesische Regierung reagiert derzeit auf diese Herausforderung eher seltsam hilflos-zynisch, indem sie Frauen auffordert zu Hause zu bleiben und mehr Kinder zu gebären.

4.2.2 Digitale Transformation

Wenn China es schaffen will, die mittlere Einkommensfalle (MIT) zu überwinden bzw. zu vermeiden, muss es daran arbeiten, die Standortbedingungen Chinas zu verbessern und die Wettbewerbsfähigkeit seiner Unternehmen im globalen Wettbewerb zu steigern. Hierzu gehört auch die Einführung digitaler öffentlicher Dienstleistungen. Die derzeit weltweit befeuerte digitale Transformation kann sich sehr positiv auf die Entwicklung in industrialisierten Ländern, aber auch in Entwicklungsländern und Schwellenländern auswirken. So kann die digitale Transformation zum Beispiel durch neue Möglichkeiten der virtuellen Teilnahme an der globalen Bildung und Gesundheits-/Medizinberatung wie Telemedizin in ländlichen und bildungs- und medizinisch benachteiligten Gebieten zur Humankapitalbildung und zu einer Erhöhung der Lebenserwartung beitragen. Diese Möglichkeiten können auch in den bisher benachteiligten Regionen Chinas – im westlichen und im ländlichen Teil Chinas – ergriffen werden.

Die Entstehung digitaler Veränderungen ist jedoch nicht nur mit Hoffnungen, sondern auch mit Ängsten verbunden. So besteht die Befürchtung, dass die digitale Transformation, insbesondere die künstliche Intelligenz (KI), zu Jobverlusten und steigender Ungleichheit führen wird. Entwicklungsländer könnten insbesondere als Verlierer hervorgehen. Ihr bisheriger komparativer Vorteil basierte auf einem Überfluss an Arbeitskräften und natürlichen Ressourcen. Nun wird die KI – allgemein die digitale Transformation – zu sinkenden Erträgen von Arbeit und natürlichen Ressourcen aufgrund der arbeits- und ressourcensparenden Eigenschaften der neuen digitalen Technologien führen. Außerdem dürfte sie, wie heute schon beobachtbar, zu einer Konzentration der wirtschaftlichen Macht in einigen wenigen Superstar-Unternehmen beitragen, die meist in einigen hoch entwickelten Ländern ansässig sind. Dadurch könnten die Entwicklungsländer und die meisten Schwellenländer zu den Verlierern der digitalen Transformation werden. Damit, so die Befürchtung von Nobelpreisträger Joe Stiglitz und anderen, wären auch alle positiven Entwicklungen der letzten 50 Jahre, eine Reduzierung von Armut und Ungleichheit und damit der Konvergenzprozess des letzten halben Jahrhunderts, rückgängig gemacht. Ein Überwinden der MIT wäre dann noch schwieriger, wenn nicht sogar unmöglich.

Jedoch dürfte dies weniger für China zutreffen. China hat bereits eine tiefgreifende wirtschaftliche und technologische Transformation durchlaufen, und dürfte deshalb diesem Teufelskreis entkommen. China könnte sogar zu den Gewinnern der digitalen Transformation aufgrund seiner Größe und Dynamik gehören, genauso wie viele technologisch und institutionell hoch entwickelte Länder wie Japan und Südkorea. Für diese gilt, dass sie mithilfe der Anwendung neuer Technologien wie der künstlichen Intelligenz eine Grenze oder Singularität überschreiten könnten, nach der das Wirtschaftswachstum sich stark beschleunigt, da ständig zunehmende Verbesserungen durch die Wirtschaft schwappen. Dies ist eine Vermutung des Nobelpreisträgers William Nordhaus (2021). Im Gegensatz dazu dürften die meisten Entwicklungs- und Schwellenländer, darunter viele südostasiatische Länder, auf der Verliererseite stehen, da sich ihre Handelsbedingungen und ihre internationale Wettbewerbsfähigkeit im Zuge der digitalen Transformation tendenziell verschlechtern.

Auf jeden Fall bleibt es eine besondere Herausforderung für China und die anderen alternden Gesellschaften, die Digitalisierung mit dem demographischen Wandel, das heißt dem Alterungsprozess, in Einklang zu bringen. Dies bedeutet, dafür zu sorgen, die wachsende Zahl älterer Menschen mit digitalen Geräten und Verfahren vertraut zu machen, ihnen die Angst vor diesen neuen Techniken zu nehmen, und Beratungsdienste – seniorenfreundliche Dienstleistungen – und Anwendungen wie Online-Arztkonsultationen per Telemedizin für diese Altersgruppe bereitzustellen.

4.2.3 Klimawandel: Umweltprobleme, Dekarbonisierung, ökologische Transformation

Nun komme ich zu der vielleicht bedeutendsten globalen Aufgabe der Gegenwart, nämlich der Verlangsamung bzw. dem Stoppen des Klimawandels. Die hierfür notwendige ökologische Transformation der Gesellschaften gilt gemeinhin als die größte Herausforderung der kommenden Jahrzehnte. Alle Länder stehen gleichermaßen vor dieser großen Herausforderung. Jedes Land erkennt jedoch, dass kein Land allein den Klimawandel erheblich beeinflussen kann. Nur durch konzertierte Aktionen so vieler Länder wie möglich auf der ganzen Welt besteht die Chance, den Klimawandel wirksam anzugehen, selbst wenn einige behaupten, es sei bereits zu spät.

China ist das Land, auf das es bei der Bekämpfung der Klimakrise am meisten ankommt. Aufgrund seiner schieren Größe und seines, relativ zu anderen, immer noch hohen Wirtschaftswachstums und seines hohen Industrieanteils emittiert China derzeit rund 30 % der weltweiten CO_2-Emissionen, gefolgt von den USA mit knapp 14 % (beide Zahlen für 2022; Quelle: Europäische Umweltagentur). Pro-Kopf verbraucht China allerdings wesentlich weniger als die USA – rund die Hälfte. Auch ist China inzwischen zu einem Machtzentrum für grüne Technologie herangewachsen und führend in der Welt in Sachen Batterietechnik, Solarpanelen und E-Autos. Chinesische Unternehmen produzieren knapp 90 % aller Solarzellen, 60 % der Lithium-Ionen-Batterien und über die Hälfte der E-Autos weltweit (Statistisches Bundesamt). Die KPCh spricht von der Klimatechnologie als „neuer Produktivkraft", die für die Eigenständigkeit Chinas – dem „Dualen Kreislauf" – bedeutsam ist. Die chinesische Regierung hat diese Industriebereiche zu zukünftigen Wachstumstreibern in ihrer industriepolitischen Strategie erkoren und mit großen Subventionen gefördert. Auch ist China führend in der Nukleartechnologie und baut viele neue Kernkraftwerke. China verspricht so, bis 2060 klimaneutral zu sein, zehn Jahre später als die führenden Industrieländer.

Das Umweltproblem beschäftigt China schon seit längerer Zeit. Bereits in den Jahren vor Xi Jinpings Amtsantritt wurde in China erkannt, dass Umweltverschmutzung eine der wichtigsten Bedrohungen für die weitere Entwicklung darstellt. So nahm die Umweltverschmutzung während der Deng- und Nach-Deng-Ära, insbesondere in den 1990er- und 2000er-Jahren, stark zu. In dieser Zeit stellte China die wirtschaftliche Entwicklung über die Umweltbelange, so dass die Umweltzerstörung bis Mitte, Ende der 2000er-Jahre weitgehend ungehindert zunehmen konnte. Erst als die negativen Begleiterscheinungen der Umweltzerstörung unübersehbar wurden und zu Unmut in der Bevölkerung führten, erklärte die Regierung die Bekämpfung dieses Problems zu einer wichtigen Aufgabe für die Zukunft. Es wurde allmählich klar, dass es für China keinen Sinn machen würde, weiterhin mehr und mehr Flughäfen, Straßen, Eisenbahnen und Gebäude auf Kosten der Umwelt zu bauen, nur um das Wachstum weiter anzukurbeln.

Im März 2014 erklärte Premierminister Li Keqiang bei der Eröffnung der jährlichen Tagung des Volkskongresses den Smog zu einer „Warnung der Natur gegen ineffiziente und blinde Entwicklungen" und erklärte einen „Krieg gegen die Umweltverschmutzung" („Neue Züricher Zeitung' vom 05.03.2014). Seitdem hat China erhebliche Fortschritte bei der Verbesserung der Luftqualität erzielt. Die Regierung startete ein groß angelegtes Programm für erneuerbare Energien, bei dem Kohle durch Erdgas als Heizungsenergie ersetzt werden sollte. Trotzdem bleibt die Luftverschmutzung in China hoch, so dass weitere Anstrengungen erforderlich sind. China war laut Nachrichtenportal „energiezukunft" 2023 immer noch zu rund 60 % auf Kohle für die Stromerzeugung angewiesen.

Nun ist die Umsetzung der neuen strategiebasierten grünen Wirtschaft des Xi-Regimes nicht einfach. So haben Bezirke und Provinzen in China, die stark von der Kohlebergbau- und Verwertungsindustrie abhängig sind oder eine besonders verschmutzende Produktionsstruktur aufweisen, eine natürliche Neigung, die Umweltziele der Zentralregierung so wenig wie möglich umzusetzen. Es handelt sich dabei häufig um Regionen mit unterdurchschnittlichen Einkommen, in denen die Verantwortlichen die Missbilligung der lokalen Bevölkerung fürchten. Außerdem ist Kohle relativ günstig – China besitzt riesige Vorkommen an Kohle – und sicherer für Chinas Energieversorgung als erneuerbare Energie, deren Ausstoß von Wetterbedingungen – Wind und Sonne – abhängig ist. Dies erklärt das bekannte, ständige Tauziehen in China zwischen den Zielen der Zentralregierung und der regionalen Umsetzung, was sich gelegentlich in Form von „alternativen Fakten" in regionalen Statistiken niederschlägt.

Auf der anderen Seite gibt es auch widersprüchliche Ziele auf der Regierungsebene: Die impliziten 15-Jahresziele, die in den letzten Fünf-Jahres-Plänen enthalten sind, umfassen ein durchschnittliches Wachstum von etwa 5 % pro Jahr bis 2035. Dieses quantitativ ambitionierte Ziel übt einen enormen Druck auf viele Verantwortliche aus. Ein verdoppeltes BIP bis 2035 mit einer gleichzeitigen deutlichen Reduzierung des inländischen Anteils an Kohle würde den erforderlichen Import von Öl und Gas, d. h. von Primärenergien, deren Weg nach China nicht völlig sicher ist, weiter erhöhen. Die wirtschaftliche Entwicklung Chinas wäre anfälliger. Der einzige Ausweg aus diesem strategischen Problem ist ein viel schnellerer Ausbau erneuerbarer Energien. In dieser Situation widersprüchlicher Interessen hat der riesige chinesische Staatsapparat viele Möglichkeiten, Veränderungen zu verlangsamen oder sogar zu verhindern, ohne offenen Widerstand zu leisten. Die oben beschriebenen lokalen Interessen spielen eine Rolle, ebenso wie der Widerstand der Sektoren, die erwarten, dass Umwelt- und Klimapolitikmaßnahmen ihre internationale Wettbewerbsfähigkeit verschlechtern werden.

Das heißt, obwohl Partei- und Staatsführer auf der Seite der Umwelt und des Klimas stehen, kämpft die politische Führung Chinas mit einer widerstrebenden Verwaltung und schwacher Unterstützung der Bevölkerung. Auch die aktuell angespannte politische Situation zwischen den USA und China lassen schwierige Verhandlungen zwischen den beiden wichtigsten Partnern im Kampf um die richtige Klimapolitik erwarten. Dies ist eine Tragödie, da sich nur gemeinsam, durch internationales Vorgehen, das globale Gut eines Klimawandelstopps erreichen lässt.

4.2.4 Sektoraler Strukturwandel und Wohlfahrtssystem

Die Entwicklung hin zu einem Land mittleren Einkommens und darüber hinaus geht in der Regel einher mit zunehmender Ungleichheit der Einkommens- und Vermögensverteilung. Dies erhöht die Gefahr des Auftretens sozialer Konflikte. Um die soziale Stabilität des Landes nicht zu gefährden, sehen sich Regierungen in dieser Situation häufig gezwungen, ein Wohlfahrtssystem aufzubauen oder das bestehende auszubauen. Dies ist ein zentrales Mittel, um das Erreichen ihres Ziels des Machterhalts (Ziel 1) nicht zu gefährden.

Dieses Muster ist in vielen Schwellenländern beobachtbar, so auch – wenn auch bisher abgeschwächt – in China. Nun führt der schnelle Aufbau eines Wohlfahrtssystems tendenziell zu finanziellen Engpässen. Dies liegt unter anderem daran, dass der sektorale Strukturwandel hin zur Tertiarisierung im Allgemeinen mit einem Rückgang des Produktivitätswachstums und des Wirtschaftswachstums verbunden ist, sodass ein Land daher weniger finanziellen Spielraum hat.

Dies hatte ich schon in Kap. 2 im Punkt „Strukturwandel" erläutert. Sektoraler Strukturwandel bedeutet den Wechsel der Dominanz von Sektoren. Zuerst dominiert die Landwirtschaft, dann die Industrie und schließlich der Dienstleistungssektor. Der Übergang von der Landwirtschaft als führendem Sektor zur Industrie als dominierendem Sektor wird als „Industrialisierung" bezeichnet.

Industrialisierung ist jedoch mit zunehmenden negativen Nebeneffekten verbunden. Für China habe ich dies ausführlich in Kap. 3 beschrieben. Diese Nebeneffekte waren der Auslöser für den Politikkurswechsel von Staatschef Xi Jinping. Diese negativen Nebeneffekte bewegen Regierungen dazu, Maßnahmen zu ergreifen, die die Tertiarisierung begünstigen:

- So hat der Prozess der Industrialisierung in vielen Schwellenländern dazu geführt, dass die Ungleichheiten in der Einkommensverteilung zunahmen, zusammen mit hohen makroökonomischen Ungleichgewichten und Volatilitäten.
- Diese Ungleichheiten, Ungleichgewichte und Volatilitäten haben regelmäßig zu Beschwerden und Aufständen in der ärmeren Bevölkerungsgruppe geführt und so die Legitimität oder Akzeptanz des wirtschaftlichen und politischen Systems gefährdet, je nach Konfliktkultur oder Mentalität eines Landes oder einer Gesellschaft. Um weitere Aufstände zu verhindern und ihre Systeme zu stabilisieren, zielen Regierungen schließlich auf eine gerechtere Einkommensverteilung ab, indem sie institutionelle Reformen wie höhere Mindestlöhne, Investitionen in ein Gesundheitssystem und in soziale Sicherheit, Arbeitslosenversicherung usw. einführen (Wagner 2013).
- Diese institutionellen Reformen im Wohlfahrts- und Sozialsystem haben den tertiären Sektor, insbesondere den Dienstleistungssektor für Endverbraucher, gestärkt.

Auch in China haben – wie in Kap. 1 gezeigt – seit Mitte der 2000er-Jahre verschiedene Regierungen solche Maßnahmen ergriffen, um soziale Konflikte aufgrund zunehmender Einkommensunterschiede zu vermeiden und Stabilität (Ziel 3) zu garantieren, obwohl solche Maßnahmen zu finanziellen Engpässen und einem Anstieg der öffentlichen Schulden führen können. Anders gesagt, die Finanzierung eines Wohlfahrtsstaates in Zeiten sinkender Wachstumsraten wird tendenziell dazu führen, dass sich das Schuldenproblem in China weiter verschärft. Deswegen votiert Staatspräsident Xi Jinping auch gegen einen allzu starken Ausbau des

Wohlfahrtssystems in China; siehe hierzu auch oben in Abschnitt „Vermeidung einer Finanzkrise" sowie in Kap. 3.

Die De-Industrialisierung (Tertiarisierung) Chinas wird auch getrieben durch den erheblichen Anstieg der Lohnkosten in China während der letzten Dekade. Dadurch geht die Attraktivität Chinas als Offshoring-Standort sukzessive zurück. Es findet eine allmähliche Verlagerung der Produktion für multinationale Unternehmen in andere kostengünstigere Standorte/Länder statt. Die Offshoring-Investitionen in China und damit auch der Anteil des Industriebereichs werden zurückgehen, wenn dies auch langsam vonstattengeht dank der gegenüber anderen Entwicklungs- und Schwellenländern immer noch relativ besseren Infrastrukturbedingungen in China.

4.2.5 Kultureller Wandel

Da sich kulturelle Rahmenbedingungen nur sehr langsam ändern, können sie als Einschränkungen für institutionelle und politische Veränderungen oder Reformen über Jahrhunderte wirken. Jedoch können auch sie sich im Laufe der Zeit ändern; und sie haben sich weltweit in den letzten Jahrzehnten viel schneller geändert als in der Vergangenheit, und zwar aufgrund des dynamischen Prozesses der Globalisierung und der neuen Informationstechnologien. Dies ist auch in China zu sehen: zum einen in der schnellen Veränderung der Stadtlandschaften in den Metropolen, zum anderen in den geänderten Lebensgewohnheiten der jungen Menschen. Vor allem nach dem Jahrtausendwechsel ist dies immer mehr sichtbar geworden.

Diese Änderungen zeigten sich zunächst in den Städten, allmählich aber auch auf dem Land. Vorangetrieben wurden sie vor allem durch die Verbreitung der neuen Informations- und Kommunikationstechnologien, die sich seit zwei Jahrzehnten weltweit verbreitet haben. Dies spiegelt sich vor allem in den sich ändernden Denk- und Handlungsmustern der jüngeren Generationen wider. Es setzt häufig eine westliche, von westlichen sozialen Medien geprägte „Jugendkultur" ein. Ein solcher langsamer – „schleichender" – Kulturwandel wird oft durch tiefere, längere wirtschaftliche Krisen ausgelöst oder beschleunigt. Dies zeigte sich auch in Chinas Nachbarländern Japan und Südkorea in den letzten Jahrzehnten.

Die Frage ist, wie ein Land/ein System/eine Regierung mit solchen „ruhigen" und nicht so „ruhigen" Transformationen umgeht, wie mit dem Drängen oder dem Ruf nach Demokratisierung, nach mehr Umweltschutz – wie in der derzeitigen „Fridays for Future"-Bewegung –, nach mehr Rechten/Gleichheit für Frauen, Diversitätsforderungen usw. Es gibt Versuche, diese demokratisch zu verankern, durch Assimilation, Integration, partizipative Beteiligung am demokratischen Prozess, wie in westeuropäischen Ländern in den letzten Jahrzehnten zu beobachten ist. Und es gibt daneben autoritäre Reaktionen, die seit einiger Zeit in China zu sehen sind. Dort wird auf Informationsbeschränkungen, auf Repression oder ideologische Umerziehung/Indoktrination gesetzt, um dem Überhandnehmen von westlichem Gedankengut Einhalt zu gebieten.

In China ist heutzutage eine Zweiteilung der Gesellschaft erkennbar. Die ältere Generation, darunter auch viele derer, die noch auf dem Tian'anmen-Platz 1989 demonstrierten, hat sich mit dem System arrangiert, da sie von dem rasanten wirtschaftlichen Aufschwung ab Mitte der 1990er-Jahre profitiert haben und, verglichen mit früher, wohlhabend geworden sind. Das implizite Wohlfahrtsversprechen der Regierungen unter und nach Deng Xiaoping ist für sie eingelöst. Dagegen ist die jüngere Generation heute eher unzufrieden mit ihrer Situation angesichts des zurückgehenden Wachstums, der hohen Arbeitslosigkeit (siehe näher in Punkt „Reduzierung der Arbeitslosigkeit" oben), der sinkenden Gehälter, der staatlichen Zensur mit eingeschränkten Möglichkeiten der Informationsbeschaffung, und einem bleiernen politischen Umfeld. Das alte Versprechen, dass man sich nur genügend anstrengen muss und dann dafür belohnt wird, gilt auf einmal für sie nicht mehr. Viele, die sich noch vor einigen Jahren, von der Regierung gedrängt, dazu entschlossen, zu studieren und höhere Abschlüsse anzustreben, ohne nun dafür entsprechend entlohnt zu werden, sind nicht mehr bereit in diesem Hamsterrad mitzumachen. Sie ziehen sich lieber in die innere Isolation zurück. Der Ausdruck „bai lan" verbreitet sich derzeit in China für die Beschreibung der Einstellung vieler junger Menschen: „bai lan" heißt im übertragenen Sinne, sich nicht zwingen lassen sich zu überarbeiten, sondern es langsam angehen zu lassen, innerlich zu kündigen. Melancholie und Pessimismus sind an die Stelle der früheren optimistischen Erwartungen getreten. Das Vertrauen auf weitere Wohlstandsmehrung, der Glaube, die Zukunft werde besser, ist zurückgegangen. Dies führt zu Sorgen und Ängsten bei den jungen Leuten in China. Die Parole, die noch 2008 während der Olympischen Spiele in Peking verbreitet wurde, dass China aufsteige, während der damals von der Globalen Finanzkrise gebeutelte Westen auf der Strecke bleibe, wird von der heutigen Jugend in China nicht mehr so ohne weiteres geglaubt. Die chinesische Regierung unter Xi Jinping reagiert darauf etwas hilflos mit noch mehr Zensur und Propaganda, mit der noch stärkeren Verbreitung der Idee des Chinesischen Traums von der nationalen Erneuerung und der Parole von der Schwäche und vom Niedergang des Westens.

Eine weitere Option, auf die in China in den letzten Jahren zurückgegriffen wird, ist die Wiederbelebung alter „heimischer" konservativer Werte als kulturelles Gegenmodell zur angeprangerten „Verwestlichung" der Werte und Verhaltensweisen jüngerer Chinesen in Richtung zunehmender individueller Autonomie. So wurde unter der Herrschaft Xi Jinpings der Konfuzianismus neu entdeckt und als grundlegendes moralisches Instrument in der Bildung positiv hervorgehoben, in der Hoffnung, dass dies den Patriotismus stärken und eine moralische Leere füllen wird. Während der Kulturrevolution unter Mao Zedong wurde Konfuzianismus noch versucht, als altmodisches ideologisches Gedankengut zu brandmarken und zu beseitigen oder zumindest zu marginalisieren. Erst zehn Jahre nach Maos Tod wurde dieses Verbot allmählich wieder gelockert, und unter Xi Jinping wurde eine Kehrtwende eingeleitet und die systemstabilisierende Rolle einer heimischen konfuzianischen Weltanschauung wiederentdeckt.

Grundsätzlich hat sich unter Xi Jinping der kulturelle Konservatismus in China verfestigt. Xi und die KPCh wollen wieder, dass Frauen zu Hause bleiben und mehr Kinder gebären. Alte Muster werden so verstärkt. So hat es im siebenköpfigen Ständigen Ausschuss des Politbüros noch nie ein weibliches Mitglied gegeben. Nun gibt es zum ersten Mal seit 25 Jahren auch keine einzige Frau mehr im Politbüro, das 24 Mitglieder hat.

Und der Jugend – vor allem den jugendlichen Arbeitslosen – wird empfohlen zu lernen, „Bitternis zu essen". Ob dies ankommt bei diesen?

Oder ob dies doch noch zu politischen Legitimationsproblemen, einer Verletzung des Ziels 1, in China führt? Viel wird davon abhängen, ob es der chinesischen Regierung gelingt, ihr altes Wohlstandsversprechen weiterhin aufrechtzuerhalten, sprich ein Abrutschen in eine anhaltende mittlere Einkommensfalle (MIT) zu verhindern.

4.2.6 Verhinderung des Abrutschens in eine anhaltende MIT

Vieles deutet darauf hin, dass die chinesische Regierung unter Xi Jinping die Vermeidung des Abgleitens und Verharrens in einer anhaltenden MIT als ihr Hauptziel sieht. Von einer Vermeidung dieser Gefahr hängt nämlich im Wesentlichen ab, ob Ziel 3 – soziale Stabilität – und mithin Ziel 1 – Machterhalt der KPCh – nachhaltig erreicht werden können. Das Konzept der MIT habe ich ja schon ausführlicher in Kap. 2 im Abschnitt „Mittlere Einkommensfalle" erklärt. Es besagt, kurz zusammengefasst, dass viele Entwicklungsländer, denen es gelungen ist, lange Zeit nachhaltig zu wachsen und dadurch schnell den Status eines Landes mit mittlerem Einkommen zu erreichen, es letztlich dann doch nicht geschafft haben, diesen Einkommensbereich zu überwinden, um weiter zu den entwickelten, sprich reichen Ländern aufzuschließen. China hat große Angst, dass dem Land das auch passieren könnte. So hat Xi Jinping schon in einer Rede auf der zentralen Konferenz für Wirtschaftsarbeit am 18. Dezember 2015 hervorgehoben, dass er schon häufig vor der „Falle des mittleren Einkommens" gewarnt hätte (Jinping 2018, S. 291). Er betonte weiter, dass diese Falle „durch die Erhöhung der Qualität und Effizienz der Wirtschaftsentwicklung überwunden werden kann", sprich mit einer neuen innovationsbasierten Wachstumsstrategie, dem, was ich in Kap. 3 mit Xi-Strategie bezeichnet habe.

Entscheidend für das Überwinden der MIT sind Innovationen. Dies wurde von Xi Jinping richtig erkannt und führte zu seiner Wirtschaftskursänderung hin zu einem innovationsbasierten Wachstumskurs; siehe Kap. 3. Es wurde erkannt, dass für die Überwindung der MIT eigenständige technologische Entwicklungen, grundlegende Erfindungen, die chinesische Unternehmen zu Weltmarktführern in wichtigen Zukunftsfeldern machen, notwendig sind. Um dies zu erreichen, fokussierte China seine Politik zunehmend auf staatlich gelenkte Innovationspolitik. Es gilt Erfindungen plus deren Umsetzung in praktische Produkte und Verfahren zu generieren. Die Förderung von Technologien, mithilfe von Subventionen, ist hierfür zentral. China versucht dies über staatlich gesteuerte Industriepolitik. China hat den Vorteil gegenüber westlichen Demokratien, dass es langfristig denkt und seine Ziele und Strategien Schritt für Schritt koordiniert umsetzt. Allerdings ist – wie schon erwähnt – ein Nachteil, dass die Technologiefindung in China von oben gelenkt wird. Es gibt dabei keinen wirklichen Wettbewerb, und wenn dann erst in einem späteren Stadium. Die USA dienen vielen im Westen als ein besseres Vorbild, weil dort große Freiheit herrscht und Scheitern nicht als Versagen gilt, sondern als Lernprozess.

Eine entscheidende Frage in diesem Zusammenhang ist, ob anhaltende Überwindung einer MIT auch möglich ist ohne Demokratie. Eine weitere wichtige Frage ist, ob nachhaltige Überwindung von MIT auch ohne wirtschaftliche Freiheit – d. h. ohne wirtschaftlichen Wettbewerb, ohne Kreativität – möglich ist.

Russland und sein Vorgänger, die UdSSR, schienen für eine Weile auf gutem Weg, ohne Demokratie und wirtschaftliche Freiheit die MIT überwinden zu können, sind aber nach einer Weile wirtschaftlich und technologisch wieder zurückgefallen. Heute wollen sowohl China als auch Russland, dass ihre Länder wieder zu alter Größe/Stärke zurückfinden, und das ohne Demokratisierung. Beide, China und Russland, sind autoritäre bis diktatorische Staaten. Zensur herrscht vor; und die Zensurgesetze sind so vage formuliert, dass die Sicherheitsbehörden praktisch gegen jeden vorgehen können. In beiden Ländern grassiert das Denunziantentum wieder, wenn auch nicht so stark und offensichtlich wie damals unter Mao Zedong in der Kulturrevolution.

Putin wie auch Xi sehen sich als Anführer eines Befreiungskampfs der Völker der Welt gegen die USA und den freiheitlichen Westen, der ihrer Ansicht nach über Jahrzehnte mit belehrender Attitüde dem Rest der Welt seine Regeln zu diktieren versuchte. Eines Westens, der auch nicht selten gegen seine eigenen Regeln verstieß, wenn geopolitische oder ökonomische Interessen das erforderlich zu machen schienen.

4 Chinas wirtschaftspolitische Herausforderungen der nächsten... 163

In Kap. 2 hatte ich angedeutet, dass es eine Tendenz gibt, dass die Wachstumsrate mit zunehmendem Entwicklungsniveau zurückgeht; siehe dort in Abschnitt „Abnehmende Grenzerträge der Kapitalakkumulation". Dies gilt, ist jedoch zumindest immer wieder für eine Weile aufhaltbar, wenn die Rahmenbedingungen des Wirtschaftens verbessert werden. Die relevanten Rahmenbedingungen hierfür nennt man auch „deep determinants". Hierunter versteht man die kulturellen, institutionellen und geographischen sowie die Handels-Bedingungen.

Umgekehrt wird jedoch nicht jedes Land, dass geringer entwickelt ist, automatisch eine höhere Wachstumsrate als die reicheren Länder aufweisen. Ein Beispiel hierfür ist Afrika, vor allem während der 1980er-Jahre. Die Wachstumsrate war damals dort zeitweise geringer als die in den USA.

Auf China angewandt bedeutet dies, dass in den schon höherentwickelten Ostprovinzen eine natürliche Tendenz hin zu einer Wachstumsverlangsamung eintreten sollte, während in den weniger hochentwickelten Westprovinzen noch Wachstumspotential schlummert. Wenn dieses Wachstumspotential ausgeschöpft würde, könnte die Wachstumsverlangsamung auf das ganze Land bezogen aufgehalten oder zumindest reduziert werden. Dieses Wachstumspotential zu heben erfordert jedoch den Aufbau von geeigneten Rahmenbedingungen, sprich einer besseren Infrastruktur, einer besseren Bildung – eines höheren Humankapitalniveaus – sowie einer höheren Qualität der Institutionen in den Westprovinzen. Auf allen drei Feldern hinken die Westprovinzen noch deutlich hinter den höherentwickelten und reicheren Ostprovinzen her. Der Rückstand des Westens Chinas ist dabei zum Teil auch kulturell bedingt – durch stärkere Clan-Strukturen und einen hohen Minoritätsanteil in den westlichen Provinzen –, geographisch bedingt – durch schlechteren Zugang zu Häfen –, und durch Entstehen kostengünstigerer Konkurrenz im Handel begründet – wie dem Erstarken südostasiatischer Entwicklungsländer auf industriellem Gebiet. Xi Jinpings Versuch, die Westprovinzen mit einzubeziehen in die neue Wachstumsstrategie und die neue Industriepolitik (siehe in Kap. 3), zielt darauf, den Rückstand zu den Ostprovinzen zu verringern.

Ein weiterer bremsender Faktor für die Verhinderung des Eintretens einer MIT ist das autoritäre Umfeld in China, das kreative Unternehmensentscheidungen behindert. Wie der frühere Chefvolkswirt des

IWF, Ken Rogoff, betonte, hängen unsere Ökonomien „von einem politischen Umfeld ab, in dem Geschäftsleute kreativ ihre Kreativität entfalten können". Das sei „jedoch immer weniger der Fall". In Autokratien mit zentral gesteuerter Industriepolitik wie China sei dies eben schwieriger als in Demokratien (Handelsblatt, 15.01.2024). Rogoff erwartet für China ein Wachstum von nur noch zwei bis drei Prozent in den kommenden zehn Jahren (ibid.). Der IWF geht, wie gesagt, von einem stetigen Rückgang des realen BIP-Wachstums von 4,8 % 2024 auf 3,3 % 2029 aus. Dies würde nicht ausreichen, um nachhaltig und zügig aus der MIT zu kommen und schnell aufzuholen.

Eine länger anhaltende MIT könnte eine politische Legitimationskrise und mithin eine Gefahr für das Erreichen von Ziel 1 – Machterhalt der KPCh – auslösen, da sie die lang gehegten Erwartungen stetiger Wohlfahrtsverbesserungen und stetigen Fortschritts in der Bevölkerung enttäuschen würde. Deswegen ist Xi Jinping erpicht darauf, eine solche Falle zu vermeiden. Als geeignetes Mittel sieht er seine neue, in Kap. 3 beschriebene, Wachstumsstrategie sowie das Anfachen eines nationalistischen Patriotismus verbunden mit geopolitischen Ansprüchen – einem Weltmachtstreben – an.

5

Wohin steuert China? Alternative Szenarien und Implikationen

China – Quo Vadis?[1] Die Frage, wie es mit China weitergeht, mit welchem politischen und wirtschaftlichen System und mit welchen Strategien China versuchen wird, die in Kap. 4 erläuterten Herausforderungen zu bewältigen, dürfte derzeit weltweit viele Politiker und multinationale Unternehmen beschäftigen. Ich werde in diesem Kapitel drei Szenarien als mögliche Entwicklungspfade aufzeigen. Die ersten beiden beziehen sich auf die Zukunft, auf die nächsten Jahrzehnte nach Xi Jinping. Szenario 3 ist die derzeit wahrscheinlichste Entwicklung für die nächsten paar Jahre unter Xi Xinping. Ich stelle erstmal in Abschn. 5.1 die drei Szenarien vor und gehe dann in Abschn. 5.2 auf die Auswirkungen der jeweiligen Szenarien-Entwicklung auf Chinas zukünftige Beziehungen zu anderen Ländern ein, bevor ich mich in Abschn. 5.3 mit der zu erwartenden Positionierung Europas/Deutschlands und der multinationalen Unternehmen beschäftige. Schließlich werde ich in Abschn. 5.4 die speziellen Herausforderungen und Risiken für Deutschland und deren Unternehmen bei einem Derisking oder gar Decoupling thematisieren.

---

[1] Quellenangaben, Begriffserläuterungen und sonstige Ergänzungen zu Kap. 5 sind in Kap. 7 zu finden.

Zuerst jedoch noch kurz einige allgemeine Überlegungen. Die eingangs formulierten Ziele 1 bis 3 – Machterhalt der Regierung/spartei, wirtschaftliche Entwicklung, soziale Stabilität – sind sozusagen originäre, grundlegende Pfeiler eines modernen Gesellschafts- und Politiksystems. Anders gesagt, der Versuch des Erreichens dieser drei Ziele, wenn auch mit unterschiedlicher Intensität, ist unabdingbar für jede moderne Gesellschaftspolitik.

Angenommen, in einem autoritären Land mittleren Einkommens wie China ist Ziel 2 – wirtschaftliche Entwicklung im Sinne hohen Wirtschaftswachstums – in Gefahr und es droht ein Abrutschen in die „Falle des mittleren Einkommens" (MIT: Middle-Income-Trap). Dann werden verfestigte Erwartungen auf weiterhin steigenden Wohlstand enttäuscht werden, was unter Umständen eine politische Legitimationskrise auslöst. Dies würde das Erreichen von Ziel 1 – Machterhalt der Regierungspartei – gefährden. Um dies zu vermeiden, gibt es für die Regierung mindestens drei Möglichkeiten, die im Folgenden als Szenarien 1 bis 3 beschrieben werden.

- **Szenario 1:** Herstellung der Akzeptanz in der Bevölkerung für ein geringeres Wachstum und ein eventuelles Verharren in der MIT.
- **Szenario 2:** Demokratisierung – in der Hoffnung, damit einen neuen Wachstumsschub zu generieren, auch wenn dies ein Stück weit auf Kosten der Stabilität geht.
- **Szenario 3:** Ein Weiter-So, verknüpft mit einer Erweiterung von Ziel 3, indem nicht nur soziale Stabilität, sondern auch nationale Sicherheit, angestrebt wird, so wie derzeit im Falle Chinas unter Xi Jinping. Man kann dies alternativ auch als ein zusätzliches Hilfsziel verstehen mit dem Schwerpunkt Nationale Sicherheit, Nationalismus, Patriotismus, geopolitischer Machtanspruch – verknüpft im Falle Chinas mit dem Slogan „Make China Great Again" (Rejuvenation) – und neuen oder autoritäreren Politikmitteln wie Unterdrückung oder Propaganda/Indoktrination unter Zuhilfenahme von Künstlicher Intelligenz (KI).

5 Wohin steuert China? Alternative Szenarien und Implikationen

5.1 Alternative Szenarien

Es stellt sich die Frage, wie Xi Jinping das Trilemma-Problem einer gleichzeitigen Erreichung der Ziele 1 bis 3 – Machterhalt, Entwicklung und Stabilität – lösen will. Zur „Trilemma-Problematik" siehe näher die Erläuterungen im Schlussteil von Kap. 7.

Es gibt für Xi verschiedene Möglichkeiten, mit dieser Trilemma-Bedrohung umzugehen, d. h. das Risiko der Nicht-Nachhaltigkeit seiner derzeitigen Politikstrategie zu verringern. Die auf den ersten Blick einfachste Möglichkeit wäre, die drohende Trilemma-Situation auf eine Dilemma-Situation zu reduzieren. Dies würde den Verzicht auf eines der drei Ziele bedeuten. Konkret könnte die Regierung auf das Konvergenzziel mit stetiger Wohlstandszunahme –Wirtschaftswachstum– verzichten und sich mit dem MI(Middle Income)-Status zufriedengeben. Dies entspräche den aktuellen Forderungen von radikalen Kämpfern gegen den globalen Klimawandel, wie der „Fridays for Future"-Bewegung, oder der De-Growth/Wachstumsverzichts-Bewegung, da es – kurz- bis mittelfristig – die Umweltzerstörung sowohl in China als auch weltweit deutlich reduzieren würde, vor allem, wenn auch andere Länder diesen Weg einschlügen. Das ist das obige Szenario 1.

Eine andere Möglichkeit wäre, eines der Ziele durch ein anderes, neues Ziel zu ersetzen. Man könnte hier daran denken, das Ziel 1 – Erhaltung der kommunistischen Herrschaft in Form eines Einparteiensystems – durch eine Demokratisierung des politischen Systems zu ersetzen. Dies könnte in Form einer liberalen Demokratie wie im Westen geschehen, oder in Form einer Scheindemokratie so ähnlich wie in Russland ablaufen. Dies entspricht dem obigen Szenario 2.

Eine weitere Möglichkeit besteht darin, die obigen Ziele 1 bis 3 beizubehalten, aber zusätzliche, teilweise neue Instrumente oder Hilfsziele einzusetzen. Dies werde ich als den derzeitigen „chinesischen Weg" Xi Jinpings bezeichnen, wobei dies dem obigen Szenario 3 entspricht.

Im Folgenden werde ich alle drei Möglichkeiten bzw. Szenarien etwas ausführlicher erläutern.

5.1.1 Szenario 1: Sich zufriedengeben mit dem MI-Status

Ein solches Szenario (Reduzierung des Wachstumsziels/Verzicht auf das Konvergenzziel) wäre denkbar, da das Aufholen zum Lebensstandardniveau der USA, gemessen am Pro-Kopf-Einkommen, sowieso alles andere als leicht erreichbar ist. Es ist wahrscheinlich in diesem Jahrhundert überhaupt nicht erreichbar für das Riesenreich China, besonders bei Berücksichtigung der demographischen Entwicklung Chinas; siehe hierzu Kap. 4, Abschn. „Demographischer Wandel".

Vorstellbar ist Szenario 1 – das Sich-Zufriedengeben mit dem Status eines Landes mittleren Einkommens – allerdings nur, wenn China auch dann, qua Größe, mit derzeit 1,4 Mrd. Einwohnern, aber stark abnehmender Tendenz, eine große Wirtschaftsmacht bleiben kann, die in vielen Feldern technologisch mit den USA gleichzieht oder gar führend ist. Auch müsste China noch die Chance haben, eine geopolitische Vormachtstellung als Führer/Sprecher des Globalen Südens in der Welt zu erringen, neben den USA, denn eine Ablösung der USA dürfte auf geraume Zeit in diesem Szenario unwahrscheinlich sein. Hierfür ist es nicht notwendig, dass China im Pro-Kopf-Einkommen mit dem Westen/den USA gleichzieht. Diese Aussicht könnte vielleicht Xi oder seinen Nachfolger, und bei geeigneter Kommunikation auch das chinesische Volk, zufriedenstellen.

Hinzu kommt, dass China noch immer unter den Ungleichgewichten leidet, die es in der Deng Xiaoping-Ära durch die ungezügelte Wachstums-/Konvergenzpolitik aufgebaut hat. Zu diesen Ungleichgewichten zählen ökologische Ungleichgewichte wie Umweltzerstörung bzw. -verschmutzung, wirtschaftliche Ungleichgewichte wie hohe Verschuldung, faule Kredite, und Überkapazitäten, aber auch soziale Ungleichgewichte wie starke personelle und regionale Ungleichverteilung bei Einkommen und Vermögen, sowie Korruption, auch wenn diese teilweise unter der Xi-Herrschaft etwas geringer geworden sein mag. China muss diese Ungleichgewichte verringern oder beseitigen, um so das System wieder stabil und nachhaltig zu machen. Hierfür bietet sich als eine Möglichkeit eine vorübergehende Pause im Wirtschaftswachstumsprozess an, was die Aufgabe bzw. Reduzierung des Konvergenz- oder Wachstumsziels 2 bedeuten

5 Wohin steuert China? Alternative Szenarien und Implikationen

würde. Mit anderen Worten: China könnte und müsste sich mit dem Wohlstand begnügen, den es in den letzten vier Jahrzehnten erreicht hat, und versuchen, das Erreichte zu konsolidieren. Es könnte versuchen, dies mit dem herrschenden politischen System unter Beibehaltung der Dominanz der kommunistischen Partei zu erreichen.

Die Frage ist jedoch, ob Szenario 1 mit den Präferenzen der Bevölkerung harmonieren würde; bzw. wie die Bevölkerung auf einen Wachstums-/Konvergenz-Verzicht eingeschworen werden könnte. Bislang gilt immer noch eine Art impliziter Gesellschaftsvertrag zwischen der Kommunistischen Partei Chinas und der Bevölkerung Chinas, der beinhaltet, dass der Konvergenzprozess, der die Steigerung des Wohlstands voraussetzt, weitergehen muss, damit der Herrschaftsanspruch der Kommunistischen Partei Chinas (KPCh) unangetastet bleibt.

Das grundlegende Problem ist jedoch, dass die Nebenwirkungen eines einseitigen Wachstumsverzichts gravierend sind. So haben Staaten, die Wachstumsverzicht üben, weniger Mittel für Gesundheit und Bildung, Verteidigung, für Fortschrittsinvestitionen in Innovationen und für die Versorgung der Älteren. Die Steuereinnahmen würden ja dann sinken und damit der Spielraum für staatliche Ausgaben. Die Armutsquote im Land würde wieder steigen und die Lebenserwartung unter Umständen wieder sinken. Verteilungskonflikte würden zunehmen, damit würde die soziale Stabilität (Ziel 3) gefährdet. Der CO_2-Ausstoß Chinas würde zunächst zwar etwas zurückgehen, was auch den globalen Ausstoß verringern würde, allerdings nur begrenzt, wenn die anderen Länder ihrerseits weiterhin Wachstum generieren. Längerfristig allerdings dürfte der CO_2-Ausstoß Chinas pro Kopf bei geringerem Wachstum und damit geringeren Steuereinnahmen, angesichts dann geringerer Mittel für Investitionen in neue Techniken, weiterhin hoch bleiben oder sogar wieder ansteigen. Entscheidend für die Legitimationsfrage wäre aber, dass die Wohlstands-/Entwicklungslücke zwischen den Ländern, die einseitig Wachstumsverzicht betreiben, und denen die weiterhin auf Wachstum setzen, immer größer würde. Ein Legitimationsproblem würde unter diesen Umständen höchstwahrscheinlich nur vermieden werden können, wenn die chinesische Bevölkerung indoktriniert und von jeglichen Informationen von außen, die die steigende Entwicklungslücke offenbaren könnten, völlig abgeschnitten würde, so wie dies anscheinend seit Jahren in Nordkorea der Fall ist. Ein mögliches hilfreiches Begleitnarrativ hierbei könnte lauten, dass China angegriffen würde vom „Westen", der Chinas Wohlstand zerstören wolle.

Doch selbst wenn die Bevölkerung überzeugt werden könnte, dass es sinnvoll sei, den Weg des Alternativszenarios 1 einzuschlagen –vielleicht angestoßen von einem Xi-Nachfolger–, würde dies nicht bedeuten, dass China damit in absehbarer Zeit die Thukydides-Falle umgehen könnte, d. h. die Gefahr des Abdriftens in einen Krieg mit der Hegemonialmacht USA. Siehe hierzu Abschn. 2.2. Es wäre utopisch zu glauben, so zu einem partnerschaftlichen Verhältnis mit dem Westen zurückzukommen und an die gemeinsamen wirtschaftlichen Erfolge der 1990er- und 2000er-Jahre anknüpfen zu können. Denn China ist, absolut gesehen, wirtschaftlich und technologisch schon zu mächtig geworden und zu einem Konkurrenten und Herausforderer der USA herangewachsen. Kaufkraftbereinigt ist das Bruttoinlandsprodukt Chinas schon größer als das der USA; und in manchen Sektoren – wie im KI-Sektor bei maschinellem Lernen, oder im Bereich erneuerbare Energien und E-Mobilität – ist China auch technologisch entweder gleichauf oder schon führend. Man kann davon ausgehen, dass die Sanktionen der USA gegenüber China zunächst bestehen bleiben würden, unter anderem auch aus Angst vor Spionage durch den Einbau von hochentwickelten Halbleitern in chinesischen Produkten wie E-Autos, Solaranlagen, Smartphones etc. Auch wären die USA voraussichtlich weiterhin bemüht, zur Sicherung ihres Hegemonialstatus die Entwicklungsdynamik Chinas zu bremsen.

Eine Möglichkeit für China, die Thukydides-Falle zu umgehen, wäre, seine geopolitischen Machtansprüche aufzugeben. Die Frage ist jedoch, ob dies für den Westen glaubhaft wäre. Ich würde vermuten, eher nicht. Selbst wenn China ankündigen würde, sich nur auf die angestrebte Führerschaft/Fürsprecherrolle für den Globalen Süden beschränken zu wollen, wäre auch in diesem Fall China doch wieder der Konkurrent und Herausforderer der USA und mitten in der Thukydides-Fallengefahr.

Vor allem aber ist es schwer vorstellbar, dass ein Anstieg der Arbeitslosigkeit, der mit einem Verzicht auf Wirtschaftswachstum/Konvergenz voraussichtlich einhergehen würde, mit den Präferenzen der Bevölkerung in Einklang gebracht werden könnte. Wenn, dann ist nur eine leichte Verringerung der Geschwindigkeit des Wachstums-/Konvergenzprozesses als neues Ziel – „new normal" – denkbar. Folglich dürfte der Weg von Szenario 1, ob richtig oder falsch, mit Präsident Xi Jinping nicht zu realisieren sein, da dieser ja anstrebt, China wieder groß zu machen, d. h. China wirtschaftlich und technisch wieder zumindest auf Augenhöhe mit den am weitesten entwickelten Ländern zu bringen. Dies erfordert letztlich aber doch weiterhin die Verfolgung des Wachstums- oder Konvergenzziels, da der Chinesische Traum des Wiedererlangens alter Größe mit einer wachsenden Wohlstandslücke zu den USA – der Implikation von Szenario 1 – kaum vereinbar oder erreichbar sein dürfte.

5.1.2 Szenario 2: Demokratisierung – liberale Demokratie

Viele ehemals kommunistische Länder haben sich nach 1990 für eine Demokratisierung ihres politischen Systems entschieden. Insofern ist nicht ganz ausgeschlossen, dass auch in China ein Umdenken in diese Richtung stattfindet, nicht zuletzt in der Hoffnung, dadurch das Wirtschaftswachstum und den Aufholprozess zu beschleunigen. Allerdings ist kaum vorstellbar, dass dies von der derzeitigen, von der KPCh gelenkten Regierung ausgehen könnte, da die KPCh dadurch ihre alleinige Macht verlieren würde. Ein Grenzfall wäre, wenn sich die Partei berechtigte Hoffnungen machen könnte, dass sie in schein-demokratischen Wahlen auf Dauer eine qualifizierte Mehrheit im Parlament erringen könnte. Die Voraussetzung für einen solchen von der Regierung gesteuerten Wandel wäre allerdings, dass auch die Bevölkerung davon überzeugt wäre, dass die Ziele der Wohlstandssteigerung –Konvergenz – und der Systemstabilität – soziale Zufriedenheit – mit dem gegenwärtigen politischen System nicht mehr ausreichend erreicht werden können und ein demokratisches System bessere Ergebnisse generieren könnte. Dies wäre zum Beispiel der Fall, wenn die Bevölkerung den Eindruck gewänne, dass China im Systemwettbewerb mit anderen nichtkommunistischen, demokratischen Staaten dauerhaft ins Hintertreffen gerät, d. h. dass die Ziele 2 und 3 nicht mehr mit Ziel 1, der Einparteienherrschaft der KPCh, kompatibel sind (ein typisches „Trilemma-Problem"). Dies war zum Beispiel in vielen osteuropäischen Staaten und der Sowjetunion Ende der 1980er-

Jahre der Fall und führte dort zur Aufgabe des kommunistischen Systems und zum Übergang zu einer Wahldemokratie, auch wenn diese nicht immer den Demokratieansprüchen westlicher liberal-demokratischer Länder standgehalten hat.

Ob sich eine solche Hoffnung auf positive Wachstumseffekte durch einen Demokratisierungsprozess bewahrheiten könnte, ist jedoch ungewiss. Zumindest zeigt die empirische Literatur hierzu keine eindeutigen Ergebnisse. Lassen Sie uns einen kurzen Blick auf diese Forschungsergebnisse werfen.

Betrachtet man die Ergebnisse einer bekannten neueren Studie des US-Ökonomen und frischgebackenen Nobelpreisträgers Daron Acemoglu und seiner Mitautoren aus dem Jahre 2019 mit dem Titel „Democracy Does Cause Growth", die 175 Länder von 1960 bis 2010 umfasst, so scheint es, dass Demokratisierung die Verfolgung von Ziel 2, das Erreichen hohen Wirtschaftswachstums/Konvergenz, positiv beeinflusst hat. Ein Land, das von einem nicht-demokratischen zu einem demokratischen System überging, konnte nach den Ergebnissen dieser Studie in den folgenden 25 Jahren ein um etwa 20 % höheres Pro-Kopf-Bruttoinlandsprodukt (BIP) erzielen als ein Land, das in einer Nicht-Demokratie verblieb. Die Wirkung auf das Wachstum erfolgte jedoch nicht auf direktem Wege, sondern über bestimmte indirekte Kanäle. Diese Kanäle, über die die Demokratie zum Wachstum beiträgt, umfassten in der Studie einen Anstieg der Investitionen, eine Verbesserung der Schulbildung und der Gesundheitsversorgung, die Förderung wirtschaftlicher Reformen und eine Verringerung der sozialen Unruhen. Zudem unterscheiden sich die Demokratien hinsichtlich institutioneller, historischer und kultureller Aspekte, die sich wiederum auf ihr BIP auswirken. Der Wirkungszusammenhang ist also alles andere als einfach. Soweit zu dieser Studie. Andere Studien haben ebenfalls festgestellt, dass Demokratie keine direkten Auswirkungen auf das Wirtschaftswachstum hat. Es gibt jedoch auch dort starke und signifikante indirekte Auswirkungen der Demokratisierung, die zum Wachstum beitragen.

Noch dazu gibt es in der Wachstumsliteratur keinen Konsens über die Art der Beziehung zwischen Demokratie und Wirtschaftswachstum. So ist die Kausalität zwischen Demokratie und wirtschaftlicher Entwicklung nicht ganz schlüssig, wie vor allem in der politikwissenschaftlichen Lite-

5 Wohin steuert China? Alternative Szenarien und Implikationen

ratur oft betont wird. Möglicherweise ist gerade das Wirtschaftswachstum, und damit das Erreichen einer bestimmten Entwicklungsstufe – verbunden mit Industrialisierung, Urbanisierung, Alphabetisierung und weit verbreiteter Bildung sowie einer starken Mittelschicht – *Voraussetzung* für eine Demokratisierung. Diese hält dann wiederum das Wirtschaftswachstum am Laufen. Andererseits kann Demokratie, wenn sie zu früh eingeführt wird, das Wirtschaftswachstum in Ländern mit niedrigem Entwicklungsstand oder geringer institutioneller Qualität einschränken, wie einige Studien gezeigt haben; siehe die Literaturangaben in Wagner (2021).

Einige länderübergreifende Regressionsanalysen sind sogar zu negativen, jedoch manchmal widersprüchlichen, Ergebnissen in Bezug auf die Beziehung zwischen Demokratie und Wirtschaftswachstum gekommen. Andere neuere Arbeiten wiederum, die Paneldatentechniken verwenden, haben teilweise positive, aber oft unbedeutende Auswirkungen auf das Wachstum geschätzt. Daher hat die bisherige Forschung oft betont, dass Demokratie als politisches Regime ein „zu stumpfes Konzept" sei, um robuste empirische Ergebnisse zu erhalten, und dass positive Effekte typischerweise auf einen „kurzfristigen Schub" beschränkt wären; siehe wiederum die Literaturangaben in Wagner (2021). Zudem hat sich gezeigt, dass auch das positive Ergebnis der Studie von Acemoglu und seinen Mitautoren empfindlich auf die Stichprobenauswahl reagiert. Darüber hinaus zeigt die Literatur, dass selbst wenn Demokratisierung langfristig zu höherem Wirtschaftswachstum führen würde, dies auf Kosten höherer Wachstumsschwankungen – Instabilitäten – gehen müsste, was eine Verschlechterung der Erreichbarkeit von Ziel 3 – Stabilität – bedeuten würde.

Eine Gesamtschau der empirischen Literatur zu den Wachstumsauswirkungen von Demokratisierung ergibt, dass es zumindest keinen negativen Zusammenhang zwischen einer funktionierenden Demokratie und Wirtschaftswachstum zu geben scheint. Der Großteil der Literatur zeigt einen positiven indirekten Zusammenhang auf. Diese indirekten Einflussfaktoren sind aber oft latenter Natur und meist schwer messbar. Es geht um Assoziationen wie Transparenz, soziale Sicherheit, Gerechtigkeit, Freiheit mit friedlicher Konfliktlösung, und das Vertrauen der Bürger in den Staat. Angeblich ‚typisch' demokratische Eigenschaften wie politische Stabilität können jedoch auch in Autokratien vorhanden sein. Dagegen spricht vieles dafür, dass ein demokratisches Umfeld die Kreativität von Unternehmern erhöht. Voraussetzung ist jedoch freies Denken in freien Unternehmen, was wichtig ist für Innovationen. Entscheidender als das Vorhandensein von Demokratie an sich sind also ihre Auswirkungen. Man kann plakativ sagen, wenn die mit Demokratie verbundene politische Freiheit die wirtschaftliche Freiheit fördert, wirkt sie wachstumsfördernd. Dagegen wirken Machtmonopolisierung und Korruption auch in Demokratien wachstumshemmend. Anders gesagt, eine Demokratie ist in dem Maße wachstumsfördernd, in dem sie wachstumsfördernde Faktoren positiv beeinflusst. Von besonderer Bedeutung ist hier das Humankapital eines Landes, bestmögliche Ressourcennutzung, geringstmögliche Kapitalverschwendung, sowie die Ermöglichung freier Märkte (wirtschaftliche Freiheit). Außerdem ist ausschlaggebend, inwiefern die Demokratie zur Schaffung hochqualitativer Institutionen beiträgt.

Jedoch müssen immer auch länderindividuelle Faktoren bzw. regionale Unterschiede berücksichtigt werden. Die Heterogenität der Länder und regionalen Cluster ist oft zu groß für allumfassende Aussagen. So haben viele lateinamerikanische Länder im Hinblick auf die vorhandenen Ressourcen, Kulturgüter, Konfliktmentalität und sonstigen Entwicklungsmöglichkeiten andere Voraussetzungen als asiatische Länder. Deshalb ist die globale Aussage, dass Demokratisierung ein höheres Wirtschaftswachstum verursacht, kritisch zu betrachten. Das hängt von den kulturellen, institutionellen und sonstigen Rahmenbedingungen eines Landes oder einer Region ab.

Diese Uneindeutigkeit der bisherigen Forschungsergebnisse kann einer chinesischen Regierung, die sich an ihren autoritären Machtanspruch klammert, als ideologische Munition gegen mögliche Demokratisierungsforderungen dienen. Zudem ist nicht auszuschließen, dass auch kommunistisch-autoritäre Systeme durch entsprechende Investitionen in öffentliche Güter wie Bildung und andere institutionelle Qualitätsaspekte positive Wachstumseffekte erzeugen können. Darauf deuten zumindest die Erfolge Chinas in den letzten 40 Jahren hin, auch wenn die Nachhaltigkeit dieser Erfolge nicht langfristig gesichert ist.

Darüber hinaus zeigt sich am Beispiel vieler Länder, dass es mindestens zwei Optionen für die Demokratie gibt: Liberale Demokratie, wie in den G7-Ländern, und sogenannte „illiberale" Demokratie, wie derzeit in Ungarn, der Türkei und anderen Ländern. In einer illiberalen Demokratie ist die Regierung zwar durch freie Wahlen demokratisch legitimiert, verletzt jedoch Grund-, Freiheits- und Menschenrechte und respektiert vor allem Minderheitenrechte nicht. Dies geht häufig einher mit einer Kontrolle der Medien durch den Staat, und mit einer Einschränkung der Meinungs- und Versammlungsfreiheit und der Befugnisse des Verfassungsgerichts. Es ist nicht auszuschließen, dass die illiberale Demokratie für Schwellenländer die nachhaltigste Lösung ist, wenn auch vielleicht verbunden mit geringerem Wachstum, aber dafür mit höherer Stabilität. Daher scheint für China, wenn überhaupt, in der näheren Zukunft nur der Weg zu einer „illiberalen" Demokratie eine vorstellbare Alternative zu sein.

Insgesamt ist vor dem Hintergrund der obigen Literaturübersicht nicht klar, ob Demokratien in Zukunft besser in der Lage sind, Krisen zu bewältigen und die Ziele 2 und 3 – Wohlstandsmehrung und Stabilität – in Entwicklungs- und Schwellenländern eher zu erreichen als autoritäre Systeme oder Regierungen. Die Erfolgsgeschichten in Ostasien deuten darauf hin, dass autoritäre Systeme in den ersten Jahrzehnten der wirtschaftlichen Entwicklung sehr hilfreich waren: man denke an Südkorea, Taiwan, Singapur; dass jedoch irgendwann der Demokratisierungsprozess der wirtschaftlichen Entwicklung nochmals einen besonderen Push gegeben hat – wie in Südkorea und Taiwan. Wohl zeichnet sich – liberale – Demokratie aus durch Rechtssicherheit, unabhängige Medien, Transparenz, und qualitativ bessere Institutionen sowie durch die Gewährung individueller Freiheit inklusive politischer Wahlmöglichkeiten. Insofern ist liberale Demokratie ohne Zweifel das moralisch überlegene und evolutorisch fortgeschrittenste System. Nur heißt dies nicht, dass Demokratie automatisch auch bessere gesamtwirtschaftliche Ergebnisse und ein höheres Wirtschaftswachstum hervorbringt. Andere Eigenschaften, die oft mit Demokratien assoziiert werden, die aber auch in autoritären Systemen vorherrschen können, scheinen hierfür entscheidender zu sein: Vertrauen zwischen Bürgern und Staat, soziale

Sicherheit, Gefühl von Gerechtigkeit und ein ausreichendes Maß an sozialer Inklusion. Mit anderen Worten, ein funktionierender Staat oder das, was manchmal als intakter „Gesellschaftsvertrag" bezeichnet wird, ist von entscheidender Bedeutung: ein Grundvertrauen in den Staat und seine Institutionen, idealerweise auch in diejenigen, die ihn regieren. Es stellt sich die Frage, ob China auf seinem derzeitigen Weg dies langfristig erreichen kann.

China selbst entschied sich bereits Ende der 1970er-Jahre unter Deng Xiaoping für die schrittweise Einführung marktwirtschaftlicher Steuerungselemente, jedoch ohne Demokratisierung. Es war immer die Annahme von Deng Xiaoping und später auch von Xi Jinping, dass Demokratie mit politischer Instabilität verbunden sei, und politische Instabilität Auslöser wirtschaftlicher und sozialer Instabilität sei. Daraus leitet sich ihr Beharren auf Ziel 1 – Machterhalt für die KPCh – und die Bekämpfung von Demokratisierungsbestrebungen, wie 1989 auf dem Tian'anmen-Platz, ab.

Dies wurde beim Übergang zur Präsidentschaft von Xi Jinping im Jahr 2012 erneut bekräftigt und ist seitdem zu einem unverzichtbaren Leitmotiv der chinesischen Regierung geworden. Daher scheint Szenario 2 gegenwärtig und in naher Zukunft ausgeschlossen zu sein. Für die fernere Zukunft, nach Xi, ist jedoch alles offen.

Zum Schluss möchte ich noch kurz auf die Verwendung des Begriffs „Demokratie" durch chinesische Regierungsvertreter, auch Xi Jinping selbst, eingehen, die China neuerdings als die „wahre Demokratie" bezeichnen. Schon 2014 hat Xi Jinping in einer Rede auf der Feier zum 60. Jahrestag der Gründung des Nationalen Volkskongresses betont, dass die KP Chinas „schon immer das Banner der Demokratie hochgehalten" hat. China sei „ein Staat der demokratischen Diktatur des Volkes unter Führung der Arbeiterklasse". Er verweist darauf, dass der chinesische Staat „das System der Volkskongresse, das System der Mehrparteienzusammenarbeit und der politischen Konsultation unter der Führung der KP Chinas, das System der regionalen Autonomie der nationalen Minderheiten und das System der Bürger-Selbstverwaltung an der Basis" praktiziere. Er spricht in dem Zusammenhang von einer „sozialistischen politischen Demokratie", einer „sozialistischen Demokratie chinesischer Prägung" (Xi Jinping: China Regieren II, Verlag für fremdsprachige Literatur 2018, S. 352 f.). Ein anderer Standardbegriff in und für China ist der der „Volksdemokratie".

Auch findet derzeit eine Art Diskurs um die „wahre Demokratie" zwischen China und den USA statt. Während die USA unter Präsident Biden am 10. Dezember 2021 einen „Demokratie-Gipfel" abhielten, wozu Teilnehmer aus 110 Ländern eingeladen waren, hat China fast zeitgleich, am 4. Dezember 2021, ein Weißbuch mit dem Titel „China: Democracy That Works" herausgegeben; siehe dazu auch Kap. 7.

5.1.3 Szenario 3: Status quo mit Nationalismus und neuen KI-unterstützten Überwachungstechniken

Szenario 1 verletzt Ziel 2 – Wirtschaftswachstum/Wohlstandsmehrung –; und Szenario 2 verletzt Ziel 1 – Machterhalt der KPCh. Wie sieht es mit Szenario 3 aus? Szenario 3 umschreibt die derzeitige Vorgehensweise unter Chinas Staatspräsident Xi Jinping. Es impliziert das Festhalten an allen drei oben genannten Zielen, d. h. am Erreichen des scheinbar Unmöglichen: Einparteienherrschaft der KPCh, wirtschaftliche Weiterentwicklung/Wohlstandsmehrung, und Stabilität („Trilemma-Problem"). Um dies zu erreichen, stützt sich die Regierung unter der Präsidentschaft von Xi Jinping auf zusätzliche, zum Teil neue Instrumente zur Systemstabilisierung. Dazu gehören zum einen die Betonung des Nationalismus – Nationalgefühl – und Patriotismus, zum anderen das Projekt „One Belt One Road" mit dem Ziel, China wieder groß zu machen, und nicht zuletzt der flächendeckende Einsatz der digitalen Überwachung. Wenn/solange die Bevölkerung dies akzeptiert, kann die Regierung ihren Kurs beibehalten.

Nationalismus
Auf das Zücken der Nationalismus- und Patriotismus-Karten durch Xi Jinping in den letzten Jahren bin ich schon in Kap. 3 im Abschn. „Nationale Erneuerung" näher eingegangen.

Während Deng Xiaoping noch vor wenigen Jahrzehnten dankbar dafür war, von anderen Nationen lernen zu dürfen, betont Xi Jinping immer wieder, dass China eine große und stolze Nation mit einer großen

Vergangenheit sei, an die es anzuknüpfen gelte – „Make China great again". China müsste seine Abhängigkeit vom Westen beenden und zur Eigenständigkeit und alten Stärke zurückfinden – dies auf der Grundlage eines gesteigerten Patriotismus in der Bevölkerung; siehe näher in Kap. 3.

Mehr als tausend Jahre lang war China ein wirtschaftliches und technisches Schwergewicht, wenn nicht sogar das führende Land. Noch 1820 produzierte China ein Drittel der weltweiten Ausbringungsmenge (BIP); und revolutionäre technische Erfindungen wie Schießpulver, Porzellan, Kompass, Papier und Stahl wurden in China viele Jahrhunderte vor den Europäern gemacht. Unter Xi Jinping will China diese wirtschaftliche und technische Führungsrolle zurückerobern.

China ist mit der Wiederentdeckung des Nationalismus nicht allein. Viele autoritäre und halbautoritäre Staaten auf der ganzen Welt ziehen derzeit diese Karte; und nicht nur diese, sondern zum Beispiel auch die USA. Schließlich kann der Nationalismus helfen, ein Land zu einen, d. h. Stabilität zu schaffen, auch oder gerade in schwierigen Zeiten. Ein Grund dafür ist, dass es dann leichter ist, andere Staaten für Fehlentwicklungen verantwortlich zu machen. Das konnte man sogar in den USA unter der ersten Präsidentschaft von Donald Trump, aber auch in Russland und der Türkei beobachten. Wenn Ziele nicht erreicht werden, kann der Nationalismus, so die Hoffnung, das Land, d. h. die Regierung, eher vor sozialen Unruhen schützen. Insofern ist der Nationalismus ein Instrument, das genutzt werden kann, um Ziel 3 – Stabilität – besser zu erreichen. Das Versprechen der KPCh, China wirtschaftlich und geopolitisch wieder groß und mächtig zu machen, tritt sozusagen an Stelle oder an die Seite des bisherigen Fortschrittsversprechens stetiger Wohlstandsmehrung. Sie wird so zur Messlatte für die Abwehr politischer Legitimationskrisen und damit wichtig – als neuer impliziter Gesellschaftsvertrag – für das Erreichen von Ziel 1 – Machterhalt der KPCh. Gelingen kann dies nur, wenn der Nationalismus durch einen wiedererstarkten Patriotismus gestützt wird; siehe hierzu wiederum den Abschn. „Nationale Erneuerung" in Kap. 3.

Ein Gürtel und eine Straße
Wie auch in Kap. 3 beschrieben, ist das Projekt der „Neuen Seidenstraße" – der „One Belt, One Road" (OBOR) oder „Belt-and-Road-

5 Wohin steuert China? Alternative Szenarien und Implikationen

Initiative" (BRI) – das Herzstück der Außenpolitik von Xi Jinping. Sie wurde 2017 in der Verfassung der Kommunistischen Partei verankert. Es handelt sich technisch gesehen um einen Infrastrukturplan, der China mit möglichst vielen anderen Ländern verbinden soll. So sollen die interkontinentalen Handels- und Infrastrukturnetze zwischen China und den anderen Teilnehmerländern auf- und ausgebaut werden. Bis Dezember 2023 hatten rund 150 Länder aus den meisten Erdteilen eine Absichtserklärung zur Teilnahme an der BRI-Initiative unterzeichnet. Darunter waren auch 17 Mitglieder der EU.

Das Ziel der Belt-and-Road-Initiative ist heute in erster Linie politischer Natur: Unterstützung des oben genannten Ziels 1 – Machterhalt der KPCh. Sie verfolgt jedoch daneben auch wirtschaftliche und soziale Ziele (die obigen Ziele 2 und 3).

Was das politische Ziel betrifft: Im Mittelpunkt des Infrastrukturplans bzw. der interkontinentalen Handels- und Infrastrukturnetze soll die Erlangung von politischem Einfluss in verschiedenen, vor allem Entwicklungs- und Schwellenländern auf verschiedenen Kontinenten durch die Schaffung wirtschaftlicher und finanzieller Abhängigkeiten stehen. Hierzu gehören wirtschaftliche Abhängigkeiten durch Investitionen in die Infrastruktur sowie finanzielle Abhängigkeiten durch Kreditvergabe, vor allem Bankkredite ohne große Konditionalitäten. Durch die Vergabe großzügiger Kredite konnte sich China auch den Zugang zu wichtigen Rohstoffen sichern, über die es selbst nicht in ausreichender Menge verfügt.

Neben dem politischen Ziel gibt es auch ein makroökonomisches Nebenziel: Es sollen durch die Belt-and-Road-Initiative inländische Überkapazitäten abgebaut werden, durch Export von Überkapazitäten in die Länder entlang der Seidenstraße/n, und Exporteinbrüche kompensiert werden.

Hinzu kommt auch ein sozialpolitisches Ziel. Durch das BRI-Projekt sollen die oben genannten Ziele 3 (Stabilität) und 1 (Machterhalt der KPCh) – unterstützt werden: Durch die Erlangung politischen Einflusses in anderen Ländern erhofft sich China, dass die Erfolge der Belt-and-Road-Initiative (BRI) den Nationalstolz in der Bevölkerung erhöhen, so dass die politische Legitimität der kommunistischen Partei und ihrer Einparteienherrschaft gefestigt wird.

Zudem wird versucht, so Informationen abzugreifen; siehe in Abschn. 5.3 unten, dort am Beispiel des Engagements Chinas über die BRI in Europa. So befürchtet das Europäische Parlament derzeit, dass Chinas Regierung versucht, Zugang zur europäischen Infrastruktur im Verkehr, in Häfen, wie auch in Telekommunikationsnetzen oder Unterseekabeln zu erhalten (European Parlament Briefing vom 11.01.2024).

Auch mithilfe der BRICS-Partnerschaften erhofft sich China eine Zementierung der BRI-Erfolge; siehe näher in Kap. 3, Abschn. „BRICS". Während anfangs die Idee hinter den BRICS ein rein wirtschaftliches Konzept war, um dem wachsenden Gewicht einiger großer Schwellenländer Rechnung zu tragen, hat es sich inzwischen zu einem hochpolitischen und weniger wirtschaftlichen Konzept entwickelt. China hat es mithilfe auch der BRI-Kreditvergaben erreicht, dass die BRICS sich zunehmend auf China konzentriert haben, wobei die Interaktion zwischen den anderen BRICS-Mitgliedern relativ gering ist.

Digitale Überwachung
Seit Xi Jinping 2012 das Amt des Generalsekretärs der Kommunistischen Partei Chinas (KPCh) und 2013 auch das des Staatspräsidenten der Volksrepublik China übernommen hat, hat die chinesische Regierung eine Reihe von Mechanismen eingerichtet, die darauf abzielen, Chinas Vorherrschaft im Cyberraum zu behaupten. So hat China digitale Technologien eingesetzt, um die Gesellschaft zu überwachen und zu kontrollieren, insbesondere in der Ära von „Big Data", „künstlicher Intelligenz (KI)" und dem „Internet der Dinge (IoT)". Abermillionen von Videokameras vor allem in den chinesischen Städten sind sichtbare Merkmale dieser Überwachung. Auch das Bezahlen mit dem Smartphone, das sich inzwischen landesweit durchgesetzt hat, macht die Nutzer „gläsern", was letztlich eine totale Überwachung der Bürgerinnen und Bürger ermöglicht.

Diese neuen Technologien wurden zunächst entwickelt, genutzt und etabliert, um unter anderem die Korruptionsbekämpfung, die zu Beginn der Herrschaft von Xi Jinping ein zentrales Projekt der KPCh war, effektiver zu gestalten. Später wurden sie auch zur Aufklärung und Bestrafung von Straftaten und Bekämpfung der Kriminalität im Allgemeinen eingesetzt. Beides wurde von der Bevölkerung sehr gut aufgenommen und stieß auf große Zustimmung. Ähnliches galt für den offenbar sehr effektiven Einsatz einer Corona-Überwachungs-App Anfang 2020.

Mittlerweile wird aber kritisch gesehen, vor allem im Westen – in demokratischen Systemen –, dass die digitale Überwachung auch eingesetzt wird, um politische Gegner – Kritiker der Regierung, der kommunistischen Partei – ausfindig und gegebenenfalls zum Schweigen zu bringen, um so Stabilität und Ordnung zu gewährleisten. Dies geschieht unter anderem durch Massenüberwachung mit allgegenwärtigen Überwachungskameras sowie Sammlung und Auswertung so vieler biometrischer Merkmale wie möglich. Die digitale Überwachung ist also ein vermeintlich sehr effektives neues Instrument zur Verbesserung der Erreichung von Ziel 3 im Sinne von Systemstabilität im Systemwettbewerb. Es dient dazu, die Macht der KPCh zu stabilisieren. Die digitale Überwachung ist eine weichere, weniger transparente aber letztlich effektivere Form im Vergleich zur offeneren Überwachung und oft brutalen Repression in kommunistischen Staaten im 20. Jahrhundert.

Man kann sagen, die KPCh hat den leistungsfähigsten Überwachungsstaat der Geschichte aufgebaut, mit der Folge, dass politische Proteste gegen ihre Herrschaft sehr selten sind. In einem Riesenreich wie China ist dies schon eine Leistung. Der Erfolg gründet jedoch auf präventiver Repression, um Kritiker der Einparteienherrschaft abzuschrecken, aufzuspüren und auszuschalten, bevor sie sich organisieren oder handeln können – durch Anwendung von Unterdrückung nach dem Prinzip, dass der Zweck die Mittel heiligt.

Ob es damit gelingt, die Unzufriedenheit in der Bevölkerung zu übertünchen, ist die große Frage. Besonders in der Mittelschicht ist die Unzufriedenheit in letzter Zeit gestiegen – aufgrund von Vermögensverlusten durch die Immobilienkrise und die Aktienkursverluste der letzten Jahre, bei den Wanderarbeitern wegen nichtausbezahlter Löhne, bei Jugendlichen wegen der gestiegenen Jugendarbeitslosigkeit.

Dies kann letztlich nach Xis Auffassung nur durch noch mehr Kontrolle und Indoktrination in Schach gehalten werden. Der Unzufriedenheit wegen des Abflachens des Wirtschaftswachstums versucht Xi Jinping dadurch zu entgegnen, dass er quantitatives Wirtschaftswachstum nicht länger als das prioritäre Ziel erklärt. Das Wirtschaftswachstum soll heute „qualitativ", „grün" und „balanced" sein, und nicht wie früher "unausgewogen-ungesteuert". Es soll gelenkt werden durch den Staat/die Partei. Hier kommt wieder die zentrale Rolle der Industriepolitik unter Xi ins Spiel. Es geht um die Planung und Förderung strategischer Innovationen, außerdem um die Mitwirkung der Partei in den Entscheidungsgremien von Großunternehmen. So soll gesichert werden, dass Zukunftsinvestitionen und Finanzhilfen in die „richtigen" Zukunftsbereiche gelenkt werden. Dabei steht alles letztlich unter dem Schirm der angestrebten Eigenständigkeit und der nationalen Sicherheit.

Xi Jinpings Kurs ist mit der Zeit immer ideologischer geworden. Das heißt, er schwört die chinesische Regierung und den Staatsapparat auf die Kommunistische Partei und seine eigene Ideologie – „Xi Jinping Thought" – ein und beschränkt so die Räume der Regierung für eine pragmatischere Wirtschaftspolitik. Ideologie schlägt unter Xi Pragmatismus, was eine Umkehr von Deng Xiaopings Position bedeutet. Nur so lassen sich nach Xi in der heutigen durch Systemwettbewerb gekennzeichneten Zeit die obigen drei Ziele Machterhalt der KPCh, Wohlstandssteigerung und Stabilität miteinander verbinden und gemeinsam erreichen.

Es ist verführerisch zu sagen, dass unter Xi immer neue Ziele hinzugekommen sind. Der amerikanische Sinologe Barry Naughton spricht von einem „Korb an Zielen". Jedoch würde ich eher von einem Weiterbestand der obigen drei Ziele 1 bis 3 sprechen wollen, wobei nur der Korb an Mitteln – Mittel zur Indoktrination, zur Überwachung, zur ideologischen Überzeugung, zur Verteidigung – sich weiter gefüllt hat nach dem Motto: „Der Zweck heiligt die Mittel". Oberste Ziele bleiben unter Xi Jinping der Machterhalt der KPCh (Ziel 1) sowie – zur Begründung und Durchsetzung von Ziel 1 – das Ziel Stabilität (Ziel 3), worunter nicht nur soziale Stabilität, sondern auch nationale Sicherheit verstanden wird. Notgedrungen, auch um die neue Wachstumsstrategie installieren zu können, wird auf Ziel 2 – wirtschaftliche Wohlstandsvermehrung – weniger Wert gelegt bzw. am ehesten zeitweise verzichtet. Es geht darum, den drohenden Legitimationsentzug durch diese Geringerbewertung von Ziel 2 aufzufangen durch andere oben beschriebene Maßnahmen ideologischer, narrativer und technischer Art. Auch wird Ziel 2 in gewissem Sinne umdefiniert, indem jetzt zunehmend von dem eher schwammigen Ziel des „qualitativen Wachstums" geredet wird. Hierdurch soll der Bevölkerung vermittelt werden, dass das Bruttosozialprodukt nicht der richtige Indikator für Wohlstand sei. Das früher gegebene Fortschrittsversprechen wird somit verändert bzw. verwässert. Neben wirtschaftliche Wohlstandsmehrung tritt die Verteidigung der Regimesicherheit und das Versprechen, China wieder groß und mächtig zu machen.

5.2 Auswirkungen auf Chinas Beziehungen zu anderen Ländern

Man kann nur spekulieren, wie sich Chinas Beziehungen zu anderen Ländern in den Szenarien 1 und 2 entwickeln würden. In **Szenario 1** würde China wohl seine Ambitionen auf eine alleinige Führerschaft des Globalen Südens – und darüber hinaus einer zukünftigen globalen Dominanz Chinas – aufgeben müssen, angesichts dann geringerer finanzieller Mittel für die Unterstützung anderer Länder des Globalen Südens. Dadurch könnten die geopolitischen Spannungen abgebaut werden, nicht nur die mit dem Westen, sondern auch die zu Ländern des Globalen Südens, die sich nicht von China dominieren lassen wollen. Gewisse Grundspannungen würden jedoch bleiben, wenn China weiterhin massenhaft hochsubventionierte zukunftsorientierte Fertigungsgüter weltweit verkaufen will. Jedoch hätte dann China immer weniger finanzielle Möglichkeiten für umfangreiche Subventionen von heimischen Unternehmen oder Branchen. Nichtsdestoweniger könnten sich die USA, angesichts der wirtschaftlichen Größe und des immer noch hohen technologischen Entwicklungsstands Chinas, weiterhin herausgefordert und bedroht fühlen in ihrer Rolle als alleinige Hegemonialmacht. Die Gefahr der Thukydides-Falle, des Abdriftens in einen Krieg zwischen den USA und China, bliebe.

In **Szenario 2** könnte China, auch als demokratisches Land, weiterhin die Führerschaft der BRICS und des Globalen Südens anstreben. Es würde eine ähnliche Position wie Brasilien einnehmen, nur herausgehoben qua Größe, oder wie Indien, nur wohlhabender und technologisch weiterentwickelt. Das Verhältnis zu den USA dürfte sich etwas entspannen, jedoch bliebe immer noch die Angst der USA vor einem Machtverlust als alleinige globale Hegemonialmacht. Der Ruf danach, Chinas Aufstieg zu bremsen, würde in den USA weiterhin deutlich zu hören sein und dürfte die Beziehung zu China belasten. Ähnliches war ja auch in den USA in den 1980er-Jahren gegenüber dem demokratischen Japan zu hören, als Japan vor dem Ausbruch der dortigen Finanzkrise 1990 daran war, den USA die wirtschaftliche Führungsrolle streitig zu machen. Ich habe dies damals hautnah mitbekommen, als ich 1987 für ein Jahr Gastprofessor in den USA am Massachusetts Institute of Technology (MIT), und 1988 für ein halbes Jahr Forschungsprofessor und Berater an der japanischen Zentralbank in Tokio, war.

Im Folgenden werde ich mich auf Szenario 3 fokussieren, da dessen Eintreten kurzfristig am wahrscheinlichsten ist.

Im **Szenario 3** wird China weiterhin die Führerschaft des Globalen Südens anstreben; und zwar nicht die Mitarbeit, sondern die alleinige Führerschaft. Das zeigt sich auch darin, dass China nie der „Gruppe 77", dem größten Zusammenschluss von Entwicklungsländern innerhalb der Vereinten Nationen, beigetreten ist – im Gegensatz zu Indien. Ein Mittel, um die Führerschaft des Globalen Südens zu erlangen, ist das Seidenstraßen- oder Belt-and-Road-Programm, mit dem China durch finanzielle Kredite und technische Hilfen gegenüber den Staaten des Globalen Südens ein erhebliches Druckmittel aufgebaut hat.

Dabei ist eines der Ziele Chinas, die Länder des Globalen Südens vom Westen zu „entfernen". Damit würde es im geopolitischen Wettbewerb zwischen den alten und den aufstrebenden Mächten insbesondere für die Europäer immer schwerer, ihrer Stimme international Gehör zu verschaffen. Die USA und Europa müssen sich zunehmend um die Gunst der Länder des Globalen Südens bemühen mit allerlei Hilfszusagen und mit weniger arrogantem, belehrendem Auftreten. Die Länder des Globalen Südens sind dabei nicht mehr nur Randbeobachter geopolitischer Auseinandersetzungen, sondern umworbene Mitgestalter. Sie können fordern, aus Kooperationen mit den entwickelten Ländern größere Vorteile als bisher zu erzielen. Dies in Form von Förderung der Modernisierung, des wirtschaftlichen Wandels und der technologischen Transformation vor Ort, aber auch der Schaffung von Arbeitsplätzen und der Unterstützung ihrer Anliegen in internationalen Organisationen, sowie bei der Bekämpfung von Armut und Hunger, von Verschuldung und der Folgen des Klimawandels.

China wiederum versucht, nicht nur die Länder des Globalen Südens, sondern auch die Länder des Westens immer abhängiger von sich zu machen; siehe hierzu auch die Abschn. „Dualer Kreislauf" und „Industriepolitik" in Kap. 3. Auf westliche Exportkontrollen, die Teil der neuen China-Politik der EU, Deutschlands und der USA sind, reagierte China 2023 unter anderem mit dem Verbot der Ausfuhr von Technologien, die für die Verarbeitung seltener Erden nötig sind, von Rohstoffen, auf die Europa angewiesen ist, insofern als ohne sie die Energiewende in Europa zu scheitern droht. 60 % der seltenen Erden werden in Minen in China gefördert. Der weltweite Marktanteil Chinas bei der Aufbereitung liegt bei 87 %, bei der Weiterverarbeitung zu Magnetprodukten sogar bei 94 %. Das heißt, Europa ist in Sachen seltene Erden abhängig von den Exporten aus China.

Das Verbot der Ausfuhr von Technologien zur Verarbeitung von seltenen Erden hat China mit dem Schutz der nationalen Sicherheit begründet. China will anscheinend die gesamte Wertschöpfungskette bei seltenen Erden kontrollieren. Für die USA und die EU ist es schwer, eigene Prozessrouten aufzubauen. Hierzu müssten im Westen wahrscheinlich eigene Verfahren entwickelt werden. Durch die Subventionierung der Herstellung von seltenen Erden hat China den Preis bisher niedrig gehalten, was für westliche Mitspieler die Eintrittsbarrieren in den Markt erhöht hat. Ohnehin sind solche Projekte mit hohem Kosten- und Zeitaufwand verbunden, was viele potenzielle Produzenten im Westen zurückschrecken lässt. Hohe staatliche Förderungen sind hier unumgänglich, was in den USA und in Japan auch schon in Angriff genommen wurde, während Europa hier hinterherhinkt. Ein weiterer, nicht zu vernachlässigender Punkt ist, dass bei der Umsetzung giftige und häufig radioaktive Abfälle entstehen, was zu Widerständen in der Bevölkerung der westlichen Länder führten. China selbst diversifiziert unterdessen seine eigenen Wertschöpfungsketten, indem es nicht nur als der größte Exporteur, sondern auch als der größte Importeur seltener Erden auftritt. Es schont damit seine eigenen Rohstoffreserven und baut seine Weltmarktposition aus. Schon vorher, im Herbst 2023, hatte China Exportkontrollen für einen weiteren Rohstoff eingeführt, nämlich Grafit, ein Rohstoff, der zum Beispiel in Elektroautobatterien verwendet wird. Fast zeitgleich wurde der Export der für Halbleiter wichtigen Rohstoffe Gallium und Germanium eingeschränkt.

Die Welt von morgen könnte wie folgt aussehen: Es gibt einen neuen „Ost-West-Konflikt"; zu altem und neuem Systemwettbewerb zwischen Ost und West siehe in Kap. 2, Abschn. „The New Normal: Systemwettbewerb". Das westliche Bündnis mit den USA als Zentrum stünde einem neuen „Ost-Block" mit China im Zentrum gegenüber. Russland würde hier nur die Rolle als Rohstofflieferant und Juniorpartner zukommen. Viele Länder des „Globalen Südens" würden sich eher dem neuen Ost-Block zuwenden, da sie mit den Zielen Chinas und Russlands, die geopolitische Dominanz des kapitalistischen – früher auch kolonialistischen – Westens zu brechen, sympathisieren.

Dies spiegelt gleichsam die Auflehnung der Länder des Globalen Südens gegen den Anspruch der moralischen Überlegenheit des Westens wider. China führt dabei derzeit einen moralischen Stellvertreterkrieg an Seite der Staaten des Globalen Südens, der früher zum großen Teil kolonialisiert war, gegen die westlichen Staaten, sprich den „Westen". Dem Westen wird hier Doppelmoral, des von-einem-hohen-Ross-Herabschauens, vorgeworfen. Daraus wird auch ein „Whataboutism" gerechtfertigt: der fortwährende Versuch, ein eigenes Fehlverhalten durch den Verweis auf ein vielleicht lange zurückliegendes Fehlverhalten der Gegenseite zu relativieren.

Der Westen wiederum begründet seine Einmischung in Angelegenheiten des Globalen Südens mit der „Verteidigung der regelbasierten internationalen Ordnung". Das Konzept einer regelbasierten internationalen Ordnung ist jedoch schwammig. So monieren die Länder des Globalen Südens, dass sie nicht wüssten, wer diese Regeln festlegt. Ihr Wert hänge davon ab, wie sehr sie in den Interessen der Staaten liegen, die sich darauf berufen. Ein weiterer Punkt, den der Globale Süden thematisiert, ist das Grundversprechen einer dynamischen und freien Gesellschaft, das das westliche Modell so attraktiv macht. Jedoch wird dieses Versprechen auch in den westlichen Staaten bei Weitem nicht immer eingelöst, so der Eindruck im Globalen Süden. Auch wird es als eine Anmaßung des Westens empfunden, wenn der reiche Norden/Westen dem ärmeren Globalen Süden – aus Menschenrechtsgründen und Umweltgründen – seine Produktionsbedingungen zu diktieren versucht. So prangern die Länder des Globalen Südens die Lieferkettenvorschriften sowie die Entwaldungsverordnung der EU scharf an. Der Wirtschaftsminister Indonesiens sprach hier in einem Interview mit der „New York Times" im Juni 2023 gar von „regulatorischem Imperialismus". Der Süden solle die Zeche dafür bezahlen, dass die reichen Staaten des Nordens jahrzehntelang die Abholzung in Kauf genommen hätten. Für kleine Produzenten im Süden seien die Dokumentationsvorschriften nicht zu stemmen. Diese zwängen sie, ihr Land zu verkaufen, mit der Folge von massenhafter Verarmung.

Statt anmaßende Vorschriften zu erlassen, müsste der Westen eine Geschichte von sich erzählen, die eigene Fehler und Ungerechtigkeiten der Vergangenheit nicht schönredet, sondern klar benennt. Zudem müsste er die Länder des Globalen Südens einladen, sich an der Erarbeitung einer neuen regelbasierten internationalen Ordnung zu beteiligen. Nur so könnte er die Länder des Globalen Südens von seinem Modell überzeugen und verhindern, dass er einen Teil von ihnen an China „verliert".

Seltsam mutet aber an, dass die chinesische Regierung von den westlichen Staaten fordert, die „Marktprinzipien zu respektieren", obwohl sie diese selbst oft genug nicht respektiert, indem sie Prinzipien verletzt durch massive Vergabe von Subventionen an chinesische Exportunternehmen und Beschränkung des Marktzugangs in China für ausländische Unternehmen.

Eine neue Blockbildung – Ost-West, Süd-Nord – würde zunehmende Konflikte des Ostens, sprich vor allem Chinas, mit den westlichen Handelspartnern, aber auch mit Südkorea, Japan und Australien, mit sich bringen. Insgesamt wären die wirtschaftlichen Kosten einer neuen geopolitischen Blockbildung, eines zweiten ‚Kalten Krieges', immens. Der IWF rechnete kürzlich mit Verlusten von ungefähr 2,5 % des globalen BIP. Für einzelne Länder könnten die Kosten laut IWF bis zu 7 % des BIP betragen, dies nach Aussagen der Vize-Chefin des IWF, Gita Gopinath, sowie des neuesten World Economic Outlook. Die Schäden wären auf jeden Fall höher als im ersten Kalten Krieg, da die Weltwirtschaft heute wesentlich vernetzter ist als sie in der Zeit vor dem ersten Kalten Krieg war. So liegt der Anteil des Welthandels am globalen Bruttoinlandsprodukt heute laut IWF mehr als doppelt so hoch wie noch zu Beginn des ersten Kalten Kriegs.

Die Abhängigkeit „westlicher" Länder von China und die Möglichkeiten, sich dagegen zu wehren, sollen im Folgenden am Beispiel Südkoreas veranschaulicht werden.

Beispiel Südkorea

Südkorea, das wie Deutschland ein bedeutender Fertigungsstandort geworden ist, hat noch mehr als Deutschland in den letzten 30 Jahren profitiert von einer enormen Nachfrage Chinas nach Maschinen, Chemikalien, Autoteilen und anderen industriellen Vorleistungen. Im Falle Südkoreas wurden Halbleiter angesichts des chinesischen Appetits auf Chips zum wichtigsten Exportgut. Bereits 2003 war China Südkoreas größter Handelspartner mit einem großen Handelsüberschuss. Nur Taiwan hat einen noch größeren bilateralen Handelsüberschuss mit Festland-China erzielt, vor allem wegen der Nachfrage nach seinen Chips.

Trotz der großen Wette Südkoreas auf den chinesischen Markt waren die Beziehungen nicht immer reibungslos. Sie verschlechterten sich, als Südkorea 2016 seine Absicht ankündigte, ein amerikanisches Raketenabwehrsystem – Terminal High Altitude Area Defence oder THAAD – zu stationieren, ein Schritt, den China entschieden ablehnte. Er führte dazu, dass China Südkorea inoffiziell boykottierte, indem es die Einfuhr von Produkten, insbesondere Kosmetika, aus Südkorea einschränkte, chinesische Reisegruppen aus Südkorea verbannte und sogar K-Pop-Konzerte absagte. Die Strategieantwort Südkoreas bestand im Wesentlichen in einem De-Risking: Südkorea beschloss, seine Abhängigkeit von China zu verringern, indem es sich durch Nearshoring und in geringerem Maße durch Onshoring diversifizierte. Zwei Sektoren waren bei dieser Risikoreduzierung von zentraler Bedeutung: der Einzelhandel und die Halbleiterindustrie. Bei den Halbleitern entfallen (laut der Investmentbank ‚Natixis') rund 20 % der weltweiten Produktion auf südkoreanische Chiphersteller, die sich auf hochmoderne, vorgelagerte Segmente konzentrieren. Chinesische Halbleiterunternehmen sind in hohem Maße von importierten Bauteilen aus Südkorea abhängig.

Im Jahr 2023 gab es zwei wichtige Veränderungen in den Handelsbeziehungen Südkoreas mit China. Erstens verwandelte sich Südkoreas langjähriger Handelsüberschuss mit China in ein großes Defizit, da die Exporte um 20 % zurückgingen (ibid), was zum einen darauf zurückzuführen war, dass Südkorea unter das US-Exportverbot für fortschrittliche Halbleiter nach China fiel, und zum anderen auf seine Überkapazitäten bei älteren Halbleitern, einer Marktnische, in der China seine Präsenz verstärkt hat. Zweitens sind die USA zum wichtigsten Handelspartner Südkoreas geworden; große Mischkonzerne wie Samsung, Hyundai Motor und Lotte haben ihre Investitionen in den USA weiter erhöht.

Alles in allem bieten die wirtschaftlichen Beziehungen Südkoreas zu China Lehren auch für Deutschland/Europa. Erstens kann eine sehr komplementäre Beziehung leicht in eine Beziehung des Wettbewerbs und der Rivalität umschlagen. Zweitens kann der chinesischen Vergeltung durch eine Strategie des De-Risking begegnet werden, die als Diversifizierung durch eine Kombination aus Reshoring und Nearshoring definiert wird, aber auch dadurch, dass man in bestimmten Technologien unentbehrlich wird. Schließlich zeigt Südkorea auch, dass es einer politischen Führung bedarf, um Unternehmen in die richtige Richtung zu lenken.

5.3 Positionierung Europas/Deutschlands und multinationaler Unternehmen

Wer nach China schaut, findet heute ein Land vor, das von einem tief greifenden Wandel in den Beziehungen zum Westen, einem stärker sicherheitsorientierten Politikstil im eigenen Land und einer prekären wirtschaftlichen Lage überschattet wird. China hat sich stärker nach innen orientiert, während der Westen misstrauischer gegenüber China geworden ist. Gleichzeitig aber stellt Chinas Präsident Xi Jinping sein Land gerne als Verfechter eines globalen Engagements dar und tritt als Verteidiger des freien Handels auf. Siehe zum Beispiel die Auftritte auf dem Davoser Weltwirtschaftsforum 2017 von Xi Jinping und 2024 von Premierminister Li Qiang.

Xis China ist mit seinem nationalen Konservatismus nicht allein. In den letzten Jahren gab es immer mehr Vertreter dieser Richtung, wie Ungarns Orban, Türkeis Erdogan, Amerikas Trump oder in Polen führende Vertreter von der bis 2023 regierenden PiS-Partei. Sie verachten den Pluralismus, insbesondere die multikulturelle Variante. Nationale

Konservative sind besessen davon, Institutionen zu demontieren, die ihrer Meinung nach verdorben sind von Wokeness, verstanden als besessene Wachsamkeit – und Verurteilung – gegenüber jeglicher Art von Diskriminierung, und Globalismus, wonach Nationalstaaten durch die Globalisierung als internationale Akteure massiv an Bedeutung verlieren. Indem sie als Vertreter des modernen Populismus sich daranmachen, staatliche Institutionen wie Gerichte, Universitäten und die unabhängige Presse zu übernehmen, zementieren sie ihren Griff nach der Macht und höhlen so das demokratische System nach und nach aus. Sie alle lehnen die Bündelung von Souveränität in multilateralen Organisationen ab. Diese Haltung von immer mehr Regierungschefs führt letztlich zu einer geoökonomischen und geopolitischen Fragmentierung in der Welt.

Selbst ein Staat wie Brasilien, das vielen als Verteidiger einer multipolaren, regelbasierten Weltordnung galt, scheint sich derzeit unter Präsident Lula in einer Art populistischem Zug hin zu den nationalkonservativen autoritären Herrschern und Diktatoren der Gegenwart zu wenden. Dies scheint Lula, genervt vom Anspruch der „moralischen Überlegenheit" des Westens, für die Erreichung seines Ziels des nationalen Machterhalts als hilfreich anzusehen.

Multinationale Unternehmen müssen sich in dieser neuen Umgebung zurechtfinden, sich ihr anpassen. Auch innerhalb der EU gibt es für die Unternehmen neue Herausforderungen. Mit der neuen EU-Lieferketten-Richtlinie sollen Unternehmen für Missstände in ihren Lieferketten in die Pflicht genommen werden. Hierzu gehören Menschenrechtsverstöße wie Kinderarbeit, aber auch Verletzungen von Umweltauflagen. Dies führt zu Problemen und Kostensteigerungen für Unternehmen, die versuchen ihre Lieferketten auf Menschenrechts- und Umweltverstöße in China und anderswo zu kontrollieren. Diese Probleme und die zugrundliegende Intransparenz nehmen derzeit sogar zu. Es wird für die Unternehmen schwieriger, die notwendigen Daten zu erhalten, vor allem in China. Es geht nicht mehr nur darum, Daten richtig zu interpretieren, sondern darum, sie überhaupt erst zu beschaffen. Damit steigen die Risiken und Anforderungen für Investments, vor allem in China. Wie sollen sich multinationale Unternehmen in solch einer Situation verhalten?

Die Unternehmen müssen erstmal die sich geänderten Rahmenbedingungen in China genau analysieren. Es gab nach Angaben von Chi-

5 Wohin steuert China? Alternative Szenarien und Implikationen

nas Nationalem Statistikamt 2020 mehr als 100.000 ausländische Unternehmen, die in China tätig waren. Auf vier Sektoren entfielen etwa die Hälfte der Vermögenswerte, Umsätze und Gewinne ausländischer Unternehmen in China: Elektronik, Automobile, Chemikalien und allgemeine Maschinen. China ist heute der weltgrößte oder zweitgrößte Markt für eine Reihe von Produkten und Dienstleistungen wie Automobile, Stahl, Zement, Mode, Smartphones und andere Produkte. China ist nicht mehr die alte Werkbank der Welt, die massenhaft billige Konsumgüter und Vorprodukte für den Westen produziert. China ist heutzutage ein Nährboden für neue Innovationen und neue Wettbewerber, und heimische Unternehmen sind inzwischen Herausforderer für westliche Unternehmen.

Um ausländische Investitionen anzuziehen, bot die chinesische Regierung schon früh – in den Anfangsjahren der Reform- und Öffnungsperiode – ausländischen Unternehmen erhebliche steuerliche, investitionsbezogene und regulatorische Anreize, die chinesischen Unternehmen nicht zur Verfügung standen. Wohlwissend, dass multinationale Unternehmen Zugang zu Beziehungen, Erfahrungen und Technologien aus der ganzen Welt haben, und positive Effekte (Spillovers) für China generieren konnten. Ab 2005 begann die chinesische Regierung jedoch, diese Anreize zu reduzieren, und bis 2019 wurden sie weitgehend abgeschafft. Andererseits legte die Regierung von Anfang an fest, welche Sektoren zu welchen Bedingungen für ausländische Unternehmen geöffnet werden sollten, und steuerte die Auswahl der Joint-Venture-Partner und die Bedingungen der Geschäfte. Diese regulatorischen Beschränkungen und selektiven Anreizsetzungen blieben auch nach dem WTO-Beitritt 2001 bestehen.

Auch heute noch wirbt China – trotz zunehmender Fokussierung auf die heimische Produktion – um ausländische Investitionen, um Hilfe ausländischer Unternehmen bei der Umsetzung der neuen Wachstumsstrategie, der Hinwendung zu moderner, digitaler und grüner Wirtschaft, zu erhalten. Multinationale Unternehmen müssen jedoch berücksichtigen, dass China anders ist als westliche Länder: Politik, politischer, kultureller und historischer Kontext sind alle unterschiedlich. Auch das Tempo der Veränderungen und der Entscheidungsfindung in der Wirtschaft ist höher. Das Rechtssystem ist undurchsichtiger und weniger verlässlich.

Doch nicht nur mittels Anwerbung ausländischer Unternehmen versucht China, schneller die neue Wachstumsstrategie umzusetzen. Staatliche und private chinesische Unternehmen haben sich auch in europäische, insbesondere auch in deutsche Schlüsselbranchen eingekauft, um dort vom nächsten Technologiesprung und vom Wissen aus modernen High-Tech-Branchen zu profitieren. Ein hierzulande bekanntes Beispiel ist die 2016 mehrheitliche, und später (2022) vollständige Übernahme des Augsburger Roboter-Herstellers „Kuka" durch den chinesischen Elektrokonzern „Midea". Die chinesischen Aufkäufer binden sozusagen die gekauften Firmen samt Ausstattung und Belegschaft in ihre eigenen internationalen Wissens- und Wertschöpfungsketten ein. Entscheidend ist für sie, dass sie so die Markt-, Marken- und Technologieführerschaft erlangen und dabei die Kontrolle behalten. Dabei profitierte China lange enorm von der offenen Wirtschaftsordnung des Westens, obgleich China seinerseits starke Marktzugangsbeschränkungen für ausländische Unternehmen aufgebaut hat und eigene nationale Unternehmen bevorzugt. Europa versucht, sich zunehmend zu wehren gegen solche Aufkäufe, z. B. durch die EU-Verordnung von 2022 über Subventionen aus Drittstaaten. Die EU-Kommission hatte im Juni 2024 neue China-Zölle angekündigt, die am 31. Oktober 2024 in Kraft getreten sind. Betroffen davon sind alle Hersteller von E-Autos, die in China produzieren, auch deutsche. Diese Zölle sollen zusätzlich zu den bestehenden EU-Zöllen von zehn Prozent auf E-Auto-Importe aus allen Drittstaaten gelten und gestaffelt sein, je nach Hersteller, seinem Joint-Venture-Partner und der Teilung von Daten mit der EU. Begründet wurden die Ausgleichszölle von der EU-Kommission damit, dass China die gesamte Lieferkette seiner E-Autos subventioniert. Dies führe dazu, dass die chinesischen Hersteller ihre Autos zu Dumpingpreisen auf den europäischen Märkten anbieten und ihren Marktanteil so auf unfaire Art und Weise steigern könnten; siehe hierzu auch in Kap. 7.

In Folge (zur Vermeidung) der angekündigten Ausgleichszölle bauen chinesische Firmen immer mehr Produktionsanlangen in Europa selbst auf. Als Produktionsstandorte sind hierbei vor allem Länder in Zentral- und Südeuropa beliebt. Im Gegenzug erhalten die chinesischen Firmen meist Steuererleichterungen, Subventionen und andere Unterstützungen – so wie europäische Direktinvestoren in den 1980er- und 1990er-Jahren solche Begünstigungen in China bekommen hatten.

5 Wohin steuert China? Alternative Szenarien und Implikationen

Zudem hat sich China über die 16 + 1- bzw. 17 + 1-Kooperation mit Ländern Ost-, Nordost-, Ostmittel- und Südosteuropas einen direkten Zugang zur Europäischen Union geschaffen. Dies ist Teil der neuen Seidenstraßen- oder Belt-and-Road-Initiative (BRI), die 2013 von Xi Jinping ins Leben gerufen wurde, und zu der neben Griechenland, Ungarn, Malta, Zypern und anderen auch Luxemburg, Portugal und die Schweiz gehören. Italien ist dagegen vor kurzem aus dem Verbund ausgestiegen. Dadurch ist China umfassend und komplex in Europa verankert, und versucht die geopolitischen Gegebenheiten auf dem europäischen Kontinent in seine gewünschte Richtung zu beeinflussen. Es präsentiert sich osteuropäischen Staaten wie Ungarn und den Balkanstaaten, in denen die Institutionen brüchig sind und Populismus und Korruption blühen, als Alternative zum Westen, indem es Komplettlösungen zur ökonomischen Entwicklung anbietet, mit Planung, Vorfinanzierung und Ausführung aufwendiger Verkehrs- und Energieprojekte ohne große Vorbedingungen, und gleichzeitig Propaganda gegen westliche Narrative betreibt.

Die westlichen Unternehmen werden derweilen in einen ruinösen Preiswettbewerb getrieben. Die neue Wachstumsstrategie in China, mit einer einseitigen Fokussierung auf eine Stimulierung der Angebotsseite, impliziert, dass – egal welches Szenario die chinesische Regierung wählt – China sich gezwungen fühlt, zum Abbau von Überkapazitäten und zur Vermeidung zurückgehenden Wachstums und deflationärer Tendenzen, den Export hochsubventionierter Zukunftsprodukte – vor allem anspruchsvoller Fertigungsgüter – hochzufahren. Dies gilt insbesondere, solange die Immobilienkrise in China anhält und der Binnenkonsum schwächelt. Durch diese Exportschwemme verursacht China ein Überangebot auf den Weltmärkten, was eine Tendenz zu sinkenden Preisen erzeugt. China verwickelt damit die weltweite Konkurrenz in einen harten Preiskampf.

Nun ist zunehmender Wettbewerb auf den Weltmärkten aus gesamtwirtschaftlicher Sicht eigentlich positiv zu bewerten. Denn zum einen profitieren die Konsumenten im Westen als auch die Bezieher von Zwischenprodukten aus China von den Preisnachlässen durch Kostenersparnis. Auch sinkt so tendenziell die Inflationsrate in den westlichen Ländern und erleichtert dort die Politik der Zentralbanken bei der

Inflationsbekämpfung. Und vor allem bedeutet zunehmender Wettbewerb erhöhten Druck auf die heimischen Unternehmen, ihre Produkte und Produktionsprozesse innovativer zu gestalten, so dass die Geschwindigkeit technologischer Erneuerungen und damit von Produktivitätssteigerungen zunimmt.

Demgegenüber steht aber die Gefahr von weltweiten Subventionswettläufen mit der Folge sinkender Gewinne bei den Unternehmen und steigender Staatsausgaben bzw. – je nach Finanzierungsart der Subventionen – sinkender Steuereinnahmen bei den Staaten. Gewichtiger noch sind die geopolitischen Konsequenzen der chinesischen Industriepolitik. Es dürfte letztlich zu einer breiten Welle des Protektionismus gegen chinesische Produkte – vor allem zu umfassenden Ausfuhrbeschränkungen für Hightech-Technologien – kommen, was nicht nur schädlich für Chinas künftige Entwicklung und die Innovationsfähigkeit des Landes ist, sondern auch für die Auslöser der protektionistischen Maßnahmen, vor allem für die EU-Länder und die USA. Die Preisvorteile werden so abgebaut, Größenvorteile verringert. Der Innovationsdruck wird nachlassen, da nationale Champions geschützt und subventioniert werden. Und die Handelsgewinne von Ländern wie Deutschland werden beschränkt. Der Systemwettbewerb zwischen dem Westen und China, eventuell einem von China dominierten neuen Ostblock, wird angeheizt, Spannungen und Drohkulissen werden aufgebaut. In China wird die Wachstumsrate stärker als ohne diese Konflikte zurückgehen, und es könnte zu innerpolitischen Spannungen innerhalb Chinas führen, da sich die chinesische Regierung immer noch durch das Versprechen eines stetig weiterwachsenden Wohlstands legitimiert. Letzteres Versprechen wird aber immer schwerer zu erfüllen sein. Die Erreichung des oben definierten Ziels 1 – Machterhalt der KPCh – wird so gefährdet, und in Folge die Gefahr eines Technologiekriegs sowie eines selbstzerstörerischen Rüstungswettlaufs zwischen den USA und China gesteigert. Der bekannte amerikanische Wirtschaftshistoriker Harald James von der Princeton University ist überzeugt, „dass die USA unter Trump und Biden mit ihrer aggressiven Handelspolitik einen großen strategischen Fehler begangen haben". Die China-Politik des Westens sei „kontraproduktiv". Protektionismus sei „immer eine Quelle der Stagnation." Der Westen riskiere einen Handelskrieg. Wozu solche Handelskriege führen können, „haben wir in den 1930er-Jahren gesehen: Es gab die Große Depression." (Handelsblatt-Interview vom 28. Oktober 2024, S. 13).

Für die westlichen Unternehmen wird die neue Handelspolitik des Westens gegenüber China bedeuten, dass sie immer mehr unter politischen Druck geraten, ihre Beschaffungsstruktur zu diversifizieren und sich von China soweit wie möglich abzukoppeln. Einen solchen Druck gibt es jetzt schon. Derzeit verfolgen unter den multinationalen Unternehmen viele „Diversifizierer" eine „China-plus-eins"-Strategie, bei der China ein wichtiger Beschaffungsstandort bleibt, aber ein Teil der Kapazitäten in andere Länder verlagert wird. Es war vor allem politischer Druck zur Abkopplung oder Abkehr, der von den Regierungen des Westens kam, und die Unternehmen zum Umdenken bzw. zur Diversifizierung zwang. So übt die deutsche Regierung mit ihrer neuen „China-Strategie" Druck auf die deutschen Unternehmen aus, ihre China-Aktivitäten zurückzufahren. Viele Unternehmen fühlen sich dadurch bevormundet, wie Umfragen der Industrieverbände ergaben. Sie wissen um die Schwierigkeit sich aus China zurückzuziehen und kurz- bis mittelfristig adäquate Produktions- und Beschaffungsalternativen zu finden. Zudem bedeutet die neue chinesische Strategie des ‚Dualen Kreislaufs' (siehe hierzu in Kap. 3), dass ausländische Unternehmen lernen müssen, in einem immer stärker divergierenden und manchmal widersprüchlichen Umfeld mit unterschiedlichen Standards zu agieren. Außerdem mögen diese die weiterhin guten Gewinnmöglichkeiten aus dem China-Geschäft nicht missen, was eine gewisse Präsenz vor Ort voraussetzt, auch wenn die Geschäftstätigkeit in China für ausländische Unternehmen in den letzten Jahren sehr viel schwieriger geworden ist. Sie ist schwieriger geworden, aber nicht chaotisch-unvorhersehbar. Während Mao seinerzeit im Transformationsprozess versuchte, von Unordnung und Chaos zu profitieren, setzt Xi auf Ordnung und Struktur, was für die Planungssicherheit der ausländischen Unternehmen von nutze ist. Gegenüber der Deng Xiaoping-Zeit ist die Geschäftstätigkeit in China für ausländische Unternehmen nichtsdestoweniger schwieriger geworden, da Xi Jinping Sicherheit, Ideologie und Kontrolle dem Streben nach wirtschaftlicher Prosperität hinzugefügt, teils übergeordnet hat.

Solange die Sanktionen des Westens so „weich" sind, wie sie jetzt noch sind, wird jedoch die Exportschwemme mit chinesischen hochsubventionierten Zukunftsprodukten anhalten und Chinas Exportüberschuss keine Anzeichen einer Abschwächung zeigen. Das wird sich erst ändern, wenn sich der Westen zu einer noch wesentlich strikteren protektionistischen Abkoppelung von China entscheidet, was zum Beispiel Donald Trump in seinem Wahlkampf 2024 immer wieder ankündigte. Bis dahin werden die – insbesondere die deutschen – multinationalen Unternehmen weiterhin versuchen, in China präsent zu sein, wegen des riesigen Marktes als auch wegen der starken Verankerung in China. So hat zum Beispiel Mercedes im ersten Halbjahr 2024 jedes dritte Auto von China aus verkauft. Ein Rückzug würde für die Unternehmen riesige „sunk costs" verursachen.

Allerdings werden Investitionen in China immer riskanter. Schon die Corona-Pandemie hat gezeigt, dass die Lieferketten äußerst fragil waren. Die Folge ist, dass sich die Unternehmen nun wegbewegen vom sogenannten „Just-in-time-Prinzip" hin zu mehr Sicherheit und Diversifizierung, was jedoch letztlich Wohlstand kostet und die Inflation antreibt. Letzteres sind Kosten der Absicherung, d. h. eine Art Versicherungsgebühr. Denn je verflochtener die Weltwirtschaft ist, d. h., je mehr Schnittstellen es darin gibt, und je weniger Lagerhaltung die Firmen vorhalten (Just-in-time-Produktion), desto kostspieliger werden punktuelle Ausfälle.

Wichtig für die internationalen Unternehmen ist auch die Selbsterkenntnis, dass sie in den letzten Jahren einen starken Machtverlust haben hinnehmen müssen. Während sie es in den letzten Jahrzehnten der Globalisierung gewohnt waren, Regierungen die Richtung vorzugeben als Treiber der Globalisierung, mit Forderungen wie weniger Zölle, weniger Vorschriften, weniger Steuern, sind sie in den letzten Jahren zu Getriebenen der Geopolitik/der geopolitischen Umstände, besonders des Systemkampfes zwischen den USA und China, geworden. Zunehmend sind sie es, die den Vorgaben der jeweiligen Politik/er zu folgen haben.

Allerdings haben Unternehmen auch ein Eigeninteresse, Lieferketten abzusichern und Risiken neu zu bewerten, und in diesem Zusammenhang Aktivitäten, d. h. Export-Importbeziehungen, mit anderen Ländern zu begrenzen. Doch sind es wie gesagt heute vor allem die Vorgaben der Politiker, die Unternehmen zwingen, sich mit „Re-Shoring", „Near-Shoring" und „Friend-Shoring" näher zu beschäftigen und diesen neuen geopolitischen Strategien zu folgen. Dabei muss beachtet werden, dass der Erfolg solcher Aktionen nur begrenzt wirksam ist:

- Seit 2017 hat die USA Importe aus China beschnitten, obwohl einige der Güter, die sie nun stattdessen aus anderen Ländern wie Vietnam beziehen, voll von chinesischen Teilen und Komponenten sind.
- Viele Importe lassen sich auch gar nicht ersetzen, da die Abhängigkeit von bestimmten Rohstoffen noch viel zu groß ist; siehe oben den Hinweis auf die Abhängigkeit von seltenen Erden etc.
- Sich auf weniger Partner zu verlassen, ist nach traditionellen Portfolioüberlegungen eigentlich das Gegenteil von Risikoverringerung oder -minimierung. Nichtsdestoweniger spricht natürlich viel dafür, riskante/unzuverlässige Partner auszusondern bzw. im Umgang mit ihnen deren Handeln genauer zu beobachten.
- Auch für China selbst ist „Friendshoring" nur begrenzt sinnvoll, wenn man bedenkt, dass ein Großteil der Exporte Chinas noch immer in die USA, nach Europa oder in „westlich" eingestufte Länder wie Australien, Japan oder Südkorea geht, und China schlecht darauf verzichten kann oder will.

Doch deutet derzeit alles auf eine zunehmende De-Globalisierung, auf die Ausbreitung von nationalistischer Industriepolitik und Subventionswettläufen hin, als Begleiterscheinung geoökonomischer Fragmentierung. Die Welthandelsorganisation (WTO) wird in diesem Kontext immer bedeutungsloser. Hierbei spielen die USA eine gewichtige Rolle, da diese seit Trumps erster Präsidentschaft mit ihrer „America first"-Politik anscheinend das Interesse am Freihandel verloren haben. Ihre Blockade der Neubesetzung von Richterposten am WTO-Schiedsgericht seit 2019 führte zur Schwächung bzw. Lähmung der WTO. Hintergrund dürften die wachsenden Spannungen zwischen den USA und China sein. So wird von Insidern kolportiert, dass die USA an der WTO gestört hat, dass es China gelungen ist, dort vieles für sich zu nutzen, ohne offiziell gegen Regeln zu verstoßen.

5.4 Spezielle Herausforderungen für Deutschland bei einem Derisking oder Decoupling

„Derisking" ist die Bezeichnung für eine Strategie im Umgang mit China, die in der letzten Zeit zunehmend an Relevanz gewonnen hat. Sie hat enormen Einfluss auf die westlichen Staaten und Unternehmen. Sowohl Deutschland/die EU als auch die USA verfolgen diese Strategie. Während Deutschland/die EU vor allem eine Diversifizierung von Lieferketten und Bezugsquellen kritischer Rohstoffe anstrebt, gehen die USA weiter. Sie versuchen, China von wichtigen Technologien abzuschneiden und dadurch Chinas Aufstieg zu bremsen.

Ein dauerhaft schwächeres China würde für die Weltwirtschaft allerdings nichts Gutes bedeuten. Nobelpreisträger Joe Stiglitz sprach in einem Handelsblatt-Interview vom 2. März 2024 davon, dass die Welt dann in ihre gefährlichste Phase seit den 1930er-Jahren eintreten könnte. Insbesondere Deutschland würde darunter leiden.

Nicht nur der Westen – mit den EU, USA und anderen – verfolgt eine solche Derisking-Strategie. Wie ich in Kap. 3 im Abschn. „Dualer Kreislauf" erläutert habe, verfolgt China den weitreichendsten und umfassendsten Ansatz von Derisking. Dies gründet auf Chinas begründeter Angst, die von Xi Jinping schon 2013 geäußert wurde – siehe näher in Kap. 7 –, dass „der Westen" China von modernen Technologien abschneiden will, um nicht selbst ins Hintertreffen zu geraten. Chinas Ziel ist, das Land weniger abhängig von Importen aus dem Rest der Welt und gleichzeitig den Rest der Welt stärker von China abhängig zu machen. Dies scheint auch China schon ein Stück weit gelungen zu sein. So ist der Anteil Chinas in den globalen Lieferketten in den letzten Jahren gestiegen, während die Abhängigkeit Chinas von Vorprodukten aus dem Ausland deutlich geringer wurde. Schon 2022 kam eine Analyse der Welthandels- und Entwicklungskonferenz UNCTAD zu dem Ergebnis, dass der Anteil ausländischer Komponenten in chinesischen Exporten deutlich gesunken sei. Dieser sei inzwischen so niedrig wie in keiner anderen großen Volkswirtschaft. Dies hat gravierende Auswirkungen auf das Geschäft ausländischer Unternehmen in China. Dieses dürfte in politisch

5 Wohin steuert China? Alternative Szenarien und Implikationen

sensiblen Bereichen zunehmend schwierig werden. Überhaupt klagen immer mehr europäische Unternehmen in China über das zunehmend politisierte Geschäftsumfeld. Sie reagieren zum Teil mit einer sogenannten „Silofizierung" ihrer Lieferketten. Das heißt, dass Lieferketten für das Chinageschäft stärker nach China verlagert werden. Das Kalkül einer solchen „Lokalisierungsstrategie" ist, dass selbst im Falle einer Eskalation des Taiwan-Konflikts die Tochterkonzerne in China relativ unabhängig ihren Geschäften nachgehen könnten. Angesichts der Tatsache, dass einige Unternehmen wie Volkswagen inzwischen laut ‚Handelsblatt' vom 12. April 2024 schon 40 % und mehr ihres weltweiten Umsatzes in China machen, scheint diese Strategie auf den ersten Blick nicht unvernünftig.

Außerdem achten die Unternehmen bei den Importen nach Europa stärker auf Diversifizierung, d. h. sie suchen verstärkt nach alternativen Bezugsquellen. Allerdings scheint die Suche nach neuen Bezugsquellen schwierig zu sein, wie verschiedene empirische Studien gezeigt haben. So gelten viele Importe nach Deutschland als risikobehaftet. Das gilt für fast ein Drittel der lithiumhaltigen Importe und für ein Fünftel der Waren, die Kupfer oder seltene Erden enthalten. Davon stammen jeweils mehr als 50 % aus China. Angebracht für eine globale Diversifizierung wäre die Erschließung alternativer Abbaugebiete der bislang knappen Rohstoffe, vor allem seltener Erden. Der angelaufene Aufbau einer Weiterverarbeitung von seltenen Erden in den USA wird für Europa nur begrenzt für Diversifizierung sorgen, da die USA damit vor allem den Bedarf ihrer heimischen Wirtschaft decken wollen. Die Unternehmen in Deutschland werden deshalb von der Bundesregierung aufgefordert, mehr in ihre Rohstoffsicherung zu investieren. Jedoch ist dies ein schwieriges Unterfangen, da es im Einklang mit geltenden Umweltstandards stehen muss. Unternehmen scheuen deshalb häufig das finanzielle Risiko. Deshalb wurde eine neue Förderung der staatlichen Förderbank KfW Anfang 2024 eingerichtet, die in den nächsten fünf Jahren eine Milliarde Euro an Eigenkapital für strategische Rohstoffprojekte bereitstellen soll. Die hohe Importabhängigkeit Deutschlands von China zeigt sich nicht nur in dem hohen China-Anteil bei Rohstoffen und Mineralien von durchschnittlich 75 %, bezogen auf das Jahr 2023. Genauso oder ähnlich hoch ist er bei chemischen, pharmazeutischen Erzeugnissen ohne Seltenerdmetalle, bei

Maschinen, Motoren, Werkzeugen und bei elektrischen und elektronischen Erzeugnissen. (Quellen: Destatis, IW: Institut der Deutschen Wirtschaft, Handelsblatt).

Die Derisking-Strategie des Westens, insbesondere die Decoupling-Strategie der USA, hat bislang nur begrenzten Erfolg gehabt, da immer mehr Komponenten von chinesischen Unternehmen in Länder wie Malaysia, Vietnam, oder Mexiko exportiert werden. Diese Bauteile werden dann dort weiterverarbeitet und können so als lokale Produkte deklariert und in die USA oder in die EU exportiert werden, zollfrei oder zumindest mit entsprechend niedrigeren Zöllen. Ein weiteres Problem besteht auch darin, dass Derisking-Strategien der EU und der USA zu Abwehrreaktionen Chinas, und umgekehrt, führen werden, so dass sich das Ganze aufschaukelt und im schlimmsten Fall zu einem „harten Decoupling", einer Abschottung nach dem Muster des früheren ‚Kalten Krieges', führt.

Ein Decoupling wäre weder im Interesse des Westens noch Chinas. Nicht nur, dass dies mit enormen wirtschaftlichen Kosten für beide Seiten einhergehen würde. Zunehmende Autarkie würde womöglich sogar die Hemmschwelle zur militärischen Auseinandersetzung senken. Von daher sind permanente diplomatische Gespräche zwischen den westlichen Regierungen und China unverzichtbar, um dies abzuwehren. Auch scheint die Beibehaltung oder Schaffung gegenseitiger Abhängigkeit mit die beste Form des Derisking zu sein, da dies die Kosten eines Decoupling hochhält und beide Seiten am ehesten von aggressiven Angriffen abhält.

Insbesondere Deutschland als ein sehr „offenes", exportorientiertes und von Importen abhängiges Land wäre von einem solchen Aufschaukeln der Derisking-Strategien stark betroffen, war doch China noch 2023, zum achten Mal in Folge, der wichtigste Handelspartner Deutschlands mit 254,2 Mrd. Euro gehandelter Waren – Summe der Exporte und Importe in 2023, mit einem Importüberschuss von 59,5 Mrd. –, knapp vor den USA mit 252,5 Mrd. (Statistisches Bundesamt: Destatis). Der chinesische Markt ist deshalb nach wie vor enorm wichtig für die deutschen Unternehmen, die für oder aber in China produzieren. Der Offenheitsgrad, d. h. die Summe von Importen und Exporten im Verhältnis zum BIP, Deutschlands beträgt rund 90 %, während der Offen-

5 Wohin steuert China? Alternative Szenarien und Implikationen

heitsgrad der USA nur etwa 25 % und der Chinas 38 % beträgt (Weltbank-Datenbank). Bestimmte Unternehmen in Deutschland werden auch von chinesischen Regierungsvertretern umworben, um dabei zu helfen, die neue auf Technologie und Innovation – auf sogenannten „neuen Produktivkräften" – fußende Wachstumsstrategie Chinas umzusetzen. So waren wie gesagt die Unternehmenschefs (CEOs) von Unternehmen wie Siemens, Bosch, Bayer und Mercedes zum „2023 China Development Forum" eingeladen und nahmen daran auch, neben zahlreichen CEOs aus den USA, teil.

Diese Abhängigkeit der deutschen Wirtschaft von China macht sich allerdings zunehmend als Negativposten bemerkbar, nachdem die deutsche Wirtschaft jahrelang davon profitiert hat. Nach Auskunft des Bundesverbands der Deutschen Industrie (BDI) stammten Anfang 2024 noch mehr als 90 % der sogenannten Seltenen Erden, die in Notebooks und Smartphones verbaut werden, aus China. Bei Grafit, ein für Batterien benötigter Rohstoff, betrug die Abhängigkeit von China ebenfalls rund 90 %.

Es besteht die Sorge, dass China diese Abhängigkeit in einem Konfliktfall als Druckmittel einsetzt, ähnlich wie Russland es im Ukrainekrieg mit Erdgas getan hat. Auch der Konflikt zwischen den USA und China dürfte für Deutschland große negative Auswirkungen haben. Wenn China aufgrund eines Decoupling oder auch schon eines Derisking nicht mehr so stark wachsen sollte, wie man sich dies anfangs erhofft hatte, würde dies in Deutschland zu einem Rückgang der Exportnachfrage und zu einer geringeren Wachstumsrate führen. Zudem würde Deutschland von den Sanktionsmaßnahmen beider Gegner, der USA und Chinas, betroffen sein. So drohen deutschen Unternehmen heute schon US-amerikanische Sanktionen, wenn bestimmte Bestandteile ihrer Produkte aus China kommen, zum Beispiel aus der autonomen Region Xinjiang, oder „sensible Technologien" nach China transferiert werden. Erste hypothetische Schätzungen haben ergeben, dass die Kosten eines Decoupling von China gravierend, wenn auch bewältigbar für Deutschland wären. Nur im hypothetischen Extremfall einer sofortigen und vollständigen Trennung zwischen Deutschland und anderen westlichen Ländern auf der einen Seite und China, würde der potenzielle wirtschaftliche Rückgang substanziell sein. Eine neuere Schätzung des Instituts für Weltwirtschaft Kiel beläuft sich auf rund 4 % des BIP über den Zeitraum von einem Jahr; siehe hierzu und zu weiteren Einschätzungen die Erläuterungen in Kap. 7.

Die über lange Jahre aufgebaute Abhängigkeit von China erinnert stark an die verhängnisvolle langjährige Abhängigkeit Deutschlands von Russland hinsichtlich der Öl- und Gaslieferungen. Die Rechnung dafür wurde Deutschland nach dem Ausbruch des Ukrainekriegs präsentiert in Form von Energieknappheit und hoher Energiepreise, unter denen Deutschland stärker gelitten hat als die meisten seiner europäischen Nachbarstaaten. Auch politische Spannungen mit China, beispielsweise im Falle einer Annexion Taiwans durch China, würden weitere Belastungen für deutsche Unternehmen zur Folge haben. Diese leiden heute schon unter den Folgen des verstärkten Wettbewerbs durch chinesische und andere internationale Unternehmen sowie durch geopolitische Spannungen, die zu einem „abnehmenden Exportmarkt" führen.

Nicht nur dies lastet auf Deutschland. Problematisch ist auch die strukturelle Wachstumsschwäche Deutschlands. Es gibt Entwicklungen, die stärker auf dem Land lasten als auf den Nachbarländern. So hat Deutschland nach Japan die weltweit älteste Bevölkerung; und der Alterungsprozess scheint erstmal weiterzugehen. Das Produktionspotential wird dadurch gedrückt. Gegenmaßnahmen lassen sich nicht leicht kurzfristig wirksam umsetzen, wie ich schon in Kap. 4 im Abschn. „Demographischer Wandel" erläuterte. Menschen müssen befähigt werden, lebenslang zu lernen. Und sie müssten überzeugt werden, länger zu arbeiten. Im Augenblick sinken jedoch in Deutschland trendmäßig die Gesamtarbeitsstunden, da der beobachtbare Anstieg der Erwerbstätigenquote geringer ausfällt als der Rückgang der Arbeitsstunden pro Erwerbsperson. Um vor allem mehr Frauen in die Vollzeit-Beschäftigung zu bringen, bräuchte es, neben einer Senkung der Steuern für Zweitverdiener bei verheirateten Paaren, unter anderem mehr Kita-Plätze und mehr Plätze für Ganztagsbetreuung von Grundschulkindern. Dies dürfte kurzfristig schon an fehlendem Fachpersonal scheitern. Auch wirkt sich wirtschaftliche Unsicherheit negativ auf die Geburtenrate aus, wie während der Coronapandemiezeit zu beobachten war. Es bräuchte von daher auch eine gezielte qualifizierte Zuwanderung, und – ganz wichtig – eine Gesellschaft, die dem Thema Zuwanderung offen gegenübersteht. Die Frage ist, ob dies in Deutschland der Fall sein wird. Viele dieser Lösungsansätze wirken erst langfristig. Frühere, proaktive Handlungen wurden lange versäumt oder immer wieder auf die lange Bank geschoben, vom Staat als auch von den heimischen Firmen.

Weitere strukturelle Nachteile, mit denen die deutsche Wirtschaft zum Teil stärker als die Wirtschaft in vielen der Nachbarländer zu kämpfen hat, sind die stockende Digitalisierung, die schwerfällige Bürokratie, ungenügende Investitionen in Innovationen, die relativ hohe Steuerbelastung sowie die ausfernde Regulierung. Es gilt die richtigen Rahmenbedingungen für die Unternehmen zu setzen, um die Innovationskraft hierzulande in Zukunft zu stärken und damit die Produktivkräfte wieder zu verbessern. Hierzu gehören in erster Linie Planungssicherheit und unternehmerische Freiheiten, aber auch Investitionen in Infrastruktur und in Innovationen. Es entsteht manchmal der Eindruck, Deutschland schiene das zukunftsorientierte und risikobejahende Denken der Nachkriegszeit abhandengekommen zu sein. Die Aussage des deutschen Kanzlers Olaf Scholz in seiner Rede zur Haushaltsdebatte im Deutschen Bundestag am 6. September 2023, dass sich ein „Mehltau aus Bürokratismus, Risikoscheu und Verzagtheit" über Jahre hinweg auf das Land gelegt habe, geht auch in diese Richtung. Um voranzukommen, müssten deutsche Unternehmen die ihnen bietenden Chancen ergreifen und stärker in Künstliche Intelligenz (KI), in die Entwicklung neuer Werkstoffe und in eine vernetzte Produktion („Industrie 5.0") investieren. Die Kultur der strategischen Risikobereitschaft und Innovation, die Deutschland im 20. Jahrhundert in Pharma, Ingenieurkunst und Industrieproduktion prägte, müsste heute wiederbelebt werden.

Entscheidend für notwendige Investitionen in Innovation ist die Entwicklung eines größeren, florierenden Risikokapitalmarktes, ähnlich dem in den USA, wo vor allem private Investoren riesige Summen in die Entwicklung neuer Produkte und Prozesse, in Start-ups, finanzieren. Auch China nimmt, wie die USA, hohe Risiken bei der Finanzierung von Zukunftstechnologien und Zukunftsprodukten in Kauf, wobei hier nicht private Investoren, sondern die Regierung, auf nationaler und lokaler Ebene, der Hauptgeldgeber ist. China kann dies, solange es genügend Reserven und genügend Exportüberschüsse hat. Europa und insbesondere Deutschland hinken hier hinterher. Was es als einen der ersten Schritte an institutionellen Reformen bräuchte, wäre die Schaffung einer europäischen Kapitalmarktunion, an der die EU schon lange vergeblich bastelt. Um zu den deutsch-chinesischen Wirtschaftsbeziehungen zurückzukommen: Diese sind im Begriff, sich von einer „Win-win"-Situation zu einem „Nullsummenspiel" zu wandeln. Lange standen die beiden Volkswirtschaften in einem eher komplementären Verhältnis zueinander: So lieferte Deutschland Autos für die neue chinesische Mittelschicht sowie Maschinen. Mit diesen Maschinen wiederum stellte China Konsumgüter für den deutschen Markt her. Inzwischen jedoch konkurrieren beide Länder mit den gleichen Produktgruppen um die gleichen Abnehmer, wobei China viele seiner heimischen Unternehmen stark subventioniert. In der Folge – und verstärkt durch die reale Abwertung der chinesischen Währung – verlieren deutsche Unternehmen Marktanteile in China, und ihre Gewinnmargen schrumpfen. Dies zeigt sich bereits in der zunehmend negativen Handelsbilanz Deutschlands mit China.

Die deutsche Regierung, vor allem aber die EU-Kommission, verfolgen deswegen neuerdings einen aggressiveren Ansatz zum Schutz ihrer Industrie. Dies dürfte allerdings mit Vergeltungsmaßnahmen Chinas einhergehen. Die drei Säulen, auf denen Deutschlands wirtschaftlicher Erfolg in den letzten beiden Jahrzehnten geruht hat, drohen alle mit der Zeit einzubrechen: der Bezug billiger russischer Energie, die Abwälzung der Verteidigungslasten auf die USA, und nun China als riesiger Absatzmarkt.

Last not least, was die Technologieabschottung der USA gegenüber China anbelangt, wird multinationalen Unternehmen nichts anderes übrigbleiben, als dass sie ihre Lieferoperationen in China und in den USA so weit wie möglich entflechten und eigene Zulieferkreise aufsetzen.

Falls der Konflikt zwischen den USA und China sich weiter aufschaukeln und irgendwann aus dem Ruder laufen sollte, wie beispielsweise bei einer Annexion Taiwans durch China, würde dies gravierende Auswirkungen auf die europäischen und insbesondere auf die deutschen Unternehmen haben. Taiwan erzeugt so viele High-End-Chips wie kein anderes Land der Welt. Bei einer Annexion Taiwans durch China käme es sicherlich zu Lieferkettenunterbrechungen, die große Auswirkungen auf westliche Unternehmen hätten. Die Corona-Pandemie hat gezeigt, was passiert, wenn zu wenig Chips aus Taiwan nach Deutschland kommen. Die Autoindustrie litt damals unter starken Absatzeinbrüchen, nachdem die Produktion zurückgefahren werden musste. Überhaupt hat Taiwan beinahe ein Monopol auf High-End-Chips für Smartphones und für neue Anwendungen der Künstlichen Intelligenz. Viele taiwanische Vorprodukte werden zudem derzeit nach China geliefert, um dort von multinationalen Unternehmen weiterverarbeitet zu werden. Auch wenn die EU und Deutschland insbesondere den Aufbau einer europäischen Chipproduktion stark fördern, dürfte es noch lange dauern, bis sich Wesentliches ändert. Die Abhängigkeit von Taiwans Chips bleibt also auf absehbare Zeit sehr hoch. Doch auch die Abhängigkeit von Chips aus China wird voraussichtlich hoch bleiben, da Europa seinen Bedarf an Chips, die mit einfacheren, lange bekannten Technologien gefertigt werden, und die vor allem von der Autoindustrie massenhaft gebraucht werden, selbst nicht einmal zur Hälfte decken kann. Europa wird also die Chips von anderswo beziehen müssen, und das wird voraussichtlich vor allem China sein, wo derzeit die Fabriken dafür entstehen – so der Chef von ASML, Europas mit 380 Mrd. Euro derzeit wertvollstem Tech-Konzern (laut Handelsblatt-Interview vom 8. Juli 2024, S. 4).

Die Herausforderungen für Deutschland und die deutschen Unternehmen sind und bleiben also hoch und werden weitgehend von exogenen Faktoren wie den Folgen des sich aufschaukelnden Systemwettbewerbs zwischen den USA und China bestimmt.

6

Herausforderungen und Reformentwicklung Chinas im Überblick

In Abschn. 6.1 werde ich die meines Erachtens drei zentralen Herausforderungen, vor denen Xi Jinping in den nächsten Jahren steht, nochmals kompakt herausarbeiten.[1] In Abschn. 6.2 werde ich dann – für eilige Leserinnen und Leser – den Inhalt der vorherigen Kapitel kurz zusammenfassen.

6.1 Die zentralen Herausforderungen der derzeitigen Chinapolitik Xi Jinpings

In diesem ersten Teil des Kap. 6 möchte ich nochmals kurz auf die drei zentralen Herausforderungen eingehen, die die derzeitige Chinapolitik Xi Jinpings prägen: (1) die Lösung des sogenannten „Trilemma-Problems"; (2) die Vermeidung einer „mittleren Einkommensfalle" (MIT); (3) das Navigieren im neuen Systemwettbewerb (im neuen ‚Kalten Krieg').

---

[1] Quellenangaben, Begriffserläuterungen und sonstige Ergänzungen zu Kap. 6 sind in Kap. 7 zu finden.

6.1.1 Trilemma-Lösung

Alle Kapitel dieses Buches durchzieht die zentrale Herausforderung für die Republik China seit Mao, nämlich das folgende sogenannte „Trilemma-Problem" zu lösen, d. h. zu versuchen gleichzeitig die folgenden drei Ziele zu erreichen: erstens die Macht der Kommunistischen Partei Chinas (KPCh) zu bewahren, zweitens Armut abzubauen und den wirtschaftlichen Wohlstand zu steigern, sowie drittens für soziale und politische Stabilität zu sorgen. Siehe hierzu auch die Erläuterungen in Kap. 7!

Trilemma-Situationen sind seit langem Gegenstand lebhafter Diskussionen in den Wirtschafts- und Sozialwissenschaften in vielen Bereichen (siehe hierzu in Kap. 7). Trilemma-Situationen weisen grundsätzlich auf Risiken der Instabilität und Nicht-Nachhaltigkeit hin. In den vorhergehenden Kapiteln dieses Buches wurde gezeigt, dass auch China seit nunmehr 75 Jahren mit dem obigen politisch-wirtschaftlichen Trilemma – und damit der ständigen Gefahr der Nicht-Nachhaltigkeit des Gesellschafts- und Wirtschaftssystems – konfrontiert ist und in den verschiedenen Epochen unterschiedlich darauf reagiert hat. Die letzten 75 Jahre lassen sich grob in drei Epochen unterteilen: die Mao-Ära (1949–1978), die Deng-Ära (1979–2011) und die Xi-Ära (2012-heute). In allen drei Epochen wurden vor allem die folgenden drei Ziele verfolgt: (1) die Aufrechterhaltung eines kommunistischen Einparteiensystems; (2) stetiges Wirtschaftswachstum/Wohlstandsteigerung/Konvergenz (Aufholprozess zum Westen); und (3) Stabilität. Von diesen drei Zielen konnten immer nur maximal zwei auf Kosten des dritten Ziels langfristig erfolgreich verfolgt werden (siehe näher Wagner 2021). Die Prioritäten der Zielverfolgung wurden in den drei Epochen seit Gründung der Republik China 1949 unterschiedlich gesetzt: In der Mao-Ära war die vorrangige Verfolgung der Ziele (1) und (2) dominant; in der Deng-Ära war die Verfolgung des Ziels (2) vorrangig, gefolgt von Ziel (1); und in der Xi-Ära ist die vorrangige Verfolgung der Ziele (3) und (1) dominant. Das jeweils verbleibende Ziel wurde/wird gezwungenermaßen etwas vernachlässigt, was in der Mao- und Deng-Ära eine ganze Weile gut ging, aber schließlich zu einem offenen, virulenten Trilemma-Problem und folglich zu Instabilität und Nicht-Nachhaltigkeit, sprich einer notwendigen Veränderung des Systems führte. Die Hauptinstrumente in der Mao-

Ära waren ein zentrales Wirtschaftsplanungssystem und die zentrale Kontrolle – wenn nötig, Repression – durch die kommunistische Partei mithilfe des Militärapparats; in der Deng-Ära eine Mischung aus Wirtschaftsplanung und Marktsystem („Staatskapitalismus"), Lockerung und gleichzeitig Zensur sowie politischer Dezentralisierung; in der Xi-Ära ebenfalls ein gemischtes Wirtschaftssystem sowie stärkere Überwachung der Bevölkerung und politische Rezentralisierung.

Neu in der Xi-Ära sind zum Teil innovative Instrumente. Diese könnten vielleicht dazu führen, dass das Xi-Regime erstmals die Gefahr der Nicht-Nachhaltigkeit des Trilemma-Lösungsversuches überwinden kann. Zumindest wird mit Hilfe dieser neuen Instrumente versucht, das bisher für unmöglich Gehaltene zu realisieren, nämlich alle drei Hauptziele gleichzeitig, wenn auch mit unterschiedlicher Intensität, zu verfolgen, um die drohende Destabilisierung und letztlich den Zusammenbruch – Nicht-Nachhaltigkeit – des derzeitigen Herrschaftssystems bzw. der gegenwärtigen Entwicklungsstrategie abzuwenden. Dies könnte durch eine Kombination aus einer auf Innovationen ausgerichteten Wachstumsstrategie, einem Wiederaufleben des Nationalismus, einem gesteigerten Patriotismus, dem Programm „Make China Great Again", das sich im Belt-and-Road (BRI)-Programm widerspiegelt, und dem Einsatz neuer digitaler Technologien zur besseren Überwachung, Kontrolle und Indoktrinierung der Bevölkerung erreicht werden. Die Nachhaltigkeit des Xi-Regimes und seiner Entwicklungsstrategie wird jedoch letztlich von der erfolgreichen Umsetzung und Akzeptanz dieser neuen digitalen Überwachungsstrategien abhängen, sowie davon, ob es gelingt, innovatives Unternehmertum zu fördern, was die erfolgreiche Umsetzung eines innovationsgetriebenen Wachstumspfads erfordert.

Die USA haben seit geraumer Zeit Angst vor einem Erfolg dieser Xi-Strategie und einem schnellen Aufstieg Chinas zur (mit)führenden Weltmacht und Gegenspieler auf Augenhöhe. Deshalb setzen sie alles daran, Chinas Aufstieg zu bremsen. Der Eindämmung Chinas im Kampf um die Weltherrschaft scheinen die USA derzeit alles andere unterzuordnen. Sogar jene freie Welt- und Handelsordnung, für die sie seit dem Ende des Zweiten Weltkriegs eingetreten waren, wird ihnen plötzlich zum Störfaktor bei der Eindämmung Chinas. Auch Europa ist bestrebt, seine Abhängigkeit von China zurückzufahren. Ob es sich allerdings für

Europa lohnt, in einen globalen Subventionswettbewerb mit China, den USA, Japan und anderen Staaten einzusteigen und Milliarden über Milliarden in Subventionen zu investieren, statt nicht lieber das Geld für Infrastruktur, Bildung sowie vor allem für Forschung und Entwicklung anzulegen, ist mehr als fraglich. Die früheren Erfahrungen mit solch globalen Subventionswettläufen haben gezeigt, dass diese oft mit hohen fiskalischen Kosten und negativen Spillover- oder Übertragungs-Effekten in andere Länder verbunden waren. Außerdem kann dann weniger für die Forschung, insbesondere die Grundlagenforschung, die am Beginn jeder Innovation steht, ausgegeben werden. Und nicht zuletzt kommen solche steuerlichen Anreize häufig nur den großen, ohnehin etablierten Unternehmen zugute. Und, um das schon in Kap. 2 erwähnte Argument aus der Wachstumstheorie (Romer, Jones) aufzugreifen: Wissen ist ein öffentliches Gut. Unterdrückung von Wissensakkumulation/Innovationen, und wenn sie auch „nur" in anderen Ländern wie China stattfindet, bedeutet einen Verzicht/Verlust für die gesamte Menschheit.

Nichtsdestotrotz kommt es zunehmend zu einer Abgrenzung nicht nur der westlichen Länder von China, sondern auch Chinas vom Westen. Dies zeigt sich in der neuen Wachstumsstrategie Chinas, die auf der sogenannten „Dual Circulation"-Strategie beruht. In dieser neuen Wachstumsstrategie nimmt China Abschied von der bisherigen Nachfragestimulierung bei einem Wachstumsrückgang und fokussiert sich zunehmend auf die Angebotsseite des Wachstumsprozesses, sprich auf die Förderung der sogenannten „neuen produktiven Kräfte". Letzteres geht Hand in Hand mit dem Aufbau von Überangebot in Zukunftsindustrien und einer aggressiven Handelspolitik. Ob diese Politik gelingt, ist fraglich. Sie führt auf jeden Fall zu globalen Subventionswettläufen, globalen Preiskämpfen und zunehmend protektionistischer Wirtschaftspolitik. Und dies alles vor dem Hintergrund des neuen Systemwettbewerbs, der in einen neuen ‚Kalten Krieg' zu münden droht.

6.1.2 MIT-Vermeidung

Was China anbelangt, so ist ein zentrales Ziel für Xi Jinping die Vermeidung des Abrutschens in eine mittlere Einkommensfalle (MIT). Entscheidend für das Überwinden der MIT sind Innovationen. Dies wurde von China (Xi) richtig erkannt. Doch sind nicht nur Erfindungen, sondern auch die zügige Umsetzung in praktische Produkte und Verfahren notwendig. Förderung von Technologien bleibt dabei das A&O. China versucht dies über staatlich gelenkte Industriepolitik zu steuern. Es hat dabei den Vorteil, dass es systembedingt langfristig planen kann – langfristiger als „der Westen" – und seine Strategie Schritt für Schritt umsetzen kann. Dem steht der Nachteil gegenüber, dass der Prozess von oben gelenkt wird, und es von daher wenig/er Wettbewerb gibt.

Doch die Chancen für China, die MIT nachhaltig zu überwinden, sind nicht aussichtslos. Auch wenn Chinas Wachstumsrate seit 2010 von ihrem früheren zweistelligen Niveau heruntergekommen ist, strebt/e die Regierung für 2023 und 2024, und darüber hinaus (laut letztem 5-Jahres-Plan bis 2035), immerhin eine Rate von „rund 5 %" an. Für eine Volkswirtschaft mit einem Pro-Kopf-Bruttoinlandsprodukt (-BIP) von über 10.000 US-Dollar wäre ein länger anhaltendes Wachstum von 5 % nicht schlecht. Südkorea ist bislang meines Wissens das einzige Schwellenland gewesen, das diesen Einkommensmeilenstein erreicht hat und dann ein weiteres Jahrzehnt lang ein durchschnittliches BIP-Wachstum von über 5 % aufrechterhalten konnte. Dies fand damals allerdings unter anderen geopolitischen Rahmenbedingungen statt und ging außerdem einher mit einer Demokratisierung von Südkorea.

Wahrscheinlich aber dürfte es für China schwierig werden, den Konvergenzerfolg der anderen ostasiatischen Länder zu wiederholen und zu einem reichen Land zu werden, schon angesichts der ungünstigeren geopolitischen Ausgangsbedingungen heute. Die Wachstumsprognosen des Internationalen Währungsfonds (IWF) für China gehen, wie schon gesagt, eher in Richtung 3 % für die nächsten 10 Jahre. Damit würde China nur ein etwas höheres Wirtschaftswachstum als die USA, für die rund 2 % prognostiziert werden, aufweisen. Dies hängt zusammen mit dem Rückgang der Globalisierungsdynamik angesichts der zunehmenden protektionistischen Handelspolitiken der Global Players. Dies bremst nicht nur den Aufstieg Chinas, sondern auch den der ärmsten Länder der Welt. Wie eine neuere Studie der Weltbank zeigt, hat sich die Einkommenslücke zwischen der Hälfte der 75 ärmsten Länder und den reichsten Ländern zum ersten Mal in diesem Jahrhundert wieder vergrößert.

Angesichts dessen ist China sehr daran gelegen, die Handelsbeziehungen zum Westen aufrechtzuerhalten, da es nur so nachhaltig eine MIT vermeiden kann. Gleichzeitig sieht es sich gezwungen, immer stärker mit seiner neuen Industriepolitik, auch mithilfe protektionistischer Maßnahmen, als Wettbewerber gegen den Westen, sprich westliche Unternehmen, vorzugehen. Dies erfolgt mit dem Ziel, Überkapazitäten abzubauen und Technologieführerschaft zu erlangen, um so die MIT zu überwinden bzw. zu vermeiden. Dies führt jedoch zu sich aufschaukelnden Handelskonflikten. Von fairem Wettbewerb wird man dabei nicht mehr reden können.

6.1.3 Navigieren im neuen Systemwettbewerb

Wie in Kap. 2 am Ende ausgeführt, könnte es fairen Wettbewerb sowieso nur geben, wenn beide/alle Seiten bereit wären, nach den gleichen Regeln zu spielen. Nun fordert der Westen von den Entwicklungs- und Schwellenländern seit langem, dass sie sich nach seinen Regeln – Regeln die von ihm, in von ihm dominierten internationalen Organisationen, aufgestellt worden sind –, verhalten und „seine" Menschenrechte, Lieferkettengesetze, Umweltvorschriften u. a. beachten. Wenn nicht, droht er mit Sanktionen (Beispiel: USA) oder verweigert die Unterschrift unter Handelsverträge (Beispiel: EU lange Zeit beim Mercosur-Abkommen). Allerdings sind die Entwicklungs- und Schwellenländer – der Globale Süden – in den letzten Jahren immer weniger bereit, sich den Regeln des Westens zu unterwerfen, was sie als postkolonialistischen Zwang ansehen. China versucht sich das zunutze zu machen und bietet sich als Führer und Stellvertreter des Globalen Südens an, wobei es diesem auch gleich eine neue alternative Entwicklungsstrategie chinesischer, sozialistisch-autoritärer Prägung präsentiert. Aber auch China will wie der Globale Süden nach seinen eigenen Regeln handeln – Regeln, die China nicht immer klar offenbart. Unter solchen konfliktären Bedingungen sind nur mehr diskretionäre, in der Regel auch nur bilaterale Abmachungen durchführbar, jedoch keine längerfristig verlässlichen multilateralen Abmachungen. Dort, wo die Handelspartner nicht einheitliche

Regeln anerkennen und nach ihnen handeln, Schiedsgerichtsstellen bzw. internationale Gerichtsurteile anerkennen, kann es dann auch keinen fairen Handelswettbewerb geben, sondern es herrscht Systemwettbewerb, in dem die Kontrahenten nach ihren eigenen Regeln agieren.

Dadurch, dass die Kontrolle über Wirtschaft und Gesellschaft durch staatliche Behörden –angetrieben durch die KPCh – in den letzten Jahren in China massiv zugenommen hat, sind vor allem die ausländischen Unternehmen zunehmend verunsichert über den künftigen Kurs der Staatsführung. Dies auch deshalb, weil Gesetzesverschärfungen zum Beispiel hinsichtlich der Beschaffung von „sensiblen" Informationen sehr unscharf gehalten sind. Der Versuch Chinas unter Xi Jinping, mit einem extrem starken Sicherheitsapparat und rigiden Überwachungsmethoden eine stabile Gesellschaft zu schaffen, um damit Ziel 3 – Stabilität – zu erreichen, bremst den Fortschritt und den Reformeifer, der China in den Jahrzehnten vorher ausgezeichnet hatte. Er lähmt die marktwirtschaftlichen Innovationstreiber und führt zu einer Verringerung des Produktivitätsfortschritts, und er verschreckt ausländische Investoren. So lässt sich eine drohende MIT kaum nachhaltig überwinden.

China versucht derzeit, mit einer neuen „Charmeoffensive" gegen die Verunsicherung der ausländischen Unternehmen vorzugehen. Kürzlich eingeräumte Verbesserungen, wie die – zeitlich befristete – Visafreiheit für Geschäftsreisende und Touristen aus EU-Ländern, werden jedoch daran auch nicht viel ändern können, solange sich die Unternehmen in ihrer Entscheidungsfreiheit stark eingeschränkt fühlen. China ist unter Xi keinesfalls bereit, sein Ziel, Stabilität herzustellen und dies über alles zu stellen, aufzugeben. Dem liegt die Überzeugung zugrunde, dass das Riesenreich, mit seiner Vielzahl heterogener Provinzen und Kommunen, nur dann zusammengehalten werden kann, wenn alle an einem Strang ziehen, und dieser Strang von der KPCh vorgegeben wird.

Die USA ihrerseits scheinen eingesehen zu haben, dass sie in Zukunft nicht mehr ohne weiteres die Rolle der einzigen globalen Weltmacht spielen können, angesichts des geopolitischen Aufstiegs Chinas, und eines gewachsenen Selbstbewusstseins auch der anderen stärker gewordenen Schwellenländer. Stattdessen entstehen multipolare Machtzentren, womit einschneidende Veränderungen der internationalen Ordnung einhergehen. Nichtsdestotrotz wehren sich die USA immer vehementer gegen diese Entwicklung, indem sie versuchen, Chinas Aufstieg zu bremsen, und die Länder des Globalen Südens wieder an sich zu binden.

China hingegen versucht sich vom Westen/den USA unabhängiger zu machen – durch die Dual Circulation-Strategie, wie in Abschn. 3.3.3 erläutert. Gleichzeitig erhebt es Anspruch auf die Führungsrolle unter den Ländern des Globalen Südens, wobei es hier allerdings nicht allein ist, sondern Konkurrenz erfährt. So strebt zum Beispiel auch Indien unter Präsident Modi diese Führungsrolle an, zumindest längerfristig. Modis Argumentation bei dem G-20-Gipfeltreffen 2023 lautete wie folgt: Indien sei inzwischen das bevölkerungsreichste Land der Welt mit einer in den nächsten Jahren vom IWF erwarteten fast doppelt so hohen Wachstumsrate wie China, während China nach der Corona-Pandemie nur noch ein Schatten seiner selbst sei. Von daher falle eigentlich Indien der Anspruch zu, die Führungsrolle des Globalen Südens einzunehmen.

Aber auch andere Länder wehren sich gegen das dominante, oft barsche, Auftreten Chinas und versuchen eine eher „neutrale" Position zwischen den autoritären Mächten China und Russland, und dem Westen einzunehmen. Beispiele hierfür sind Brasilien oder einige südostasiatische Länder, die die außenpolitische Doktrin der Äquidistanz oder die „Multi-Alignment"-Strategie, d. h. die Strategie der mehrfachen Partnerschaften, verfolgen. So wie sie die Pax Americana – eine von den USA angeführte globale Ordnung – ablehnen, was zur Bildung der BRICS+ geführt hat, sträuben sie sich mehrheitlich auch gegen eine Pax Sinica – eine von China angeführte Ordnung. Doch „steter Tropfen höhlt den Stein", scheint Chinas Devise zu sein.

Die gegenseitige Abgrenzung zwischen China und dem Westen lässt das Pendel zwischen Internationalismus und Nationalismus in Richtung des Letzteren schwingen. Während noch der 28. US-Präsident Woodrow Wilson (1913–1921) einer der wohl einflussreichsten Verfechter eines Internationalismus war, der den Vorschlag zur Gründung des Völkerbundes, der Vorgängerinstitution der Vereinten Nationen, einbrachte, drehte der 45. Präsident der USA, Donald Trump (2017–2021), das Pendel in die andere Richtung, mit seinen nationalistischen Parolen wie „Make America Great Again" und „America First". In dieser Hinsicht steht ihm Chinas Präsident, Xi Jinping, in nichts nach mit seinen natio-

6 Herausforderungen und Reformentwicklung Chinas im... 215

nalistischen Parolen einer „nationalen Erneuerung: Rejuvenation" – der Aufforderung, China wieder groß zu machen – und seiner Dual Circulation-Strategie. Die Welt strebt so wieder auseinander und die Thukydides-Fallen-Gefahr einer kriegerischen Auseinandersetzung zwischen den beiden Kontrahenten wird größer.

Wer von den beiden Kontrahenten die Oberhand behält, hängt wesentlich davon ab, welches Land sich wirtschaftlich besser entwickelt. Deswegen versucht Xi Jinping China wirtschaftlich stark, d. h. zu einem Powerhouse für Innovationen in zukunftsträchtige Industriesektoren – und dadurch unabhängiger vom Westen – zu machen. Wichtig dabei ist zu bedenken: Kein Herrscher kann Wirtschaftswachstum erzwingen. Neben technischem Fortschritt und Innovationen der heimischen Wirtschaft sowie adäquaten institutionellen Rahmenbedingungen, sind auch die Präferenzen der Bevölkerung entscheidend dafür, wieviel Wirtschaftswachstum generiert werden kann. Wenn zum Beispiel die Präferenzen vor allem in der jüngeren Bevölkerung der westlichen Staaten sich dahin entwickeln sollten, dass mehr Freizeit und weniger Arbeitsstunden präferiert werden, wie derzeit in Deutschland, wird das Wirtschaftswachstum darunter leiden. Dies würde China, seinem Aufstieg, in die Karten spielen. Dies wäre jedoch letztlich eine freiwillige Entscheidung der Bevölkerung der westlichen Staaten.

Ob es China gelingt, so wie angestrebt, schnell aufzuholen gegenüber den USA, kann derzeit noch nicht abschließend beurteilt werden. Vor allem der massive Druck, die Sanktionen der USA bzw. des Westens machen China stark zu schaffen. Andererseits muss man konstatieren, dass trotz – oder gerade wegen – des massiven Drucks der USA die chinesische Wirtschaft innovativer ist denn je. Auf jeden Fall scheint, solange Xi Jinping an der Macht ist, das System in China eher autoritärer als demokratisch zu werden. Unter Xi Jinping gewann die/seine Ideologie stärker an Gewicht, während unter Deng Xiaoping galt: Pragmatismus vor Ideologie.

Für Xi war seine Strategie- und Mittelwahl jedoch auch alternativlos. Zum Anfang seiner Amtszeit ging es darum, die sich aufgeschaukelten Ungleichgewichte einzudämmen. Derzeit geht es darum, die MIT-Gefahr abzuwehren und im Systemwettbewerb mit den USA zu bestehen und dabei die Thukydides-Fallengefahr abzuwenden. Aber auch für seine Vorgänger, Mao Zedong und Deng Xiaoping, waren deren Strategien unter den damals gegebenen Rahmenbedingungen alternativlos für die Erreichung der gemeinsamen Ziele 1 bis 3 (Machterhalt; Wohlstand; Stabilität). So erschien Maos Strategiewahl unter den Rahmenbedingungen der damaligen Zeit – der zweiten Hälfte der 1940er-Jahre – durchaus als „angemessen", da sonst das 1949 noch sehr fragile Riesenreich wahrscheinlich nicht hätte vereint und zusammengehalten werden können. Genauso hätte in der Deng- und Nach-Deng-Ära der Aufholprozess nicht oder zumindest nicht so schnell stattfinden können, wenn China damals eine andere Strategievariante gewählt hätte. Und Xis Mittelwahl in den 2010er-Jahren war angemessen, um ein zunehmend von Ungleichgewichten geschütteltes und von der Angst vor einer Wachstumsverlangsamung und eines Abdriftens in eine MIT geplagtes Land zu stabilisieren. Das heißt, die jeweilige Wahl war pfadabhängig, und auf die Bedürfnisse bzw. die Rahmenbedingungen der jeweiligen Zeit zugeschnitten. Die Frage ist, ob Xi die Größe besitzt und bereit ist, nach getaner Arbeit der Stabilisierung von seiner Machtanhäufung loszulassen und wieder mehr wirtschaftliche und politische Freiheit zuzulassen.

Auf jeden Fall bewegen wir uns hin zu einer multipolaren Welt: wahrscheinlich mit den USA, Europa, China und Indien als die Schlüsselakteure. Wenn China weiter erstarkt, könnte sich die Welt auch auf eine bipolare Weltordnung hinbewegen: mit den USA als Führungsmacht der demokratischen Ländergruppe und China als Führungsnation der autokratischen Länder. Besonders im letzteren Fall würde die Thukydides-Fallen-Gefahr, d. h. das drohende Abgleiten in kriegerische Auseinandersetzungen zwischen Ost und West, virulent werden.

Europa und Deutschland sind mittendrin in dieser Gefahrenlage, da sie sich eine neutrale Position wie bestimmte Schwellenländer mit der außenpolitischen Doktrin der Äquidistanz nicht werden erlauben können. Oder vielleicht doch? Keiner weiß es sicher; wir können nur abwarten, was die Zukunft bringt – und wohin China steuert.

Ein Ausblick nach der erneuten Wahl Donald Trumps zum US-Präsidenten

Zwei Wochen vor Abgabe des Buchmanuskripts an den Verlag ist Donald Trump erneut zum US-Präsidenten gewählt worden. Wie sich die Wahl auf Chinas wirtschaftspolitische Entwicklung auswirken wird, kann man noch nicht sicher vorhersagen, auch angesichts von Trumps oft betonter „Unberechenbarkeit". Wenn man die Erfahrungen mit Trumps erster Präsidentschaft und seine Wahlaussagen im US-Wahlkampf 2024 heranzieht, so deutet vieles auf eine Verschärfung des „Handelskriegs" mit China hin (siehe hierzu und zu Folgendem auch die zusätzlichen Erläuterungen in Kap. 7). Beide Länder, China und die USA, haben sich schon im Vorfeld positioniert, in Erwartung eines möglicherweise eskalierenden Konflikts. China hat sich durch seine „Dual Circulation"-Strategie unter Xi Jinping versucht unabhängiger vom Westen/den USA zu machen. Ähnlich haben sich die USA unter Trumps erster und Bidens Präsidentschaft ein Stück weit von China abgekoppelt, zumindest technologisch. Der Zugang Chinas zu modernen westlichen Technologien wurde durch die USA, unter Einbindung alliierter Staaten, erschwert. Und auch die Zölle auf chinesische Einfuhren wurden erhöht. Beides dürfte sich unter Trumps zweiter Präsidentschaft verschärfen. China seinerseits wird nicht klein beigeben, sondern versuchen, geeignete Gegenmaßnahmen zu ergreifen. Es wird versuchen, andere Länder, vor allem die Länder des Globalen Südens, aber auch einige Länder Europas, mit Anreizen, Versprechen, aber auch Drohungen auf seine Seite zu ziehen. Es könnte damit (wie die USA unter Trump auch) einen Keil zwischen die europäischen Länder treiben. Die Welt wird so stärker in wenige, vielleicht nur zwei Blöcke auseinanderdriften. Ein zweiter – hoffentlich wieder nur „Kalter" – Krieg, zwischen dem von den USA dominierten „Westen" und einem von China angeführten „Osten", droht.

Beide, China und die USA, werden dabei hohe Verluste davontragen. Für die USA werden die eigenen Kosten nur sekundär sein, da es ihnen darum geht, ihre geopolitische Vorherrschaft zu verteidigen, indem sie – koste es, was es wolle – China „kleinhalten", d. h. seinen wirtschaftlichen und technologischen Aufstieg bremsen. Und auch China werden kurzfristige Kosten vor dem Hintergrund seines Großmachtstrebens unter Xi Jinping nicht aufhalten. Nicht mehr Effizienz- und Produktivitätsaspekte werden die Wirtschafts- und Handelsbeziehungen leiten, sondern geopolitische und nationale Sicherheitsinteressen.

Die Welt wird ungemütlicher werden, auch für Europa, vor allem für Deutschland als Exportnation. Deutschland hat in den letzten Jahrzehnten stark von seinen regen Handelsbeziehungen mit China profitiert. Unter Trumps Präsidentschaft dürfte es in den nächsten Jahren stärker unter Druck gesetzt werden, diese Beziehungen zurückzufahren, manche Beziehungen – dort wo Technologietransfers eine Rolle spielen – ganz zu kappen. Die Folgen werden erstmal empfindliche Wohlfahrtsverluste sein – bitter für ein Land, das derzeit schon in großen wirtschaftlichen und strukturellen Schwierigkeiten steckt.

6.2 Chinas Reformentwicklung im Überblick

Im Folgenden werde ich – für eilige Leserinnen und Leser – den Inhalt der vorherigen Kapitel kurz zusammenfassen.

Kap. 1
Dieses Kapitel zeigt, wie China sich seit dem Mittelalter bis heute entwickelt hat. Insbesondere werden die Umwälzungen in der zweiten Hälfte des letzten Jahrhunderts und im ersten Viertel dieses Jahrhunderts genauer untersucht und analysiert.

Nach Jahrzehnten der politischen Instabilität kam 1949 die Kommunistische Partei Chinas (KPCh) an die Macht und gründete die Volksrepublik China. Unter dem KPCh-Vorsitzenden Mao Zedong wandte sich China einem planwirtschaftlichen System nach sowjetischem Vorbild zu. Um die wirtschaftliche Entwicklung und den Sozialismus voranzutreiben, setzte Mao auf Massenkampagnen wie den „Großen Sprung nach vorn" (1958–1961) und die „Kulturrevolution" (1966–1976), die das Land um viele Jahre zurückwarfen. Nach Maos Tod 1976 wurde die Kulturrevolution beendet. Zwei Jahre später wurde Deng Xiaoping zum obersten Führer Chinas. Deng startete eine neue Ära der „Reform und Öffnung". Die chinesischen Reformen unter Deng Xiaoping folgten einem eher graduellen, evolutionären und experimentellen Ansatz, der oft als Versuchs- und Irrtumsprozess bezeichnet wird. Wirtschaftliche Entwicklung wurde zur obersten Priorität. Sie wurde als unerlässlich für die Reduzierung der damaligen Armut und das Überleben des politischen Regimes angesehen. Die Reformen begannen im Agrarsektor. Es wurden die staatlichen Einkaufspreise für landwirtschaftliche Erzeugnisse erhöht, die Landwirtschaft durch das Haushaltsverantwortungssystem (HRS) entkollektiviert, und die freien Märkte für landwirtschaftliche Erzeugnisse erweitert. Die Reformen ermunterten die Bauern, effizienter zu arbeiten, was ihre Einkommen und die Produktivität in den ländlichen Gebieten erhöhte. Mitte der 1980er-Jahre wurde der Schwerpunkt der Reformen auf den Industriebereich verlagert. Der sogenannte Township- und Village-Enterprise (TVE) war während dieser zweiten Reformphase der wichtigste Wachstumstreiber und beschleunigte die Transformation hin zu einer Marktwirtschaft. Während der späten 1970er und der 1980er-Jahre wurden auch die ersten Öffnungsgesetze verabschiedet. Unter anderem wurden in einigen Regionen Sonderwirtschaftszonen eingerichtet und bis 1988 allmählich auf die gesamte Küstenregion ausgedehnt. In diesen Sonderwirtschaftszonen wurden ausländischen Investoren steuerliche und andere Vorzüge gewährt. Nach einer kurzen Unterbrechung des Reformprozesses intensivierte China ab 1992 seine Liberalisierungsreformen.

1993 wurde China zu einer „sozialistischen Marktwirtschaft", was den Weg für Haushalts-, Finanz- und staatliche Unternehmensreformen ebnen sollte, die bisher vernachlässigt worden waren. Der Anteil der privaten Unternehmen an der industriellen Produktion stieg in den 1990er-Jahren erheblich an. 2001 trat China endlich der Welthandelsorganisation (WTO) bei, was auch zu größerer Konkurrenz auf dem chinesischen Gütermarkt führte. Doch schon im Vorfeld des WTO-Beitritts hatte China seine Bemühungen um eine Liberalisierung des Handels intensiviert. Die Reformbemühungen wurden allerdings ab 2003 erheblich verlangsamt. Diese Veränderung war zunächst nicht offensichtlich spürbar, da die positive Auswirkung der vorherigen Reformpolitik noch eine Weile anhielt und das Wachstum des Bruttoinlandsprodukts weiter hochhielt.

Einer der verschiedenen Gründe für die Änderung des Reformkurses war, dass die während der 1990er-Jahre ergriffenen Maßnahmen eine Gruppe von „Reformverlierern", insbesondere durch den Privatisierungsprozess, geschaffen hatten – die neuen Arbeitslosen. Da befürchtet wurde, dass soziale Konflikte zu Instabilität führen könnten, konzentrierten sich die nachfolgenden Reformen auf die Bekämpfung sozialer Probleme, z. B. durch Reformen des Sozial- und Rentensystems sowie des Gesundheitssektors. In den 2000er-Jahren war zudem eine Wiederbelebung der „Techno-Industriepolitik" zu beobachten. Die weltweite Finanzkrise enthüllte schließlich die Verwundbarkeit des chinesischen Entwicklungsmodells unter Deng Xiaoping, das stark auf Exporte und Investitionen gesetzt und so zu erheblichen Ungleichgewichten geführt hatte. Diese zeigten sich unter anderem in Überkapazitäten und steigenden Schulden. Auch kam es im Zuge des Wachstumsbooms zu steigenden Löhnen und folglich einer abnehmenden Wettbewerbsfähigkeit, was – zusammen mit anderen Faktoren – das Wirtschaftswachstum verlangsamte. Es kamen Bedenken auf, dass China in eine Mittelstandsfalle geraten könnte. Ein expansives makroökonomisches Politikprogramm sollte daraufhin diese Verlangsamung des Wachstums dämpfen, führte aber zu neuen Problemen, sprich Ungleichgewichten. Vor dem Hintergrund dieser krisenhaften Entwicklungen begann dann 2012 die Regentschaft von Xi Jinping, die Gegenstand von Kap. 3 ist.

Kap. 2
Dieses Kapitel beschreibt zuerst die Gründe für das Abflachen des Wachstumsprozesses seit Anfang der 2010er-Jahre. Während China in der Hochphase des chinesischen Wirtschaftswachstums in der Zeit zwischen 1992 und 2011 mit einer durchschnittlichen jährlichen Wachstumsrate von rund 10 % aufwarten konnte, hat sich das Wirtschaftswachstum in China seitdem zunehmend verlangsamt, zuerst auf 7–8 %, dann auf 4–5 % (derzeit) und – zukünftig (bis 2030) – auf (vorhergesagt) gut drei Prozent. Wie konnte es zu diesem Abschwung, zu dieser Verlangsamung des Aufholprozesses kommen? Was waren/sind die Auslöser, was die Gründe? Dies ist Gegenstand von Kap. 2.

Es wird dort argumentiert, dass ein Mix aus A) natürlichen Gesetzmäßigkeiten, B) unglücklichen Umständen (exogenen Schocks), C) halbexogenen (mitverschuldeten) Schocks, und D) eigenen Politikfehlern/-entscheidungen der chinesischen Regierungen für den Abschwung verantwortlich war.

Zu den (A) natürlichen Gesetzmäßigkeiten zählen: abnehmende Grenzerträge der Kapitalakkumulation; der sektorale Strukturwandel; das Erreichen eines mittleren Einkommensniveaus mit einer Mittleren-

Einkommensfalle (MIT); sowie die demographische Entwicklung. Diese natürlichen Gesetzmäßigkeiten führen zu dauerhaften Wachstumsrückgängen.

Hinzu kamen (B) unglückliche Umstände bzw. größere exogene Schocks wie die Globale Finanzkrise; die Corona-Pandemie; die Wiederkehr der Inflation im Westen. Außerdem (C) halbexogene (mitverschuldete) Schocks wie der geopolitische Streit Chinas mit dem sich verteidigenden Hegemonialstaat USA; die De-Risking-Strategie des Westens; die Sanktionen des Westens; der Rückgang der ausländischen Direktinvestitionen (FDIs); und die Bau-Immobilienkrise.

Mitverursacher des Wachstumsrückgangs in China waren aber auch: (D) eigene Politikentscheidungen/fehler der chinesischen Regierungen seit 2003 wie die Reformverlangsamung ab 2003 bzw. teilweise Rückgängigmachung der marktwirtschaftlich-institutionellen Reformen unter Xi Jinping; die wirtschaftspolitische Reaktion Chinas auf die Globale Finanzkrise und allgemein auf die sich während und nach der Deng-Ära aufgebauten Ungleichgewichte; der mangelnde Ausbau von Sparanlagemöglichkeiten; der Aufbau bzw. das Zulassen des Aufbaus von großen Handelsungleichgewichten; die Überwachung und Verunsicherung ausländischer (multinationaler) Unternehmen; die jahrelange Null-Covid-Politik; das lange Festhalten an der Ein-Kind-Politik; und die geopolitischen Ansprüche Chinas – mit der Folge von Sanktionen des Westens und eines Rückgangs der ausländischen Direktinvestitionen.

In einem zweiten Teil beschäftigt sich das Kap. 2 mit den neuen geopolitischen Spannungen zwischen „dem Westen" und China seit Mitte der 2010er-Jahre. Während die Jahrzehnte vorher geprägt waren von einem eher partnerschaftlichen Verhältnis, aus dem beide Seiten als Gewinner hervorgingen, führten die zunehmende wirtschaftliche Macht Chinas und dessen neue geopolitischen Ansprüche zu Abwehrreaktionen der USA. Diese fühlten sich in ihrer bisher alleinigen Hegemonialposition bedroht und versuchen seitdem, Chinas Aufstieg zu bremsen. China wird von den USA immer weniger als Partner denn als Wettbewerber und vor allem als Systemrivale betrachtet. Von daher droht ein Handelskrieg zwischen den beiden Staaten sowie ein neuer Ost-West-Systemwettbewerb, in den auch Europa hineingezogen wird.

Kap. 3

Dieses Kapitel behandelt die Entwicklung Chinas unter der Regentschaft von Xi Jinping, der 2012 an die Macht kam, und seitdem das Land lenkt. Als Erstes stellte Xi Jinping die Strategie des „Rebalancing" vor, die unter anderem durch Re-Zentralisierung, Autoritarismus und stärkere Kontrollen sowie durch den Übergang zu einer stärker auf Konsum und Dienstleistungen ausgerichteten innovationsgetriebenen Wachstumsstrategie gekennzeichnet war. In den 2010er-Jahren hat China unter Xi Jinping seine Ambitionen auf eine globale politische und technologische Führungsposition offenbart. Diese wurden unter anderem durch Projekte wie die „Belt and Road"-Initiative unterstützt, mit der China seinen Einfluss in Afrika, Asien, Südamerika und Europa ausweiten wollte.

Die Neuorientierung der Entwicklungsstrategie unter Xi Jinping ab 2012 kann man als eine Reaktion auf die in Kap. 2 beschriebene, drohende Wachstumsverlangsamung (MIT-Gefahr) betrachten. Xi kam an die Macht, als die Wachstumsverlangsamung einsetzte, sich zudem – als Erbe der Deng-Strategiepolitik – die alten Ungleichgewichte wie Einkommens- und Vermögensungleichheit, Umweltzerstörung und Überkapazitäten verschärften, und neue Ungleichgewichte wie die Verschuldungsproblematik, als Folge der Bekämpfung der Folgen der Globalen Finanzkrise, anbahnten. Xi Jinpings Priorität ist seitdem nicht mehr ungehemmtes Wirtschaftswachstum, sondern vor allem die Stabilisierung des Landes – durch Bekämpfung dieser Ungleichgewichte – sowie bessere makroökonomische Koordinierung durch Zentralisierung und Festigung der Macht der KPCh.

Eine weitere Neuerung während der Regierungszeit von Xi Jinping ist der durch Chinas Aufstieg zur wirtschaftlichen Weltmacht und die neuen geopolitischen Ambitionen Chinas entfachte Systemwettbewerb zwischen den USA und China, was zu einem Handelskrieg mit den USA und gegenseitigen Sanktionen führte. China hat sich im Gegenzug zu einer neuen Politik der Eigenständigkeit entschieden mit dem Ziel, sich soweit wie möglich wirtschaftlich und technologisch von den westlichen Ländern unabhängig zu machen, und stattdessen auf seine eigene Stärke zu vertrauen. Dies geht einher mit einer dominanten und teilweisen aggressiven Industriepolitik Chinas, die auf Innovationen ausgerichtet ist, mit dem Ziel, China in Zukunftssektoren zum Technologieführer zu machen. Gleichzeitig versucht China unter Xi Jinping jedoch, seine Handelsbeziehungen zum Westen aufrechtzuerhalten, mit dem Bestreben, den Westen soweit möglich von sich abhängig zu machen. Letzteres soll durch preisgünstige, subventionierte Angebote von hochwertigen Gütern und der Entwicklung qualitativ besserer, konkurrenzloser Güter geschehen.

Xis grundlegende Erkenntnisse, die zu seiner Wirtschaftspolitikstrategie geführt haben, lassen sich wie folgt zusammenfassen.

1. Es existieren Markineffizienzen. Wenn der Markt weitgehend unreguliert – wie in der Deng-Ära – agiert, entstehen nicht-internalisierte negative Externalitäten und Ungleichgewichte (Umweltzerstörung, nichtintendierte Einkommensungleichheiten, Überakkumulation u. a.). Von daher bedarf es einer starken Regulierung des Marktes durch den Staat, sprich die Partei.
2. Die Globale Finanzkrise hat gezeigt, wie wirtschaftlich abhängig China vom Westen geworden war. Deshalb gilt es, diese Abhängigkeit abzubauen, sprich die Eigenständigkeit Chinas zu stärken.
3. Die Erfahrungen mit Japans zwei „verlorenen Jahrzehnten" nach der Japan-Krise um 1990 haben gezeigt, dass expansive Nachfragepolitik allein eine strukturelle Wachstumsstagnation (oder -verlangsamung) nicht aufhalten kann. Es kommt so tendenziell zu immer stärker steigender Staatsverschuldung und Produktivitätsrückgängen. Von daher ist nach Xi vorrangig Angebotspolitik mit staatlicher Angebotslenkung und staatlich gelenkter Industriepolitik notwendig.

Kap. 4

Dieses Kapitel behandelt die Herausforderungen, denen China in den nächsten Jahren und Jahrzehnten gegenüberstehen wird. Zuerst werden die aktuell drängendsten Probleme Chinas besprochen. Das sind, neben dem Umgang mit den geopolitischen Spannungen, die Bewältigung der Immobilienkrise, die Reduzierung der Überkapazitäten, der Abbau der Arbeitslosigkeit, und die Vermeidung einer Finanzkrise.

Anschließend geht es in Kap. 4 um die längerfristigen globalen, strukturellen Herausforderungen, vor denen nicht nur China, sondern auch andere Länder stehen. Hierzu zählt der demographische Wandel, sprich der Alterungsprozess, unter dem auch andere Länder Ostasiens, aber auch Europas leiden. Des Weiteren zählen dazu der digitale Wandel, der Klimawandel (die dadurch notwendige ökologische Transformation), der sektorale Strukturwandel, sowie der kulturelle Wandel in einer globalen Welt. Am Schluss beschäftigt sich das Kapitel mit der Gefahr des Abrutschens Chinas in eine anhaltende „mittlere Einkommensfalle" (MIT) und den Möglichkeiten der Vermeidung dieser Gefahr.

Kap. 5
Dieses Kapitel beschäftigt sich mit der Frage, wie es mit China weitergeht, welchen Entwicklungsweg China wählen wird, und welche Auswirkungen dies auf die anderen, vor allem die westlichen Länder sowie die multinationalen Unternehmen haben wird. Es werden zunächst drei Szenarien als mögliche alternative Entwicklungswege beschrieben. In **Szenario 1** versucht China die in den vorangegangenen Kapiteln erläuterte Trilemma-Situation in eine Dilemma-Situation zu verwandeln, indem es auf das Wachstumsziel verzichtet bzw. dieses reduziert. Dies würde zu einem Abbau der Ungleichgewichte Überkapazitäten und Schuldenproblematik führen und dürfte auch die Umweltbelastung in China verringern. Jedoch würde dies nicht mit dem Ziel von Xi Jinping, China wieder groß und mächtig zu machen, harmonieren. Von daher wird dieses Szenario, solange Xi an der Macht ist, vermutlich nicht eintreten. In **Szenario 2** würde China die Einparteienherrschaft der KPCh aufgeben und zu einer Demokratie übergehen. Dies könnte verbunden sein mit der Hoffnung, so einen zusätzlichen Wachstumsschub zu erhalten. Da dies allerdings zu einem Machtverlust, und nicht zu der von Xi angestrebten Festigung der Macht der KPCh führen würde, erscheint auch dieses Szenario kurz- bis mittelfristig nicht realisierbar, außer China würde wirtschaftlich und technologisch immer stärker hinter die USA im Systemwettbewerb zurückfallen, so dass es deshalb zu Unruhen und zu einem Umdenken im Land kommt. Von daher scheint Szenario 3 als das am wahrscheinlichsten eintretende, was die nächsten Jahre anbelangt.

Szenario 3 bedeutet ein Weiter-So der Xi-Politik, verknüpft mit einer Erweiterung von Ziel 3 – neben soziale Stabilität tritt nationale Sicherheit – und einem verstärkten Einsatz von neuen Instrumenten. Zu diesen neuen Instrumenten zählen der flächendeckende Einsatz der digitalen – KI-unterstützen – Überwachung, verfeinerte Propaganda, Nationalismus und Patriotismus, und die Warnung vor einer Bedrohung der nationalen Sicherheit durch „den Westen" (die USA). Das Versprechen der KPCh unter Xis Führung, China wieder groß und mächtig zu machen, tritt an die Stelle bzw. an die Seite des früheren Deng'schen Fortschrittsversprechens einer stetigen Wohlstandsverbesserung, und ist Teil des neuen Gesellschaftsvertrags. Es wird sozusagen zum neuen Schutzschild für die Abwehr von politischem Legitimationsentzug im Zuge der Wachstumsverlangsamung, und ist damit relevant für die Erreichung von Ziel 1, dem Machterhalt der KPCh.

Nach der Beschreibung und Beurteilung der drei Szenarien werden in Abschn. 5.2 die Auswirkungen der einzelnen Szenarien auf Chinas Beziehungen zu anderen Ländern analysiert. Es wird betont, dass insbesondere im Szenario 3 eine Art neuer „Ost-West"-Konflikt – mit China als (einer der) Führer des neuen Ostblocks – droht. In Abschn. 5.3 wird überlegt, wie sich Europa, insbesondere Deutschland, sowie die multinationalen Unternehmen am besten positionieren können, wenn wie vermutet, Szenario 3 in China in den nächsten Jahren eintritt. Deutschland und Europa sollten – wenn möglich – versuchen, sich eine gewisse Eigenständigkeit zu bewahren. Das heißt, sie sollten sich nicht unüberlegt und voreilig einem Decoupling der USA gegenüber China anschließen. Vor allem sollten sich die multinationalen Unternehmen, wenn möglich, nicht überstürzt vollkommen aus China zurückziehen. Schließlich werden in Abschn. 5.4 die speziellen Herausforderungen für Deutschland bei einem Derisking oder gar einem Decoupling skizziert. Während ein Derisking-Ansatz und auch ein aggressiverer Verteidigungsansatz der EU und Deutschlands zum Schutz ihrer Industrie im Grunde sinnvoll sind, sollten die Maßnahmen nicht überstürzt getroffen werden. Das Risiko eines Decoupling sollte minimiert werden, auch angesichts dessen, dass für die EU und insbesondere für Deutschland die Kosten eines Decoupling gegenüber China wesentlich höher wären als für die USA. Unter dem wiedergewählten US-Präsidenten Donald Trump dürfte dies allerdings nicht leichtfallen.

Kap. 6 und 7

Das **Kap. 6** beschreibt im ersten Teil nochmals kompakt die drei zentralen Herausforderungen, denen Xi Jinping in den nächsten Jahren gegenübersteht. Der zweite Teil fasst für die eiligen Leserinnen und Leser den Inhalt der einzelnen Kapitel des Buches kurz zusammen.

Das folgende **Kap. 7** enthält kapitelweise Erläuterungen und Vertiefungen zu einzelnen Aspekten, mit der Angabe von Literaturquellen zu einschlägigen Aussagen und Zitaten im Text.

7

Zur Vertiefung: Erläuterungen und Literaturhinweise

Dieses letzte Kapitel enthält – **kapitel- und abschnittsweise** – einige **ergänzende Erläuterungen sowie Literatur- und Quellenhinweise** zu einzelnen Aussagen im Text. Das gesamte Literaturverzeichnis in gewohnter alphabetischer Reihenfolge ist am Ende des Buchs zu finden.

Die im Text angegebenen Zahlen sind aus frei zugänglichen Datenquellen des Internationalen Währungsfonds (IWF), der Weltbank und anderer internationaler Organisationen, oder bekannten Online-Plattformen wie *Destatis* (Statistisches Bundesamt), *Statista*, *National Bureau of Statistics of China* (NBS) und dem jeweilgen *China Statistical Yearbook* entnommen. Andere Quellen sind explizit in den jeweiligen Kapiteln oder hier in diesem Kapitel angegeben.

7.1 Zu Kap. 1: Der Weg Chinas zur wirtschaftlichen Weltmacht

Dieses Kapitel geht zuerst kurz ein auf die Geschichte Chinas: auf die glorreiche Vorgeschichte im Mittelalter, auf die Xi Jinping sich bezieht, wenn er heutzutage von „Chinas Traum", der nationalen Erneuerung, des Wiederauflebenlassens der Erfolgsgeschichte Chinas, redet, und dem schleichenden Niedergang und dem Jahrhundert der Erniedrigung und Demütigung durch „den Westen" (bis 1949). Anschließend beschäftigt es sich mit dem Versuch, China wieder einig, eigenständig und mächtig zu machen, zuerst unter Mao Zedong, dann unter Deng Xiaoping. Besonders die von Deng Xiaoping angestoßene Reform- und Öffnungspolitik Chinas (1978–2011) steht im Zentrum dieses ersten Kapitels. Zu den Bereichen dieses 1. Kapitels gibt es eine große Menge an Literatur. Ich lehne mich hier beim Aufbau des Kapitels stark an das Kap. 4 („The Rise of China") des von Linda Glawe und mir verfassten Buches „The Economic Rise of East Asia" (2021) an. Dort sind auch sehr viele Literaturhinweise zu den einzelnen Entwicklungsstadien angegeben. Hier in diesem Buch beschränke ich mich auf einige wenige Hinweise für Leserinnen und Leser, die sich etwas näher in die Thematik vertiefen wollen. Neben dem 100 Seiten umfassenden Kapitel meines 2021 erschienenen Buches mit Linda Glawe möchte ich auf das Buch von Barry Naughton: „The Chinese economy: adaption and growth" (2018) sowie auf den von Loren Brandt und Thomas G. Rawski herausgegebenen Sammelband: „China's Great Economic Transformation" (2008) verweisen.

7.1.1 Abschnitt „1.1 Chinas ‚vormodernes' Zeitalter"

- Hier habe ich mich – vor allem bei der Darstellung der Geschichte Chinas vor 1945 – an Glawe/Wagner (2021a) angelehnt. Siehe auch Richardson (1999) sowie Von Glahn (2016).
- Zur *Reformpolitik unter Mao Zedong* gibt es eine ganze Reihe von empfehlenswerten Werken. Ich möchte hier stellvertretend nur das Buch von Riskin (1991) nennen.

Abschnitt „1.1.3 Die Volksrepublik China unter Mao Zedong"
- Zur Aussage „*So gingen zwischen 1957 und 1958 die landwirtschaftlichen Arbeitskräfte von 193 auf 155 Mio. zurück.*" sowie zur „*reduzierten Kalorienzufuhr*": siehe Glawe/Wagner (2021a), S. 157.

- Zur Aussage über die Opfer des *„Großen Sprungs nach vorn"* und der *„Kulturrevolution"*: Daten aus Glawe/Wagner (2021a; 4. Kapitel). Tsang/Cheung (2024; S. 158) nennen „mindestens 36 Mio." und „zwischen 1,5 und 2 Mio.", bezugnehmend auf Jisheng (2012) und Dikötter (2016).
- Zur Aussage, *„dass Output und Konsum pro Arbeiter 1992 ohne den ‚Großen Sprung nach vorn' doppelt so hoch, und ohne die ‚Kulturrevolution' 1,2-mal so hoch gewesen wären"*: siehe Chow (2007).

7.1.2 Abschnitt „1.2 Die Wirtschaftsreformen in der Deng Xiaoping-Ära"

- Die *Zahlenangaben* sind weitgehend aus dem Buch von Glawe/Wagner (2021a), 4. Kapitel, übernommen. Dort sind auch die genauen Quellenhinweise angegeben.
- Zu den Zitaten von Deng Xiaoping siehe Xiaoping Deng (1995).
- Zur Aussage, *„dass Deng erkannte, dass Ziel 3 ... nicht erreichbar sein würde, wenn nicht Ziel 2 ... erfolgreich umgesetzt würde"*: siehe Xiaoping Deng (1995), S. 379. Dies bezieht sich auf die Ziele 1–3 von Chinas Trilemma-Problem (den Versuch des gleichzeitigen Erreichens der drei Ziele Machterhalt der KPCh, Wirtschaftsentwicklung, und Ordnungsstabilität) und seiner Lösungsschwierigkeiten, die das ganze Buch über immer wieder angesprochen werden (siehe auch Wagner 2021). Die Betonung dieses Trilemma-Problems geht zurück auf Mitteilungen und Erfahrungen zu Chinas Entwicklungszielen, die ich im Laufe der Zeit immer wieder gemacht habe, beginnend 1981 in China während eines 5-wöchigen Aufenthalts im Kontext eines DFG-Projekts bei Vorlesungen an der Fudan-Universität in Shanghai, der Peking-Universität in Peking und der Universität in Xian und intensiven Gesprächen mit Kollegen und Bürokraten.
- Zur Aussage *„Jedoch verlief die wirtschaftliche Entwicklung nicht gleichmäßig-linear"*: siehe Glawe/Wagner (2017).
- Zur Aussage *„Dies spiegelt sich wider in den unterschiedlichen Entwicklungsstufen oder -erfolgen der chinesischen Provinzen."*: siehe Glawe/Wagner (2023).

- Abschnitt „*Erhöhung der staatlichen Einkaufspreise*": zu den genannten Zahlen siehe Glawe/Wagner (2021a), S. 160.
- Abschnitt „*Einführung kollektiver Gemeinde- und Dorfunternehmen*": zur Aussage „*Der TVE-Anteil am Bruttoinlandsprodukt stieg von 8 % auf 26 % von 1978 bis 1996.*": siehe Naughton (2018).

Abschnitt „1.2.4 Stärkere Liberalisierung ... (1992/3 bis 2003)"

- Zu „*Forderungen in Richtung einer demokratischen Entwicklung in und vor 1989*": Dies war damals die Zeit des schleichenden Zusammenbruchs des Kommunismus in der UdSSR und Osteuropa mit Demonstrationen auch in diesen Ländern.
- Zur Aussage „*Zwischen 1998 und 2001 verloren etwa 28 Mio. Arbeitnehmer und Arbeitnehmerinnen ihren Job*": siehe Zhang (2019) und Glawe/Wagner (2021a).
- Zu den Aussagen zu „*FDI-Zuflüssen und FDI-Anteilen am BIP*" siehe World Bank (2021): World Development Indicators. The World Bank, Washington DC, sowie Glawe/Wagner (2021a), S. 206f.
- Zu den „*wichtigsten Joint-Venture-Partner Chinas in den Jahren 1998 bis 2007*": siehe Glawe/Wagner (2021a), S. 209.
- Zu „*Vorteile der FDI für die wirtschaftliche Entwicklung*": Bei den FDIs handelte es sich um arbeitsintensive Produktion mit Hilfe von hunderten Millionen von Arbeitskräften aus dem armen landwirtschaftlichen Westen. Relevant war für China die Integration in die globale Wertschöpfungskette und die Produktion für westliche Unternehmen/Märkte mithilfe billiger Arbeitskräfte. Die produzierten Güter wurden in den Westen exportiert und verhalfen China zu großen Exportgewinnen und großen Währungsreserven.
- Zum „*Anstieg des Exportanteils Chinas und seines Handelsanteils am BIP*": siehe Lardy (2002) sowie Glawe/Wagner (2021a).
- Zur „*wachsenden Bedeutung der Fertigungsindustrie für Chinas Wachstum*": siehe NBS (1997–2020).
- Zur „*Entwicklung der Steuersätze für ausländische und inländische Unternehmen*":
- siehe Naughton (2018) und Glawe/Wagner (2021a), S. 205.

7 Zur Vertiefung: Erläuterungen und Literaturhinweise

Abschnitt „1.2.5 Reformverlangsamung ... (2003–2012)"
- Nach dem Beitritt zur WTO war eine gewisse Reformverlangsamung zu erwarten. Eine solche Reformverlangsamung sah man auch in den Euro-Ländern nach dem Beitritt zur Europäischen Wirtschafts- und Währungsunion. Zur Begründung siehe Wagner (2014) sowie Glawe/Wagner (2021b, c).
- Zu *„Auswirkungen der Globalen Finanzkrise"*: zum *SEI-Dokument* siehe Glawe/Wagner (2021a), S. 228, mit Verweis auf das US-China Business Council 2013: China's strategic emerging industries. Washington, DC.

7.1.3 Abschnitt „1.3 China als Spätentwickler im ostasiatischen Wirtschaftswunder"

Nähere Ausführungen *zur Entwicklung der drei Länder Japan, Südkorea und China und einem Vergleich* sind zu finden in Glawe/Wagner (2021a), dort Kap. 2, 3, 4 und 5, und die Tabellen in den Kap. 1 und 7. Daraus ist auch weitgehend das in diesem und im nächsten Abschnitt verwendete Datenmaterial entnommen.

Abschnitt „1.3.5 Gibt es so etwas wie ein ostasiatisches Modell?"
- Zu den unterschiedlichen Meinungen von westlichen und ostasiatischen Wissenschaftlern siehe Klenner (2006).
- Zur Aussage, *dass überproportional viele MIT-Überwinder in Ostasien beheimatet sind*: siehe World Bank and Development Research Center of the State Council (PRC) (2013).
- Zum *„Washington Consensus"*: Der Washington Consensus, wie er ursprünglich von John Williamson 1989 formuliert wurde, umfasste zehn große Gruppen relativ spezifischer politischer Empfehlungen: Fiskalpolitische Disziplin mit der Vermeidung großer Haushaltsdefizite im Verhältnis zum BIP; Umlenkung der öffentlichen Ausgaben von Subventionen –„insbesondere wahllosen Subventionen"– auf die Bereitstellung wichtiger wachstumsfördernder und armutsorientierter Dienstleistungen wie Grundschulbildung, medizinische Grundversorgung und Infrastrukturinvestitionen; Steuerreform,

Verbreiterung der Steuerbasis und Einführung moderater Grenzsteuersätze; marktgerechte und real positive –aber moderate– Zinssätze; wettbewerbsfähige Wechselkurse; Liberalisierung des Handels: Liberalisierung der Einfuhren mit besonderem Schwerpunkt auf der Abschaffung quantitativer Beschränkungen (Lizenzen usw.); jeglicher Handelsschutz sollte durch niedrige und relativ einheitliche Zölle gewährleistet werden; Liberalisierung der ausländischen Direktinvestitionen; Privatisierung von Staatsbetrieben; Deregulierung: Abschaffung von Vorschriften, die den Marktzutritt behindern oder den Wettbewerb einschränken, mit Ausnahme von Vorschriften, die aus Gründen der Sicherheit, des Umwelt- und Verbraucherschutzes gerechtfertigt sind, sowie der Aufsicht über Finanzinstitute; Rechtssicherheit für Eigentumsrechte.

Abschnitt „Unterschiede"
- Zu den Detailangaben siehe näher in Glawe/Wagner (2021a), Kap. 5.
- Zu „*BIP pro Kopf-Angaben*": siehe Glawe/Wagner (2021a), S. 2, Tabelle 1.1.
- Zur Aussage „*Heutzutage wird China als das ostasiatische Land mit den ernsthaftesten institutionellen Problemen angesehen*": siehe Zhang (2019).
- Zur „*Entwicklung des Gini-Koeffizienten*" für das Einkommen in China: siehe UNDP – China in Numbers (2023) March 2024. www.undp.org/china (zuletzt abgerufen am 12.11.2024). Der „*Gini-Koeffizient*" oder auch „*Gini-Index*" ist ein statistisches Maß für die Ungleichverteilung in einer Gruppe oder einem Land. Er kann einen Wert zwischen 0 (Gleichverteilung) und 100 (eine Person besitzt das gesamte Einkommen oder Vermögen) annehmen.

Abschnitt „1.3.6 Resümee"
- Zu den „*geänderten geopolitischen Rahmenbedingungen*": Die geänderten geopolitischen Rahmenbedingungen dürften es auch für heutige nachfolgende Entwicklungsländer (wie Vietnam oder Indien) schwieriger machen, Chinas Wirtschaftswunder-Erfolg zu wiederholen. In gewissem Sinne waren die Voraussetzungen für China (innen- und außenpolitisch: aufkommende Globalisierung) in den 1980er bis 2000er-Jahren schon einmalig.

- Zur Aussage, dass sich *„die Einkommenslücke zwischen der Hälfte der 75 ärmsten Ländern und den reichsten Ländern zum ersten Mal in diesem Jahrhundert wieder vergrößert"* hat: siehe die Weltbankstudie von T. Chrimes et al. (Mai 2024), The Great Reversal, MPRA Munich Personal RePEc Archive.

7.2 Zu Kap. 2: Wachstumsverlangsamung und aufkommende geopolitische Spannungen mit dem Westen

7.2.1 Abschnitt „2.1 Gründe für den Rückgang des Wirtschaftswachstums"

- Zur erstaunlich schnellen Verbesserung der wirtschaftlichen und sozialen Umstände in China – im Vergleich auch zu anderen Ländern – siehe die Tabellen und Grafiken in Glawe/Wagner (2021a, Kap. 1 und 7). Siehe auch Brandt et al. (2020).
- Der Aufschwung war schneller und intensiver, als Deng Xiaoping zu hoffen wagte. Siehe zu seinen Hoffnungen: Xiaoping (1995), S. 215–6, 226.
- Zur Aussage *„So prognostiziert der IWF, dass die USA in den nächsten Jahren mit rund 2 % wachsen werden."*: siehe IMF-2024 Article IV Consultation; IMF Country Report No. 24/232. Zur Prognose, dass China in den nächsten Jahren nur mehr mit 3–4 % wachsen werde (2029 nur mehr mit 3,3 %): siehe IMF-2024 Article IV Consultation; IMF Country Report No. 24/258.

Abschnitt „Strukturwandel"
- Hier nehme ich Bezug auf Van Neuss (2019) sowie auf eigene Artikel (Wagner 2013, 2015, 2017, 2019a,b; Murach/Wagner 2017).
- Zur *Entwicklung des Anteils des Landwirtschaftssektors* in China seit 1978 siehe *China Statistical Yearbook*; hier eigene Berechnungen.

Abschnitt „Mittlere Einkommensfalle"
- Zu den angesprochenen „*Middle-Income-Trap*"-*(MIT)*-Definitionen und zu den empirischen Studien siehe Glawe/Wagner (2016, 2020).
- Zu „*Eine sehr bekannte Weltbankstudie aus dem Jahre 2013 zeigt*": siehe World Bank and Development Research Center (2013).
- Zu *Lou Jiwei's Aussage (2015)* siehe https://www.globaltimes.cn/content/919436.shtml (zuletzt abgerufen am 11.11.2024).

Abschnitt „Natürlicher Alterungsprozess"
- Zur Aussage, dass „*die Alten in der Regel weniger produktiv und weniger innovativ sind*" und zu den *Wachstumsimplikationen* siehe z. B. Jones (2022).
- Zu „*Diese Aussage geht zurück auf den Wirtschaftshistoriker Oded Galor*": Quelle: Galor (2022).

Abschnitt „Die Sanktionen des Westens"
- Zu „*China wiederum reagiert mit eigenen protektionistischen Vergeltungsmaßnahmen*": Die Abkehr von Freihandel und das Einsetzen der Phase der Deglobalisierung hat allerdings in den USA schon vor der ersten Präsidentschaft von Donald Trump begonnen, unter Präsident Obama. Obamas geopolitischer „Pivot to Asia" kann betrachtet werden als ein erster Versuch, den wirtschaftlichen und politischen Aufstieg Chinas zu bremsen.

Abschnitt „Die wirtschaftspolitischen Reaktionen ... "
Die Schulden der chinesischen Kommunen sind inzwischen nach Angaben von Chinas Finanzministerium fast doppel so hoch wie die chinesischen Staatsschulden.

Allgemeine Bemerkung zum Abschn. 2.1
Die unter „Natürliche Gesetzmäßigkeiten" aufgeführten Entwicklungen beschreiben wachstumsverlangsamende Faktoren, die langfristig wirken und die sich auch kaum bremsen oder gar aufhalten lassen. Auch die unter „Unglückliche äußere Umstände (exogene Schocks)" aufgelisteten

Faktoren sind nicht zu verhindern, wirken jedoch nur vorübergehend, abgesehen von etwaigen längerfristig nachwirkenden Erscheinungen, sogenannten „Hysteresis-Effekten". Die unter „Halbexogene Schocks" genannten wachstumsverlangsamenden Aspekte wurden alle mehr oder weniger fahrlässig oder mutwillig vom betroffenen Land (hier China) ausgelöst und führten zu – das Wachstum in China negativ beeinflussenden – Reaktionen anderer Länder, hier vor allem der westlichen Industrieländer. Schließlich verbleiben noch die unter „Eigene Politikentscheidungen/-fehler" aufgeführten Entscheidungen der chinesischen Wirtschaftspolitik. Letztere erscheinen im Nachhinein teilweise als sehr ärgerlich, da am ehesten vermeidbar. Jedoch solange sie nicht korrigiert werden, werden ihre negativen Wachstumsauswirkungen fortbestehen.

7.2.2 Abschnitt „2.2 Geopolitische Spannungen: Neuer Systemwettbewerb"

Zu „Offizielle Gründe"

Zur Aussage „*Hier muss allerdings berücksichtigt werden, dass kostengünstigere Angebotsmöglichkeiten auch auf effizienteren Produktionsweisen … beruhen können.*": Dies ist eine Aussage der Markenchefin des Automobilkonzerns Peugeot, Linda Jackson, die betont, dass – bezogen auf die E-Autoproduktion – „die chinesische Konkurrenz heute schon mit deutlich niedrigeren Kosten arbeitet. Der Kostenvorteil wird auf rund 30 % geschätzt." Es wäre verwunderlich, wenn dies allein auf – derzeitige oder frühere – Subventionszahlungen des Staates zurückführbar wäre. „Wir müssen also effizienter werden", so die Schlussfolgerung von Linda Jackson (Handelsblatt, 17. Juli 2024, S. 18).

Zu „Eigentliche/tiefere Gründe"

Zu den *Anteilen Chinas und der USA am Welthandel*: siehe *Destatis* (Statistisches Bundesamt); zu den *Anteilen an den weltweiten Militärausgaben*: siehe *SIPRI Military Expenditure Database*, Stand April 2024.

Abschnitt „Historische Beispiele für Kämpfe um die Vorherrschaft"
Hier beziehe ich mich auf die Arbeiten von Allison (Allison 2017). Siehe auch Kennedy (1987).

Abschnitt „The New Normal: Systemwettbewerb"
- Zum Begriff der „*Trilemma-Situation*" siehe näher unten in den Erläuterungen zum 6. Kapitel.
- Zum „*neuen Systemwettbewerb*": Nach der Globalen Finanzkrise 2007 setzte immer mehr eine Tendenz zur Autoritarisierung ein. Die Ersetzung globaler demokratischer Normen durch autoritäre Praktiken bedeutet mehr Wahlen, bei denen der Sieg des Amtsinhabers eine ausgemachte Sache ist; mehr Medienlandschaften, die von Propaganda-Sprachrohren dominiert werden, die die Opposition an den Rand drängen, während sie den Herrscher oder die Herrschenden als allwissend, stark und dem Ruhm der Nation ergeben darstellen. Darüber hinaus bedeutet es, dass der Staat das Internet und die sozialen Medien durch Zensur und aktive Manipulation kontrolliert, um regierungsfreundliche Botschaften zu verbreiten und die Nutzer mit Lügen und Fälschungen zu verwirren.
- Zum Begriff „*BRICS-Land*": siehe näher in Abschn. 3.3.2.

Abschnitt „Gibt es sowas wie einen „fairen" Wettbewerb?"
Hier kann man anführen, dass es im Fall von China bei unfairem Handelsverhalten die Möglichkeit gibt, die Welthandelsorganisation (WTO) als mögliche Schlichtungsstelle anzurufen. China ist ja 2001 dem WTO beigetreten und hat sich damit verpflichtet, sich den Regeln der WTO zu unterwerfen. Die westlichen Länder können deshalb China vor ein WTO-Gericht zerren. Doch wenn Vertragsverletzungen nicht eindeutig bewiesen werden können – da die Regeln der WTO zu Staatsbeihilfen unscharf sind und außerdem die Besetzung von Richterposten, wie in den letzten Jahren durch die USA, verhindert wird –, stehen deren Vorwürfe auf „tönernen" Füßen. Folglich kommt es dann zu Schuldzuweisungen und Sanktionen auch ohne fundierte Belege für ein Vergehen.

7.3 Zu Kap. 3: Der Reformkurs Xi Jinpings

Dieses Kapitel soll zeigen, dass mit Xi Jinping eine neue Herrschaftsform und eine neue Wachstumsstrategie Eingang gefunden haben, die sich von denen der Deng- und Nach-Deng-Ära unterscheiden. Deswegen unterscheide ich zwischen drei Ären seit 1945: der Mao-Ära, der Deng-Ära und der Xi-Ära. Die Periode der Deng-Strategie wird manchmal als „erster Übergang" (1978–2011) bezeichnet, während die neue Xi-Strategieperiode als „zweiter Übergang" (2012/13ff.) bezeichnet wird. In den Jahren 1978–1991 wurde eine Reform der Planwirtschaft eingeleitet, in den Jahren 1992–2000 wurde der Begriff „sozialistische Marktwirtschaft" geprägt und anschließend die „Go West"-Strategie entwickelt. Typische Slogans für die mit der ersten Strategieperiode verbundenen Reformkonzepte waren in der Literatur „Opening Up" für den Zeitraum 1978–2000 und „Going Global" für den Zeitraum 2001/02-2011.

Im Gegensatz dazu lautet ein wichtiger Slogan für die zweite (Xi-) Strategieperiode (2012/13ff.) „One Belt, One Road". Weitere neue Slogans im Zusammenhang mit der zweiten Strategie sind: „Made in China 2025", „Supply Side Economics" und „Chinese Dreams".

China ist inzwischen immer noch ein System politischer Autokratie mit moderater wirtschaftlicher Öffnung unter staatlicher Kontrolle. Es ist auch ein Land mit nationalistischen und populistischen Tendenzen – insbesondere in der Xi-Ära. Die KPCh unterstreicht den Stolz auf Chinas nationale Identität und Chinas Größe durch ausgewählte politische Kommunikation. Dass Xi Jinping 2012 von der KPCh bewusst als ihr Generalsekretär ausgewählt wurde, um das wirtschaftliche und politische System stabil zu halten bzw. zuerst zu stabilisieren, wurde damals schon kolportiert. Dass er das Land dann so „leninistisch" umgestalten würde, hat dann doch viele überrascht. Siehe hierzu auch Tsang/Cheung (2024).

Zu *„Xi Jinping Thought"*: „Xi Jinping Thought" wurde 2017 in die Verfassung der KPCh aufgenommen. Das bedeutet: Xi Jinping hat eine ähnliche Machtposition wie damals Mao Zedong aufgebaut oder ist dabei sie aufzubauen. Zu „Xi Jinping Thought" siehe näher das Buch von Tsang/Cheung (2024).

7.3.1 Abschnitt „3.1 Die Herausforderungen Xi Jinpings zu Beginn seiner Herrschaft"

7.3.1.1 Abschnitt „3.1.1 Deng-Strategie nicht mehr zeitgemäß"

„Prioritätensetzung auf das Wirtschaftswachstum"
Zur Aussage *„Erst kommt das Fressen, dann die Moral"*: siehe Brecht (2005). Die Essenz dieser Aussage gründet auf dem so genannten „Engel'schen Gesetz". Dieses „Gesetz" besagt, dass ein Haushalt – relativ – umso weniger für Lebensmittel ausgeben möchte, je reicher er ist. Zur ökonomischen Erläuterung siehe z. B. Wagner (2019b, Abschnitt 2.1(ii)).

„Konzentration auf Export und Produktion"
Theoretisch hätte China auch die Alternative gehabt, dem Beispiel Japans zu folgen und einfach von dem Wissen (Blueprint) zu lernen, das in importierten Spitzenprodukten steckt. Zur theoretischen Grundlage siehe die neue Wachstumstheorie, z. B. Coe/Helpman (1995). Allerdings war diese technologisch anspruchsvollere Alternative für China möglicherweise zu riskant, da sich China im Gegensatz zu Japan noch auf einem niedrigeren technologischen Niveau befand, Das heißt, es fehlte an genügend erfahrenen Ingenieuren, die diese „Blueprint"-Erkennungsmethode hätten erfolgreich umsetzen können.

„Politische Dezentralisierung"
Siehe hierzu die Aussage von Nathan (2016; hier übersetzt ins Deutsche): „Deng baute ein System stillschweigender Normen auf, in dem die Führungsspitze auf zwei Amtszeiten beschränkt war, die Mitglieder des Ständigen Ausschusses des Politbüros die Führungsaufgaben unter sich aufteilten und die Führungsspitze Entscheidungen in Absprache mit anderen Führungspersönlichkeiten und Ältesten im Ruhestand traf".

7.3.1.2 Abschnitt „*3.1.2 Nichtintendierte Nebeneffekte der Deng-Strategie*"

- Zu Wen Jiabao's Warnung, „*dass das Wachstum der chinesischen Wirtschaft ‚instabil, unausgewogen, unkoordiniert und nicht nachhaltig' sein würde*": siehe https://www.ntv.de/Krise-bremst-China-article5668016.html
- Zu *Li Keqiang's Bestätigung*: siehe https://www.manager-magazin.de/politik/weltwirtschaft/chinas-premier-li-keqiang-haelt-standpauke-vor-volkskongress-a-1022011.html (zuletzt abgerufen am 11.11.2024).
- Zu *Xi:* „*imbalanced, uncoordinated, and unsustainable development*":
  Wie Tsang/Cheung (2024, 69–70 und 227) betonten, umfassten die *governance challenges*, die Xi wiederholt in seinen Reden (Jinping 2014–2022) erwähnte: „imbalanced, uncoordinated, and unsustainable development; weak capacity in technological innovation; an unreasonable industrial structure; an extensive model of development; large urban-rural gaps; large regional development gaps; large income gaps among residents; salient increase in social conflicts; and many issues that affect the welfare of the masses directly – in the realms of education, employment, social security, healthcare, housing, environmental protection, food and drug safety, manufacturing safety, public safety; law enforcement, and the administration of justice." (Tsang/Cheung (2024, S. 69–70) Quellenangabe: Jinping Xi "Guanyu…" (Explanation of the "decision of the CCP Central on deepening reform of party and state organizations"), Renmin ribao, November 16, 2013, 1.

  Tsang/Cheung (2024) schreiben auf S. 40: "The CCP Hu Jintao handed over to Xi in 2012 suffered from political decay. The Party's efficiency and effectiveness as a Leninist instrument had been eroded by widespread corruption, while organizational laxity and ideological pluralism … were evident." Xis Ziel war es, hier wieder Ordnung und Stabilität zu schaffen, wofür seiner Ansicht nach „reinvigorating the Party and making it his personal instrument are key" (S. 42).

  Auch schon vorher, seit Mitte der 2000er-Jahre, gab es immer mehr Literatur, die auf die zunehmenden Ungleichgewichte in China und die Notwendigkeit eines Rebalancing hinwies (z. B. Blanchard/

Giavazzi 2006). Es wurde behauptet, dass Chinas Wirtschaftswachstum in den vergangenen Jahrzehnten vor allem auf (zu) hohen Ersparnissen, (zu) hohen Investitionen und (zu) hohen Exporten beruhte.

Allgemein bedeutet „Rebalancing" eine Neujustierung, eine Anpassung an neue Rahmenbedingungen. In Chinas Fall ist damit die Anpassung an das neue erreichte Entwicklungsstadium, was auch mit einer drohenden „mittleren Einkommensfalle" (MIT) umschrieben werden kann, gemeint.

Abschnitt „Folgen der Konzentration auf Export und Produktion"

„Rückgang der sektoralen und allgemeinen Produktivität": Dies steht im Einklang mit der empirischen Literatur, die einen rückläufigen Trend beim TFP-Wachstum Chinas seit den 1990er-Jahren feststellt (siehe z. B. Zheng et al. 2009, Wagner 2017). TFP = Totale Faktorproduktivität (beschreibt den Teil des Outputs, der nicht durch die Menge der in der Produktion verwendeten Inputs Arbeit und Kapital erklärt wird, und wird oft als Indikator für den gesamtwirtschaftlichen technischen Fortschritt verwendet).

Abschnitt „Folgen der politischen Dezentralisierung"

In Xis Vorstellung einer „kollektiven Führung" hat jede Person ihre Interessen denen der Partei unterzuordnen. Nur so kann seiner Ansicht nach „Chinas Traum" verwirklicht werden.

Im Januar 2014 betonte Xi: „The influence brought by complex personal relations and interest reactions to the Party's life must not be underestimated. Organizational laxity is one of those perils that should be addressed seriously." (Xi's speech on January 14, 2014, übernommen von Tsang/Cheung (2024), S. 227).

Wie er auch an anderen Stellen betonte, „deepen reform comprehensively" erfordert, dass die Partei einen „top-level design" durchführt. Siehe wiederum Tsang/Cheung (2024), S. 70.

7.3.1.3 Abschnitt „*3.1.3 War die Deng-Strategie wirklich nicht mehr tragfähig?*"

So schätzte die Chinese Academy of Social Science 2012, dass „mass incidents" regelmäßig 100.000 pro Jahr überstiegen. Siehe So (2019), S. 61.

7.3.1.4 Abschnitt „*3.1.4 Folgen und Lehren aus der Globalen Finanzkrise*"

„Gegenmaßnahmen mit der Folge neuer Ungleichgewichte": Schon oben (zu Abschn. 2.1) hatte ich angemerkt: Die Schulden der chinesischen Kommunen sind inzwischen nach Angaben von Chinas Finanzministerium fast doppelt so hoch wie die chinesischen Staatsschulden.

7.3.2 Abschnitt „3.2 Die Antwort Xis auf die zunehmenden Ungleichgewichte"

Hier rekurriere ich auf meine Ausführungen in Wagner (2013, 2015, 2017, 2019a,b, 2021) sowie Glawe/Wagner (2016, 2020, 2023) und Murach/Wagner (2017).

7.3.2.1 Abschnitt „*3.2.1 Gründe für eine neue Wachstumsstrategie*"

- Zum Begriff *„historischer Nihilismus"*: Der Begriff kam nach der Niederschlagung der Proteste auf dem Platz des Himmlischen Friedens im Jahr 1989 in Mode. Parteichef Jiang Zemin erklärte damals, der historische Nihilismus drohe die Partei „ernsthaft zu erodieren". Jiangs Hauptsorge galt damals einer Fernsehsendung mit dem Titel „River Energy", in der China als ein Land dargestellt wurde, das durch eine lange Geschichte der Rückständigkeit und des nach innen gerichteten Konservatismus belastet ist. Heute betrachtet Xi Jinping ähnlich kritische Äußerungen, z. B. Beschreibungen der Schrecken der Kulturrevolution, als Infragestellung der Legitimität der Parteiherrschaft. Dies begründet auch die unter Xi zu beobachtende Massenindoktrination einer parteipolitischen Geschichtsdarstellung.

- Zu *Eigenständigkeit (Dual Circulation)*: Im Grunde war das Ziel der Eigenständigkeit auch schon in der Deng-Strategie beinhaltet, wurde jedoch damals nicht offen geäußert aufgrund der Abhängigkeit vom Westen. Es war aber schon angelegt in der Verpflichtung der hereinströmenden ausländischen Unternehmen auf Joint Ventures mit einheimischen Firmen.
- Zum Begriff „*Made in China 2025*": Diese in Kap. 1 näher beschriebene Initiative betont zehn Prioritätsindustrien, die die chinesische Regierung besonders fördern und in denen China den technologischen Anschluss an die technologische Spitzengruppe zeitnah erreichen wollte.
- Zum Begriff „*China Standards 2035*": Ein Vorhaben, um globale Standards für aufkommende Technologien wie die künstliche Intelligenz, das 5G-Internet, das Internet der Dinge (IoT) und andere Bereiche zu setzen.

7.3.2.2 Abschnitt „*3.2.2 Hauptelemente der Xi-Strategie*"

- „*Neue Wachstumsstrategie (wirtschaftliches Rebalancing)*": Dass „*eine MIT-Überwindung nur mithilfe eines neuen innovationsbasierten Wachstumsmodells möglich ist*", basiert auf der neueren Wachstums- und Entwicklungsökonomie. Siehe auch Wagner (2019a).
- „*Verbesserung der sozialen und ökologischen Standards*": Zur Aussage „*gestiegenen Ansprüche der chinesischen Bevölkerung*" siehe auch Tsang/Cheung (2024), S. 95: „Public expectations also rose as China got richer. The people grew more intolerant of corruption, socioeconomic inequality, pollution, and land confiscations, as well as shoddy food, medical, and construction safety. Protest became commonplace." Ähnlich äußerte sich auch Barry Naughton (2017).
- „*Integration der westlichen Regionen Chinas*": Tsang/Cheung (2024) behaupten, dass das Erreichen von *common prosperity* „is Xi's lowest ran-

ked economic goal" (S. 118). Vgl. auch Cainey/Prange (2023), S. 42. Dies obwohl Xi betonte, dass "only through promoting common prosperity, and hence raising the income of urban and rural residents and improving human capital, can we enhance our total factor productivity and lay a more solid foundation for high-quality development". (Jinping, Xi, „Zhashi tuidong gongtong fuyu", Qiushi, October 15, 2021), zitiert nach Tsang/Cheung (2024), S. 243.
- Zur *„Anti-Armut-Kampagne"* siehe näher Tsang/Cheung (2024), S. 101ff.; zur *„Common-Prosperity"-Strategie"* ibid, S. 134ff.; zu Chinas neuem Sozialkontrakt ibid, S. 95ff.

Zum Hintergrund: Ein Viertel der chinesischen Bevölkerung lebt immer noch mit weniger als umgerechnet 2500 US-Dollar im Jahr.

7.3.2.3 Abschnitt „*3.2.3 Wird die Xi-Strategie nachhaltig sein ...* "

- *„Verbesserung der sozialen und ökologischen Standards"*: „Baumol's cost disease" ist die Tendenz, dass auch die Löhne an Arbeitsplätzen, an denen die Arbeitsproduktivität nicht oder nur geringfügig gestiegen ist, als Reaktion auf steigende Löhne an anderen Arbeitsplätzen, die ein hohes Produktivitätswachstum aufweisen, steigen. Siehe Baumol/Bowen (1965). Siehe auch, bezogen auf China: Wagner (2013).
- *„Integration der westlichen Regionen Chinas"*: Zu *„Clan-Strukturen"* u. a. in Chinas westlichen Provinzen: siehe Greif/Tabellini (2017).
- Zu den *World Governance Indicators der Weltbank*: Die World Governance Indicators basieren auf einem langjährigen Forschungsprogramm der Weltbank und erfassen sechs Schlüsseldimensionen der Regierungsführung (Mitspracherecht und Rechenschaftspflicht, politische Stabilität und Gewaltfreiheit, Effizienz der Regierung, Qualität der Rechtsvorschriften, Rechtsstaatlichkeit und Korruptionskontrolle) zwischen 1996 und heute. Sie messen die Qualität der Regierungsführung in über 200 Ländern.
- Zu *„Einnahmen aus Grundstücksverkäufen"*: Die Umsätze der Lokalregierungen aus Landverkäufen/verpachtungen verdreifachten sich laut chinesischem Finanzministerium zwischen 2010 und 2021

auf 8,5 Billionen Yuan, umgerechnet 1,1 Billionen Euro. Die Hypotheken der Haushalte verzehnfachten sich von 2008 bis 2021 (auf 50 Billionen Yuan). (Institut der deutschen Wirtschaft: IW-Kurzbericht Nr. 37, 18. Juni 2024) Auch die Immobilienfirmen nahmen in dieser Zeit große Mengen an Schulden auf, so dass die chinesische Regierung im August 2020 beschloss, den Immobilienmarkt umfangreich zu regulieren.
- Im Mai 2024 wurde ein Ankaufprogramm im Umfang von umgerechnet 8 Mrd. € aufgelegt. Dies sollte die Lokalregierungen zum Erwerb von fertiggestellten, bisher nicht verkauften Immobilien zu „vernünftigen" Preisen ermutigen, um diese in Sozialwohnungen umzuwandeln. Für private Erstkäufer sollte der Eigenkapitalanteil bei Immobilienkrediten auf 15 % sinken und die Untergrenzen für Hypothekenzinsen sollten aufgehoben werden.
- Zu den „*Einnahmen der chinesischen Städte aus Grundstücksverkäufen*": siehe z. B. Shepard (2015).
- Zum „*Zwang zu Joint Ventures*": siehe z. B. Davies (2013).

7.3.3 Abschnitt „*3.3 Einzelne Strategiemaßnahmen*"

7.3.3.1 Abschnitt „*3.3.1 Belt-and-Road-Initiative (BRI)*"

- Nicht nur afrikanische, sondern auch lateinamerikanische Länder waren in den letzten Jahren verstärkt im Fokus der chinesischen BRI-Strategie. So ist das Handelsvolumen zwischen China und Lateinamerika von 18 Mrd. US-$ im Jahr 2002 auf 450 Mrd. im Jahr 2022 gestiegen. (‚Economist', 6. Juli 2024, S. 39; siehe auch Friedrich-Ebert-Stiftung (B. Creutzfeld u. a.): Lehren für Europa? Chinas Engagement in Lateinamerika. Februar 2024, S. 3). Inzwischen haben sich zwei Drittel der Staaten Südamerikas und der Karibik an die BRI angedockt.
- Zu „*Recherchen der Shanghaier Fudan-Universität*": siehe C. Nedophil: China Belt and Road Initiative (BRI) – Investment Report 2023/H1, Shanghai 2023.

7 Zur Vertiefung: Erläuterungen und Literaturhinweise

- Zur Aussage „*Allerdings scheint die BRI bei den Teilnehmerländern in den letzten Jahren auf abnehmendes Interesse zu stoßen*": Nichtsdestotrotz haben die gelisteten chinesischen Firmen, nach Berechnungen des ‚Economist' auf der Grundlage von Schätzungen der amerikanischen Großbank ‚Morgan Stanley', ihre Verkäufe in den Globalen Süden seit 2016 nahezu vervierfacht auf 800 Mrd. US-$, während die Verkäufe westlicher Firmen während der Zeit nur um ein Drittel zugelegt haben (‚Economist', vom 1. August 2024). Die Rolle chinesischer Firmen im Globalen Süden scheint somit immer größer geworden zu sein.
- China ist inzwischen für 71 Länder der Welt – insbesondere für viele Länder des „Globalen Südens" – der wichtigste Handelspartner. Die USA kommen dagegen nur auf 32 Länder, die EU immerhin auf 68 Länder.

7.3.3.2   Abschnitt „*3.3.2 BRICS-Zusammenschluss*"

- Zur relativen Bedeutung der BRICS siehe https://www.destatis.de/DE/Themen/Laender-Regionen/Internationales/Thema/allgemeines-regionales/BRICS/BRICS.html (zuletzt abgerufen am 11.11.2024).
- Zur „*Shanghaier Organisation für Zusammenarbeit (SOZ)*": Die SOZ ist eine 2001 gegründete Internationale Organisation, die sich jährlich zu einem Gipfel trifft. Ihr gehören derzeit Belarus, die Volksrepublik China, Indien, Iran, Kasachstan, Kirgisistan, Pakistan, Russland, Tadschikistan und Usbekistan als Mitglieder an (darunter die drei bedeutendsten BRICS-Staaten). Einige andere Staaten haben Beobachterstatus oder sind „Dialogpartner", wie die Türkei und mit Saudi-Arabien ein weiterer BRICS+-Staat. Die SOZ beschäftigt sich mit der sicherheitspolitischen Zusammenarbeit der Mitgliedstaaten sowie mit Wirtschafts- und Handelsfragen und der Stabilität in der Region. Der ursprünglich regionale Fokus der SOZ wurde in den letzten Jahren immer mehr durch eine globale Agenda ersetzt. Auch hier dominiert inzwischen China. Xi Jinping appellierte kürzlich in Astana an die Mitgliedstaaten, „externe Einmischungen" abzuwehren und „das Recht auf Entwicklung (zu) schützen" (so zitiert im chinesischen Staatsfernsehen CCTV). Dies richtet sich konkret gegen die USA und ihre Verbündeten.

7.3.3.3 Abschnitt „3.3.3 Dualer Kreislauf"

- Die „*Dual Circulation – Strategie*" impliziert die Priorisierung von Innovationen. Gleiches gilt für die Vision des „*China Dream*". Innovationen werden von Xi Jinping als Voraussetzung für die weitere wirtschaftliche Entwicklung und Wohlstandsvermehrung (Ziel 2) in China angesehen, und auch als bedeutsam für die nationale Sicherheit. Sie sind auch die Voraussetzung für eine mögliche weitere Umverteilung in Richtung eines derzeit noch nicht angedachten Wohlfahrtsstaates.
- Zur langen *Geschichte des Strebens nach „self-reliance"* in China sowie zu den Zitaten im Text siehe Cainey/Prange (2023), Kap. 2, insbesondere S. 30–33.

7.3.3.4 Abschnitt „3.3.4 Nationale Erneuerung"

- Zu „*Chinas neuem Gesellschaftsvertrag unter Xi Thought*": siehe Tsang/Cheung (2024), S. 95ff. Unter Xi kam es zu einer Erweiterung/Neufassung des 1992er post-Tian'anmen-Gesellschaftsvertrags mit der Bevölkerung: Gegenleistung für das Wohlwollen der Bevölkerung gegenüber der Partei ist nun neben dem Versprechen der Wohlstandsvermehrung auch und verstärkt die Verpflichtung der Partei, die Regimesicherheit zu verteidigen und China wieder groß und mächtig zu machen (Tsang/Cheung 2024, S. 97).
- Zum „*Vorbild der tianxia-Vergangenheit*" als Grundlage für den „China Dream" siehe näher Tsang/Cheung (2024), Kap. 7 (S. 168ff.). Schon 2012 formulierte Xi sein Langfristziel für 2049 wie folgt: „complete the process of building a modern socialist country that is rich, strong, democratic, cultured, and harmonious by the 100th anniversary of the establishment of New China" (in einer Rede auf der Ausstellung „Road to Revival" des Beijing National Museum vom November 2012). Zu Xis Vorbild der *tianxia*-Vergangenheit siehe näher auch in diesem Kapitel die Erläuterungen zu Abschn. 5.2 des 5. Kapitels unten!
- Zum „*Schlechtreden des Westens*": Dies führt dazu, dass häufiger unter jungen Leuten sogar Angst vor westlicher, liberaler Freiheit aufkommt,

festgemacht zum Beispiel an der Freiheit des Waffentragens in den USA (so in Interviews mit jungen Chinesinnen und Chinesen in einer ZDF-Sendung zu China aus dem Jahre 2024).

7.3.3.5 Abschnitt „*3.3.5 Staatlich gelenkte Industriepolitik*"

- Zu „*Dies steht im Einklang mit „Xi Jinping Thought", nach der die KPCh die Führung der Transformation der Gesellschaft übernehmen soll.*": siehe Tsang/Cheung (2024), S. 63.
- Zur Erweiterung der *IDDS-Strategie* siehe Barry Naughton (2021), dort vor allem S. 75. Zur Bestätigung und Erweiterung der „Made in China 2025"-Strategie in einem *zentralen Dokument von 2020* siehe Tsang/Cheung (2024), S. 121 und 238. Zu den „*Industrial Guidance Funds*" *(IGF)* siehe näher vor allem Naughton (2021), S. 106ff., und Tsang/Cheung (2024), S. 122ff.
- Zur Aussage „*Dies heißt aber nicht, dass private Unternehmen keine Rolle in Xis Strategiekonzept spielen würden.*": Trotzdem verringerte sich der Anteil privater Firmen am Marktwert von Chinas als „TOP-100" gelisteten Firmen nach Angaben des ‚Peterson Institute for International Economics' von 55 % Mitte 2021 auf 37 % Ende 2023 (https://www.piie.com/research/piie-charts/2024/share-chinas-top-companies-private-sector-continued-steadily-decline-2023 (abgerufen am 11.11.2024); siehe auch ‚Economist' vom 13. Juli 2024). Private Firmen fürchten zunehmend, dass SOEs sie verdrängen.
- Zur „*Rolle der SOEs in ‚Xi Thought'*": siehe Tsang/Cheung (2024), S. 126 f.
- Zur Aussage, „*dass die Ziele der „Made in China 2025"-Strategie bislang nicht erreicht worden sind*": siehe Tsang/Cheung (2024), S. 124 und 239, Fn. 31.
- Zur Aussage „*Solange China den Westen nicht bezüglich Innovationen überholen kann, bleibt nach Xis Überzeugung Chinas politische Macht beschränkt ... und China politisch abgehängt vom Westen*": siehe Tsang/Cheung (2024), S. 120 und 238, Fn. 7.
- Zur Aussage „*Der Vorteil von Xi ist, dass er nicht den Zwängen stetiger Neuwahlen unterworfen ist*": 2018 wurde die Amtszeitbegrenzung von

Xi Jinping als Staatspräsident aufgehoben, was ihm eine Amtsführung auf Lebenszeit ermöglicht. Im März 2023 wurde er vom Nationalen Volkskongress Chinas als Staatspräsident für eine dritte Amtsperiode bestätigt. Bis dahin war die Amtszeit des Staatspräsidenten auf zwei Amtsperioden beschränkt.

- Zur Aussage *„aus China eine industrielle und militärische Supermacht zu machen"*: Die Stärke des Militärs hat für Xi auch eine innenpolitische Bedeutung. So betonte er schon 2013: „Warum müssen wir an der Führung der Partei über das Militär festhalten? Weil das die Lehre aus dem Zusammenbruch der Sowjetunion ist. In der Sowjetunion, wo das Militär entpolitisiert, von der Partei getrennt und verstaatlicht wurde, wurde die Partei entwaffnet. Als das Land in die Krise geriet, war eine große Partei einfach weg." (Übersetzung vom englischen Orginal aus „China's new President Xi Jinping: A man with a dream" http://www.bbc.co.uk/news/world-asia-china-21790384 in BBC News (14 March 2013). Quelle: https://beruhmte-zitate.de/autoren/xi-jinping/).

7.3.4 Abschnitt „3.4 Erfolge und Misserfolge in der Xi-Ära"

7.3.4.1 Abschnitt „*3.4.1 Erfolge*"

- „*Vermeidung von Aufruhr der zurückgebliebenen Gebiete*": Dass die *Rolle von Narrativen* kaum überbetont werden kann, zeigt sich auch an der US-Präsidentschaftswahl 2024, als auf Unwahrheiten basierende Narrative für einen Großteil der Wähler zum Teil wichtiger waren als Fakten.
- „*Erfolge in der Korruptionsbekämpfung*": Zur „*Anti-Korruptionskampagne*": siehe näher Tsang/Cheung (2024), S. 40ff., vor allem S. 45. Dort wird von 3.881.000 Kader berichtet, die durch Xi von 2013 bis 2021 sanktioniert wurden; zumeist sogenannte „Fliegen" (korrupte Kader aus dem einfachen Volk). Aber auch 264 hochrangige chinesische Politiker (sog. „Tiger") wurden von Xi Jinping bis Mai

2022 wegen Korruptionsvorwürfen ihrer Macht enthoben, während es in den 10 Jahren unter Hu nur 72 waren (S. 46).

Der erwähnte 2023er *„Corruption Perceptions Index"* (CPI) ist im Januar 2024 erschienen.

- *„Erzielung von hohen Zustimmungswerten"*: (Nichtanonymisierte) Umfragen von Forschern kommen teilweise auf Zustimmungsraten von 80–90 % und mehr für Xis Politik. So befürworten angeblich über 90 % der Chinesen die Politik von Präsident Xi Jinping, wie von Statista, Harvard und anderen bestätigt wurde. Wenn die Befragten allerdings anonym befragt werden, sinken die Werte beträchtlich, wie in einem neueren Artikel der Zeitschrift „China Quarterly" berichtet wird (Carter/Carter/Schick 2024). Auch in vielen Entwicklungs- und Schwellenländern des Globalen Südens genießt Xi Jinping noch ein relativ hohes Ansehen (siehe z. B. die im Juli 2023 veröffentlichte Umfrage des amerikanischen Thinktanks ‚Pew Research Center').

7.3.4.2 Abschnitt *„3.4.2 Misserfolge"*

- *„Xis Non-Covid-Politik"*: Zum *„abgesagten Dritten Plenum"*: Dieses Plenum, auf dem alle fünf Jahre die Leitlinien für die langfristige strategische Ausrichtung der chinesischen Wirtschaftspolitik festgelegt werden, wurde im Juli 2024 nachgeholt. Mit dem Ergebnis, dass sich in den nächsten 5 Jahren nichts Grundsätzliches ändern soll am wirtschaftspolitischen Kurs Chinas unter der Leitung von Xi Jinping. Es soll weiterhin gesetzt werden auf technologische Eigenständigkeit – mittels Industrie- und Innovationspolitik– und staatliche Kontrolle. Besonderer Wert soll gelegt werden auf eine Beschleunigung der Urbanisierung und auf eine Steuerreform –mit einer weiteren Zentralisierung der fiskalischen Verantwortung–, sowie auf Umverteilung. Die Provinzregierungen, die hoch verschuldet sind, sollen entlastet werden, dadurch, dass sie mehr finanzielle Ressourcen erhalten, während die Zentralregierung beabsichtigt, mehr Ausgaben zu übernehmen. Des Weiteren soll unter anderem die Wohnsitzkontrolle (das Hukou-System) reformiert und das Renteneintrittsalter erhöht werden. Außerdem soll der chinesische Binnenmarkt vereinheitlicht werden. Bisher verhalten sich die einzelnen Provinzen sehr protektionistisch. Sie protegieren ihre lokalen Unternehmen, verhindern, dass diese bankrottgehen, und erschweren Firmen aus anderen Regionen den Marktzugang. Das Problem der Überkapazitäten wird so verstärkt.

- *„Scheitern der Rebalancing-Politik"*: Zu den angegebenen VGR-*Daten*: Quellen: IWF- WEO; aktuelle Daten aus www.wko.at/statistik/laenderprofile/lp-china.pdf.
- Zu gewisser *„Ähnlichkeit mit der früheren Politikstrategie deutscher Regierungen"*: Die Logik der neuen Angebotspolitik in China – im Kontext mit der innovationsbasierten Wachstumsstrategie und der Dual Circulation-Strategie – impliziert eine Schwerpunktsetzung auf Industrie und Exporte, und zeigt damit Ähnlichkeiten zur deutschen Wachstumsstrategie in den Nachkriegsjahrzehnten, vgl. z. B. Wagner (2013).

7.4 Zu Kap. 4: Chinas wirtschaftspolitische Herausforderungen der nächsten Jahr(zehnt)e

Im Abschn. 4.2 dieses Kapitels lehne ich mich teilweise – in einzelnen Unterabschnitten – stark an das 6. Kapitel des Buches von Glawe/Wagner (2021a) an. Dort sind auch zahlreiche Literaturhinweise zu einzelnen der in Abschn. 4.2 beschriebenen „länger anhaltende(n) strukturelle(n) Herausforderungen" enthalten, so dass ich sie hier in diesem Abschnitt nicht nochmals alle aufführe, sondern mich auf wenige Literaturquellen beschränke.

7.4.1 Abschnitt „*4.1 Die aktuell drängendsten Probleme*"

7.4.1.1 Abschnitt „*4.1.1 Bewältigung der Immobilienkrise*"

- Zu *massive Verunsicherung bei den Bürgern Chinas*: Nicht nur das Vertrauen der inländischen Konsumenten, sondern auch das Vertrauen der in- und ausländischen Investoren leidet durch die anhaltende Immobilienkrise, was verstärkt wird durch neuere Ereignisse wie die von einem Hongkonger Gericht im Januar 2024 angeordnete Liquidierung der Evergrande-Börsengesellschaft. Dies war ein herber Rückschlag für Chinas Staatsführung. Zu erwarten ist ein längeres Tauziehen zwischen Bauträgern und ihren Gläubigern. Auswirkungen der Immobilienkrise auf das Ausland dürften allerdings vorerst überschaubar bleiben, da ein Großteil der Schulden bei chinesischen Gläubigern platziert ist. Jedoch indirekt gibt es sehr wohl Auswirkungen, da wenn es China schlecht geht, auch der Rest der Weltwirtschaft leidet.

Die Hauptkosten tragen die Bürger Chinas, deren Altersvorsorge durch die Preissenkungen der Immobilien dahinschmilzt, was ihre Konsumlaune und ihre wirtschaftliche Euphorie drückt. Außerdem leiden Chinas Kommunen, deren Einnahmen bislang zu einem beträchtlichen Teil von Landstückverkäufen bzw. –verpachtungen herrührten.

7.4.1.2 Abschnitt „*4.1.2 Abbau der Überkapazitäten*"

- Zu den „*Vorwürfen der deutschen Regierung bezüglich Chinas Politik der subventionierten Überakkumulation*": Hier kann China Deutschland vorhalten, dass die deutsche Regierung lange Zeit eine ähnliche Überakkumulationspolitik gefahren habe. Deshalb wurde Deutschland ja in den 2010er-Jahren heftig von den anderen EU-Ländern sowie von den amerikanischen Regierungen kritisiert wegen der hohen deutschen Handelsüberschüsse. Auch der IWF forderte Deutschland auf, weniger auf Exporte und stärker auf die Nachfrage im eigenen Land zu setzen. Deutschland verteidigte sich damals ähnlich wie heute China, nach dem Motto: ihr seid selbst schuld, wenn ihr weniger als wir exportieren könnt. Wir sind eben produktiver, kostengünstiger und haben bessere, nachgefragtere Produkte.

7.4.1.3 Abschnitt „*4.1.3 Reduzierung der Arbeitslosigkeit*"

- Zu den Arbeitslosenzahlen in China siehe IMF Country Report China, National Bureau of Statistics of China, und Statistisches Bundesamt (Destatis) „China".

- Zum „stille(n) Übereinkommen, dass Chinas Bevölkerung weitgehend die Repression des Regimes erträgt, solange ihr Wohlstand wächst": Dies ist nach Einschätzung der amerikanischen Ökonomen Guriev und Treisman (2022) ein allgemeines Merkmal moderner Autokratien.

7.4.1.4 Abschnitt „4.1.4 Vermeidung einer Finanzkrise"

- Zur *Entwicklung der Staatsverschuldung* in China siehe z. B. https://www.wko.at/statistik/laenderprofile/lp-china.pdf
- Die Kommunalverwaltungen, die in China eine wichtige Rolle bei der Ankurbelung der Wirtschaftstätigkeit spielen, haben sich selbst überfordert, indem sie enorme Summen für die Infrastruktur und Dienstleistungen ihrer Städte ausgegeben haben, viel mehr als ihre offiziellen Haushalte tragen können. Um die Lücke zu schließen, nutzen sie außerbilanzielle Einrichtungen, die so genannten kommunalen Finanzierungsgesellschaften, um Schulden zu machen. Diese Methode hat es den lokalen Regierungen ermöglicht, große Summen in die Infrastruktur zu investieren, die sie sich sonst nicht hätten leisten können.

Die Folgen dieser außerbilanziellen Kreditaufnahme sind jedoch steigende Schuldenstände und finanzielle Instabilität. Viele Lokalregierungen sind knapp bei Kasse, kürzen wichtige Dienstleistungen und verzögern die Gehaltszahlungen an Beamte. Die Zentralregierung in Peking setzt die Kommunalverwaltungen unter Druck, ihre Finanzen zu sanieren und die außerbilanzielle Verschuldung abzubauen. Ohne Steuerreformen zur Erschließung neuer und nachhaltigerer Einnahmequellen werden die Kommunalverwaltungen ihre Infrastrukturinvestitionen und andere Ausgaben drastisch kürzen müssen.

Die bisherigen Haupteinnahmen der Kommunen, die aus Landverkäufen bzw. -verpachtungen bestanden, schrumpfen derzeit dahin. Die Umsätze der Lokalregierungen aus diesen Landverkäufen/verpachtungen, haben sich, wie oben schon erwähnt, zwischen 2010

7 Zur Vertiefung: Erläuterungen und Literaturhinweise

und 2021 laut chinesischem Finanzministerium auf 8,5 Billionen Yuan, umgerechnet 1,1 Billionen Euro, verdreifacht. Die Hypothekenverbindlichkeiten privater Haushalte verzehnfachten sich laut chinesischer Zentralbank von 2008 bis 2021 auf 50 Billionen Yuan. (Institut der deutschen Wirtschaft: IW-Kurzbericht Nr. 37, 18. Juni 2024).

Die Schulden der chinesischen Kommunen sind inzwischen nach Angaben von Chinas Finanzministerium fast doppelt so hoch wie die chinesischen Staatsschulden.

Xi Jinping fordert deshalb schon seit längerem die Kommunalregierungen auf, „jede Erhöhung der Kommunalverschuldung streng zu kontrollieren" und die Kader „lebenslang zur Rechenschaft zu ziehen", was bedeutet, dass sie „nachträglichen Untersuchungen" unterzogen werden (siehe in Renmin ribao, July 16, 2017, 1). Angesichts dessen ist der derzeitige Druck der Zentralregierung auf die Lokalregierungen, sich stärker in die Unterstützung der Immobilienbranche einzuklinken – siehe im Abschnitt „Bewältigung der Immobilienkrise" im Text – für diese sehr herausfordernd. Von daher hat die Zentralregierung in Peking im November 2024 ein zehn Billionen Yuan (knapp 1,3 Billionen Euro) schweres Umschuldungsprogramm für die klammen Provinzregierungen bekannt gegeben.

- Zur Frage, *wann sich „Schuldenmachen für ein Land" lohnt*: siehe z. B. Blanchard (2023).

Anmerkung: Das Verschuldungsproblem gilt nicht nur für China, sondern auch für andere Länder, wie die USA. Seit der Globalen Finanzkrise hat sich das Schuldenniveau der USA laut IWF mehr als verdreifacht. Für die nächsten Jahrzehnte wird für die USA ein weiterer starker Anstieg der Schuldenquote prognostiziert (vom IWF – in seinem August-2024 country report – wie auch vom Haushaltsausschuss des US-Kongresses, laut Aussage von Richard H Clarida im ‚Handelsblatt' vom 15.3.2024). Auch die Umsetzung der Wahlversprechen des neugewählten US-Präsidenten Donald Trump dürfte die Verschuldung der USA in den nächsten Jahren stark in die Höhe treiben.

7.4.2 Abschnitt „4.2 Länger anhaltende strukturelle Herausforderungen"

7.4.2.1 Abschnitt „4.2.1 Demographischer Wandel: Alterung der Bevölkerung"

- Zur *Entwicklung der Erwerbsquote nach Geschlecht in Japan* siehe e-Stat (Japan); Ministry of Internal Affairs and Communications (Japan); Statista.
- Zu den erwähnten *demographischen Trends in China* siehe Glawe/Wagner (2021a), S. 304; siehe auch National Bureau of Statistics 2021-05-11.
  2023 waren 21 % der chinesischen Bevölkerung 60 Jahre oder älter. Im Jahr 2080 sollen es nach Schätzungen der UN rund 50 % sein. Das Durchschnittsalter soll in China von 40 Jahren im Jahr 2025 auf über 50 Jahren in 2050 steigen. (UN DESA: World Population Prospects 2024; siehe Statista)
  Auch wenn China stark altert, so wird es 2050 immer noch 1,26 Mrd. Menschen haben (Prognose: UN DESA; siehe Statista). Zudem werden die Verbraucher immer reicher (und der wohlhabende Mittelstand immer größer), und die angewandten Technologien werden immer fortschrittlicher. China bleibt also wirtschaftlich stark.
- Zu *„simpler wachstumstheoretischer Zusammenhang"*: siehe Jones (2022).
- Zu *„Baumols Kostenkrankheit"*: siehe die Erläuterung in Abschnitt *„Wird die Xi-Strategie nachhaltig sein ..."* des 3. Kapitels oben.
- Zur Befürchtung, *„dass China alt wird, bevor es reich wird"*: Als in Japan die Bevölkerung zu sinken begann (2010), hatte es ein BIP pro Kopf von bereits rund $45.000, während Chinas BIP pro Kopf zu Beginn der Bevölkerungsabnahme (2022) gerade mal knapp $13.000 betrug (IWF: World Economic Outlook Database Oktober 2024; Statista). Außerdem behindern institutionelle Rahmenbedingungen in China eine schnellere Entwicklung. Hier zählen neben einem mangelnden Pensionssystem die immer noch restriktiven Hukou-Regelungen in China, die eine schnellere Urbanisierung und damit eine Steigerung der Jobs mit hoher Produktivität verhindern.

7.4.2.2 Abschnitt „4.2.2 Digitale Transformation"

Das auf der Fertigung basierende Exportwachstumsmodell, auf dem das ostasiatische „Wunder" – der wirtschaftliche Erfolg Ostasiens – im Wesentlichen basierte, dürfte ebenfalls viel von seinem Reiz oder seiner Wirkung verlieren aufgrund des Rückgangs der traditionellen Fertigung. Dies bedeutet, dass sich die Aufhol-/Konvergenz-Chancen für Entwicklungsländer verschlechtern. Im schlimmsten Fall befinden sich die Entwicklungsländer auf einem Weg zurück zu „Malthusianischen Stagnations-Dynamiken". Ob dies durch die von Korinek und Stiglitz (2021) vorgestellten globalen Governance-Reformen gestoppt werden kann, ist zweifelhaft, insbesondere vor dem Hintergrund einer sich entwickelnden bipolaren Weltwirtschaftsgovernance – zwei konkurrierende Systeme, Ost (China/Russland+) und West (USA/Europa+). Höchstens regionale Governance Konvergenzclubs sind denkbar, wie in der EU. Im Gegensatz dazu sind erfolgreiche transatlantische Reformen schwierig zu erreichen, wenn bereits ein Abkommen über ein gemeinsames Impfstofflieferprogramm in der Covid-Pandemie aufgrund des Impfstoff-Nationalismus einzelner Staaten gescheitert ist.

7.4.2.3 Abschnitt „4.2.3 Klimawandel"

Zu Chinas Anstrengungen im Kampf gegen die Umweltverschmutzung siehe Greenstone et al. (2021).

7.4.2.4 Abschnitt „4.2.4 Sektoraler Strukturwandel und Wohlfahrtssystem"

Zum sektoralen Strukturwandel allgemein siehe van Neuss (2019), zu dem in China Wagner (2013).

7.4.2.5 Abschnitt „4.2.5 Kultureller Wandel"

- Zum *Globalisierungsprozess* siehe z. B. Wagner (2014).

- Zu *weiblichen Mitgliedern im Politbüro*: ‚Wall Street Journal' vom 23. Oktober 2022; https://www.wsj.com/livecoverage/china-xi-jinping-communist-party-congress/card/no-women-on-china-s-politburo-for-first-time-in-qwSOFxdl9smnVTbgmCv8 (zuletzt abgerufen am 11.11.2024)

7.4.2.6 Abschnitt „*4.2.6 Verhinderung des Abrutschens in eine anhaltende MIT*"

Erläuterungen zur MIT und ihrer Verhinderung habe ich schon in Kap. 2 sowie in Kap. 3 im Text gegeben. Zur teilweise kulturellen Bedingtheit des Rückstands des Westen Chinas siehe z. B. Glawe/Wagner (2023).

7.5 Zu Kap. 5: Wohin steuert China? Alternative Szenarien und Implikationen

Abschn. 5.1 beinhaltet persönliche Einschätzungen – Spekulationen – des Autors über die weitere wirtschaftssystem-politische Entwicklung Chinas. Es werden drei Szenarien entwickelt. Das dritte Szenario wird als das kurz- bis mittelfristig am wahrscheinlichsten eintretende eingeschätzt. Von daher wird im Weiteren vor allem auf dieses Szenario Bezug genommen. In den Abschn. 5.2 und 5.3 wird die Bedeutung dieses Entwicklungsszenarios für die Beziehung Chinas zu anderen Ländern und für die Positionierung Deutschlands bzw. Europas und seiner multinationalen Unternehmen betrachtet. In Abschn. 5.4 werden schließlich die speziellen Herausforderungen eines Derisking oder aber Decoupling für Deutschland thematisiert.

Die in Abschn. 5.1 erläuterten drei Szenarien wurden zuerst entwickelt in dem Aufsatz Wagner (2021). Dort werden viele Literaturhinweise gegeben, die hier nur in begrenztem Umfang im Abschn. 5.1 aufgeführt werden.

7.5.1 Abschnitt „5.1 Alternative Szenarien"

7.5.1.1 Abschnitt „5.1.1 Szenario 1: Sich Zufriedengeben mit dem MI-Status"

Wenn alle Länder Wachstumsverzicht üben würden, wäre der globale CO_2-Ausstoß natürlich erstmal geringer. Da jedoch dann in allen Ländern weniger Mittel für Investitionen in erneuerbare Technologien zur Verfügung stünden, würde der globale CO_2-Ausstoß auf Dauer nicht geringer, sondern vielleicht sogar größer. Und was größer wäre, wäre die Armut, die in allen Ländern wieder stärker grassieren würde. Sehr viele Menschen würden wieder extrem arm, vor allem in den Entwicklungs- und Schwellenländern. Die Menschen dort würden auch wieder weniger lang leben, und stärker von Krankheiten heimgesucht werden. Es wäre ein Weg zurück ins Mittelalter. Dies haben auch verschiedene Modellanalysen gezeigt. De-Growth ist also alles andere als ein Heilungsmittel.

7.5.1.2 Abschnitt „5.1.2 Szenario 2: Demokratisierung – liberale Demokratie"

- Der Inhalt dieses Abschnitts ist zum Teil den Ausführungen aus Wagner (2021), Abschn. 4.3, entnommen, in Übersetzung. Dort sind auch zahlreiche Literaturhinweise aufgeführt.
- Zur Passage „*Lassen Sie uns einen kurzen Blick auf diese Forschungsergebnisse werfen*" – zu den Auswirkungen von Demokratisierung auf Wirtschaftswachstum – hatte ich zuerst auf die neuere Studie von Acemoglu et al. verwiesen: Quelle: Acemoglu et al. (2019).
- Zur Aussage „*Es gibt jedoch offenbar starke und signifikante indirekte Auswirkungen der Demokratisierung, die zum Wachstum beitragen.*": siehe z. B. die Meta-Studie von Doucouliagos und Ulubasoglu (2008) sowie weitere Literatur, die in Wagner (2021) aufgeführt ist.
- Zur Aussage „*hat China fast zeitgleich … ein Weißbuch mit dem Titel „China: Democracy That Works „herausgegeben*": siehe Demir/Altun (2023).

- Zu „*Chinas Ablehnung einer Demokratisierung*": Chinas Ablehnung einer Demokratisierung hängt auch mit der langen Tradition des Autoritarismus in China zusammen. Dieser ist geprägt von dem „RDA (*regionally decentralized authoritarian*)-Regime", das durch eine Kombination von politischer Zentralisierung und ökonomischer regionaler Dezentralisierung gekennzeichnet ist (siehe Xu 2014). Politische Macht und persönliche Kontrolle sind hier stark zentralisiert. Das RDA-Regime fußt auf der imperialen Vergangenheit Chinas und hat daher eine sehr lange Tradition. Seit der Gründung der KPCh wurde es in seinen Grundzügen nicht verändert. Die KPCh besitzt innerhalb des RDA-Regimes die zentralisierte Macht und Kontrolle sowohl über die politischen Institutionen als auch über das Justizsystem. Eine rechtsstaatliche Gewaltenteilung war und ist daher in China nur unzureichend vorhanden. Dies zusammen mit dem fehlenden Besitzrecht auf Grund und Boden verhindert in China eine Demokratisierung und führt zu Behinderungen einer dynamischeren kreativen Privatwirtschaft. Dies aufzubrechen dürfte schwierig werden in China.

7.5.1.3 Abschnitt „*5.1.3 Szenario 3: Status quo mit Nationalismus und neuen …*"

Die Argumentation in Abschn. 2.4 lehnt sich sehr eng an den Abschn. 4.2 in Wagner (2021) an. Eine Reihe von Passagen werden – übersetzt – daraus übernommen.

Warum Szenario 3 meiner Meinung nach das wahrscheinlichste sein dürfte, gründet auf folgender These: Ein Schwellenland mit einem autoritären System, das in eine MIT abzurutschen droht und unter einer strukturellen Wachstumsverlangsamung leidet, braucht ein solches Hilfsziel verbunden mit solchen Hilfsmitteln, wie in Szenario 3 beschrieben. Dagegen reicht einem Schwellenland mit einem liberal-demokratischen System die Fokussierung auf die drei Ziele: Ziel 1 –Wiederwahl der Regierungspartei–, Ziel 2 –wirtschaftliche Entwicklung–, und Ziel 3 – Stabilität–. Allerdings ist hierfür auch eine gute Kommunikation, ein gutes „Verkaufen" der Politik, basierend auf einem überzeugenden Narrativ, eventuell auch verbunden mit populistischen Elementen, notwendig, wenn der wirtschaftliche Erfolg für eine Weile ausbleibt.

Abschnitt „Nationalismus"
Um China wieder groß und mächtig werden zu lassen, spielt auch das Militär, die militärische Aufrüstung, und die Führung des Militärapparates durch die Partei eine wichtige Rolle. So betonte Xi Jinping schon kurz nach seinem Amtsantritt (was oben in diesem Kapitel schon in der Erläuterung zum 3. Kapitel, Abschn. 3.3.5, ausgeführt wurde): „Warum müssen wir an der Führung der Partei über das Militär festhalten? Weil das die Lehre aus dem Zusammenbruch der Sowjetunion ist. In der Sowjetunion, wo das Militär entpolitisiert, von der Partei getrennt und verstaatlicht wurde, wurde die Partei entwaffnet. Als das Land in die Krise geriet, war eine große Partei einfach weg." Die Folge war nach Ansicht von Xi die lange Instabilität und Unordnung in Russland, die es in China zu vermeiden gilt. Übersetzt aus dem Englischen: „China's new President Xi Jinping: A man with a dream" http://www.bbc.co.uk/news/world-asia-china-21790384 in BBC News (14 March 2013). Quelle: https://beruhmte-zitate.de/autoren/xi-jinping/ (zuletzt abgerufen am 11.11.2024)

Abschnitt „Digitale Überwachung"
Zur Passage *„Man kann sagen, die KPCh hat den leistungsfähigsten Überwachungsstaat der Geschichte aufgebaut"*: siehe Pei (2024).

7.5.2 Abschnitt „5.2 Auswirkungen auf Chinas Beziehungen zu anderen Ländern"

- Zu Chinas *„Ambitionen auf eine alleinige Führerschaft des Globalen Südens – und darüber hinaus einer zukünftigen globalen Dominanz Chinas –"* möchte ich auf Tsang/Cheung's (2024) Ausführungen (auf Seite 185f.) verweisen. Diese sprechen dort davon, dass „Xi's tianxia worldview is for China to claim leadership around the world". Dies „means Xi's ambition is global and putting in place a *tianxia*-based system requires getting the rest of the world to recognize China's primacy.

Xi articulates this ambition by asserting that China is 'increasingly walking closer to the world's center stage' in his „new era". " (Jinping, Xi, Xi Jinping tan zhiguo lizheng di san juan, 9). Dies „will amount to creating a Sino-centric world order with countries paying ‚due respect' to China." (S. 191)

Xis Traum von einer neuen sino-zentrierten Weltordnung nach dem Vorbild der *tianxia*-Vergangenheit habe ich ja schon in Kap. 3 im Abschn. „Nationale Erneuerung" angesprochen. Xis Rhetorik von der „Common Destiny for Humankind" – siehe Tsang/Cheung (2024), S. 170ff. – „implicitly rejects the postwar US global leadership, the US-led alliance system, and the doctrine of 'humanitarian intervention' or the 'responsibility to protect'." (S. 172) Xi betonte: „The Chinese nation has aspired for 'all being one family under heaven' since ancient times. We believe in harmony between humankind and the world, harmony among all nations, and great harmony for all under *tianxia*." Siehe Jingping, Xi, „Zai Zhongguo gongchandang …" Keynote speech at the high-level dialogue between CCP and the world political parties, Renmin ribao, December 2, 2017, 2. Übernommen von Tsang/Cheung (2024), S. 252.

Für Xi „the *tianxia* system was in place for several thousand years before ‚imperialism invaded China and turned it into a semi-colonial and semi-feudal society'." Siehe Jinping Xi, Xi Jinping tan zhiguo lizheng di san juan, 120.

Xis *tianxia* -Vision für eine sino-zentrierte Weltordnung bestimmt nach Tsang/Cheung auch Xis Kerndenken über die Außenpolitik Chinas. „Xi's *tianxia* worldview prioritizes regime security above all else." (Tsang/Cheung 2024), S. 176. „The goal is to ‚re-claim' the glory China enjoyed at its prime under the *tianxia* system as Xi conceptualizes it." (ibid, S. 179) Chinas Außenpolitik soll Chinas Ehre verteidigen und Chinas Interessen und Werte, die die Partei definiert, über die Interessen und Werte des Rests der Welt stellen. (ibid, S. 181)

- Zur Aussage „*China führt dabei derzeit einen moralischen Stellvertreterkrieg an Seite der Staaten des Globalen Südens, der früher zum großen Teil kolonialisiert war, gegen die westlichen Staaten, sprich den ‚Westen'*": Die Begründung ist, dass China die Führerschaft des Globalen Südens anstrebt, wie eben ausgeführt wurde.

- Zu Chinas *„umfangreiche Subventionen von heimischen Unternehmen oder Branchen"*: China gibt das Fünffache für Industriesubventionen aus, verglichen mit Deutschland. China ist allerdings –bevölkerungsmäßig– auch sechzehnmal so groß und wirtschaftlich (BIP-Vergleich) viermal so groß wie Deutschland. (IfW, Kiel Policy Brief, 173, 04/2024). Zu den monierten Subventionen zählen aber nicht nur direkte Fördergelder und steuerliche Erstattungen und Vergünstigungen, sondern auch „indirekte" Hilfen wie die Bereitstellung von Baugrund unter Wert, billigem Strom sowie besonders günstigen Krediten von Staatsbanken.
- Unter *„Verteidigung der regelbasierten internationalen Ordnung"* versteht man im Kern die UN-Charta und das Völkerrecht.
- Zum *„Beispiel Südkorea"*: Daten von „Natixis Asia Research".
- Zu den Begriffen *Nearshoring, Onshoring, Reshoring* und *Friendshoring*: *Nearshoring* bezieht sich auf die Auslagerung von Geschäftsprozessen in ein Nachbarland oder eine Nachbarregion. Nearshoring ist eine Sonderform des *Offshoring* (Verlagerung ins Ausland). *Onshoring* ist die Verlagerung ins Inland; *Reshoring* ist die Rückverlagerung ins Inland. *Friendshoring* ist die Beschränkung des internationalen Handels auf Länder mit gemeinsamen Werten.

7.5.3 Abschnitt „5.3 Positionierung Europas/ Deutschlands und multinationaler Unternehmen"

- Zur Aussage *„Es gab nach Angaben von Chinas Nationalem Statistikamt 2020 mehr als 100.000 ausländische Unternehmen, die in China tätig waren."*: siehe National Bureau of Statistics of China, Statistical Yearbook 2021, soweit die Aussage in Cainey/Prange (2023), S. 204, Fn. 11.
- Zur Aussage *„Auf vier Sektoren entfielen etwa die Hälfte der Vermögenswerte, Umsätze und Gewinne ausländischer Unternehmen in China"*: siehe ebenfalls Chinas Nationales Statistikamt laut Cainey/Prange (2023), S. 204, Fn. 23.

- Zur Aussage „*Die EU-Kommission hat im Juni 2024 neue China-Zölle angekündigt, die am 31. Oktober 2024 in Kraft getreten sind*": Nicht nur die USA und die EU, sondern auch weitere Staaten, selbst BRICS-Staaten, haben Sanktionen (Ausgleichszölle) gegen subventionierte Exportgüter aus China angekündigt bzw. schon erlassen. Deutschland dagegen hatte bei einer Abstimmung im Rat der EU in 2024 gegen die Zölle gestimmt.
- Zu den „*Zöllen auf chinesische E-Autos*": Laut EU-Kommission sind chinesische E-Autos aufgrund von unerlaubten Subventionen entlang der gesamten Wertschöpfungskette 20 % billiger als in Europa produzierte. Deshalb seien viele der Arbeitsplätze im Umfeld der Autoindustrie in der EU bedroht. Bei der Einführung von Zöllen gilt es aber auch zu bedenken, dass Zölle Wettbewerb und damit Preissenkungen verhindern, auch solche aufgrund von dann ausbleibenden Skalenvorteilen und technischem Fortschritt. Zudem treffen die Zölle alle Hersteller von E-Autos, die in China produzieren, also auch deutsche. Allerdings werden dadurch, dass chinesische Firmen, um diese Zollerhebungen zu umgehen, verstärkt Teile ihrer Produktion in europäische Länder verlagern (Umstellung von „Made-in-China" auf „Made-by-China"), in Europa zusätzliche Arbeitsplätze geschaffen.
- Zur Aussage „*China verwickelt damit die weltweite Konkurrenz in einen harten Preiskampf*": Selbst BRICS-Länder und andere Entwicklungs- und Schwellenländer beginnen sich gegen die subventionierten Exporte von Überkapazitäten aus China (wie Stahl) in ihre Länder mit Zöllen (tariffs) zu wehren. Für Europa/Deutschland macht es allerdings keinen Sinn, in Sektoren wie der Solarindustrie, wo China schon einen großen technologischen Fortschritt hat, mit Subventionen oder Sanktionen gegenzuhalten; sehr wohl aber bei sensiblen Produkten wie Antibiotika. Hier sind kostspielige Verteidigungsstrategien im Sinne einer Versicherung sinnvoll, auch wenn dies einiges kostet. Bei Batterietechnologien und E-Autos könnten Ausgleichszölle auch Sinn machen, da hier noch erhebliche Innovationen zu erwarten sind. Sinnvoll ist auch, chinesische Unternehmen einzuladen, in Deutschland in FDIs zu investieren und Joint Ventures mit deutschen Unternehmen einzugehen, um so – dem Beispiel Chinas in den 1980er- und

1990er-Jahren folgend – Wissenstransfers für deutsche Unternehmen abzuschöpfen.

- Zur Aussage *„Für die westlichen Unternehmen wird es bedeuten, dass sie immer mehr unter politischen Druck geraten, ... sich von China soweit wie möglich abzukoppeln."*: Dieser Druck dürfte sich noch verstärken nach der erneuten Wahl von Donald Trump zum US-Präsidenten im November 2024. Europa und insbesondere Deutschland werden höchstwahrscheinlich in den nächsten Jahren von Trump (und seinem Außenminister) unter verstärkten Druck gesetzt werden, sich der dann verschärften Sanktionspolitik der USA gegenüber China anzuschließen und härter, strenger und aggressiver gegenüber China insbesondere in Handels- und Technologietransferfragen vorzugehen. Sie würden so gezwungen, den Weg hin zu einem wirtschaftlichen und vor allem technologischen Decoupling von China mitzugehen. Dies dürfte einhergehen mit einer US-Androhung von Sanktionen gegenüber mit China handelnden europäischen Firmen bei einer Weigerung. Die Wahrscheinlichkeit einer Verschärfung der China-Politik unter Präsident Trump spiegelt sich unter anderem wider in Trumps Ankündigung im 2024er Wahlkampf von Zollerhöhungen auch gegenüber europäischen Unternehmen (60 % auf Waren aus China, und 10–20 % auf Waren aus den anderen Ländern, auch der EU). Die EU-Länder werden dem steigenden Druck der USA wie auch Chinas nur dann (teilweise) trotzen können, wenn sie geschlossen auftreten. Notwendig hierfür wären vor allem eine Vertiefung des Binnenmarkts und die Implementierung einer Kapitalmarktunion und einer Bankenunion. Simulationen des ifo-Instituts und EconPol Europe zeigen für den Fall, dass US-Präsident Trump seine Wahlkampfversprechen (60 % Zölle auf chinesische Importe und 20 % auf alle anderen) umsetzt, dass die deutschen US-Exporte um 14,9 % und die deutschen China-Exporte um 9,6 % zurückgingen (Baur et al: Deutschamerikanische Handelsbeziehungen vor der US-Wahl: Auswirkungen eines Trump-Comebacks. Ifo-Schnelldienst, 2024, 77, Nr. 09, 08–12). Profitieren von einer solchen von Trump angekündigten gespaltenen Zollerhebung (60 zu 10 bis 20 %) könnten allerdings einige deutsche Exportunternehmen, die mit chinesischen Unternehmen auf dem amerikanischen Markt um Absatzanteile konkurrieren.

7.5.4 Abschnitt „5.4 Spezielle Herausforderungen für Deutschland bei einem Derisking oder Decoupling"

- Zu Xis Angst, *„dass ‚der Westen' China von modernen Technologien abschneiden will"*: Xi betonte schon früh, dass China sich nicht darauf verlassen soll, dass die fortgeschrittenen Länder moderne Technologien mit China teilen. Kurz nach seiner Amtseinführung sagte er 2013: „Now even the impact of relatively usual technology faces all kinds of restrictions. When we were weak, everyone wanted to sell their technology to us. Now that we are developed, no one wants to sell us their technology. They are afraid that this will make us big and strong." Siehe Jinping Xi, „Jianding bu yi zou Zhongguo tese zizhu chuangxin daolu (Walk the path of independent innovation with Chinese characteristics unswervingly), Renmin wang, March 3, 2016. Übernommen von Tsang/Cheung (2024), S. 120 und 238.

  2015 ergänzte Xi: „At the current development stage of our country, not only is it impossible to acquire core technologies from others, even obtaining ordinary high-end technology is very difficult. Advanced Western countries have the mentality that training up the apprentice will starve the master to death. Hence, we must gain a foothold on independent innovation." (ibid)

- Zur erwähnten *UNCTAD-Analyse* siehe u. a. UNCTAD, China's Structural Transformation. What can developing countries learn?, Geneva 2022.

- Zur *„Abhängigkeit der deutschen Wirtschaft von China"*: Zur Abhängigkeit der deutschen Wirtschaft von China gibt es kontroverse Aussagen. Nach einer Pressemitteilung des Instituts der Deutschen Wirtschaft vom 20. Juni 2023 (Autor: Jürgen Matthes) gab es im Jahr 2021 298 Produktgruppen mit einem Einfuhrwert von jeweils mindestens zehn Millionen Euro, bei denen Deutschlands Importe zu mehr als 50 % aus China kamen. Bei 211 dieser Produktgruppen hatte sich Chinas Anteil 2022 weiter vergrößert. Besonders groß war der Anteil bei Laptops, Magneten, Tastaturen, aber auch Vitamin C,

Magnesium und Koffein. Insgesamt ließ sich ein wachsender chinesischer Einfluss vor allem bei einigen Rohstoffen, chemischen Grundstoffen und elektronischen Bauteilen beobachten. Hier war von Diversifizierung nichts zu sehen, so die Aussage, eher im Gegenteil. Siehe auch IW-Report 18/2024: Importseitiges De-Risking von China im Jahr 2023: Eine Anatomie hoher deutscher Importabhängigkeiten von China (J. Matthes).

Nach einer Analyse des *Instituts für Weltwirtschaft (IfW) Kiel* aus dem Jahre 2023 ist die Abhängigkeit der deutschen Wirtschaft von Importen aus China deutlich geringer, als durch klassische Handelsstatistiken suggeriert wird. „Insgesamt hängt nur ein äußerst kleiner Teil der deutschen Produktion direkt oder indirekt von chinesischen Vorleistungen ab. Der mit Abstand größte Teil entstammt deutschen Eigenleistungen. Allerdings dominiert China bei einzelnen Rohstoffen und Produkten, insbesondere im Bereich Elektronik, den Weltmarkt sowie die deutsche Versorgung und könnte als Lieferant kurzfristig nicht ersetzt werden. …

Produktgruppen, bei denen die Abhängigkeit von China besonders hoch ist, sind mit einem Importanteil von rund 80 % Laptops, Mobiltelefone (Importanteil 68 %), bestimmte Textilprodukte (Spinnstoffwaren, 69 %) Computereinheiten wie Sound- und Grafikkarten (62 %), Fotoelemente und LEDs (61 %) oder Platinen und Leiterplatten (Schaltungen gedruckt, 58 %).

Einige der für die Produktion von Spezialtechnologie wichtigen und von der EU als kritisch eingestuften seltenen Erden und Rohstoffe wie Scandium oder Antimon bezieht Deutschland zu 85 % und mehr aus China. …

Abgesehen von den genannten kritischen Vorleistungen ist die Bedeutung Chinas für die deutsche Wirtschaft laut Analyse aber überraschend gering. Nur etwa 0,6 % der direkten Vorleistungen, die für die deutsche Produktion benötigt werden, stammen den Berechnungen nach aus China.

Auch im Bereich der in Deutschland konsumierten Endprodukte ist China nur von untergeordneter Bedeutung. Direkt stammen 1,4 % der in Deutschland konsumierten Leistungen aus China, unter Berücksichtigung indirekter Verflechtungen steigt der Anteil auf

2,7 %. Die Bedeutung Chinas für den Endverbrauch ist somit fast doppelt so hoch wie für die deutsche Produktion." Diese Passagen sind übernommen aus dem Newsletter des IfW vom 15.02.2023: „News: Abhängigkeit der deutschen Wirtschaft von China: Bei einzelnen Produkten kritisch".

Eine neuere Studie der *Unternehmensberatung Roland Berger* für den Bundesverband der Deutschen Industrie (BDI) vom November 2024 hat die Abhängigkeit Deutschlands von Importen bei 48 Rohstoffen untersucht und kommt zu dem Ergebnis, dass die Abhängigkeit bei 23 Rohstoffen hoch bis sehr hoch sei. Ein Exportverbot Chinas allein für Lithium und lithiumhaltige Produkte würde einen Schaden von 115 Mrd. € verursachen (laut Vorabbericht im ‚Handelsblatt' vom 11.11.2024).

- Zu den „*Kosten eines Decoupling*": Die Kosten eines Derisking oder gar Decoupling sind schwer zu bestimmen. Es gibt eine neuere Studie des Kieler Instituts für Weltwirtschaft (Baqaee et al. 2024), die zu dem Ergebnis kommt, dass bei einem harten Decoupling Kosten auf Deutschland im Umfang von rund 4 % des BNA (Bruttonationalausgaben) über den Zeitraum von einem Jahr zukommen würden. Hartes Decoupling heißt hier eine abrupte vollständige Einstellung des Handels zwischen Deutschland (und Verbündete) und China. Langfristig dagegen würde der deutsche Wohlfahrtsverlust nur rund 1,5 % des BNA betragen. Eine schrittweise Entkoppelung würde zu wesentlich geringeren Gesamtkosten führen. Auf jeden Fall wäre aber eine Entkoppelung nach dieser Modellrechnung für China immer teurer als für jedes westliche Land.

Die *Deutsche Bundesbank* schreibt in ihrem Monatsbericht Januar 2024, dass eine abrupte Abkopplung, etwa infolge einer geopolitischen Krise, die deutsche Industrie erheblich stärker treffen würde als eine „normale" Wirtschaftskrise. Direkt in China engagierte Unternehmen könnten einen substanziellen Teil ihrer Umsatz- und Gewinnbasis verlieren. Zwar gingen 2022 nur 7 % der gesamten deutschen Warenausfuhren nach China. Einige Branchen wie der

Automobilsektor, der Maschinenbau, die Elektronik oder Elektrotechnik, hingen aber deutlich stärker von der chinesischen Nachfrage ab.

Weitaus größer sei zudem der Kreis der Unternehmen, die direkt oder indirekt von kritischen Vorleistungsgütern, wie beispielsweise Akkus und Batterien, sowie einigen Rohstoffen wie Seltenen Erden aus China abhängen. Ausbleibende Lieferungen könnten in Deutschland zu erheblichen Produktionsausfällen führen. Einer repräsentativen Umfrage der Bundesbank zufolge bezog im Verarbeitenden Gewerbe fast jedes zweite Unternehmen direkt oder indirekt kritische Vorprodukte aus China. Hinzu kämen Ausstrahleffekte, die ähnliche Probleme in anderen Volkswirtschaften auslösen könnten. Über die damit verbundene erhöhte gesamtwirtschaftliche Unsicherheit wären wohl auch weitere Wirtschaftsbereiche hierzulande betroffen. Insgesamt würden die gesamtwirtschaftlichen Einbußen die Kosten der weitreichenden Abkopplung von Russland klar in den Schatten stellen. (Auszüge aus einer Bundesbank-Kurznachricht vom 24. Januar 2024)

- Zur fehlenden *„Kultur der strategischen Risikobereitschaft und Innovation"*: Es wird häufig moniert, dass viele Unternehmen erst in die Phase der „Industrie 4.0" übergegangen seien, die vor allem durch Digitalisierung, Vernetzung von Maschinen und Automatisierung von Prozessen gekennzeichnet ist. Die nächste Epoche der „Industrie 5.0" stünde jedoch schon an, bei der intelligente Maschinen und Roboter Menschen helfen, schneller und effizienter zu arbeiten.
- Zur *„realen Abwertung der chinesischen Währung"*: Chinas Nationalbank legt täglich einen Mittelwert fest, von dem der Kurs maximal 2 % abweichen kann/darf. Der Kurs ist also im Grunde staatlich festgelegt mit einer gewissen Schwankungsbreite.
- Zur *„Abhängigkeit von Taiwans Chips"*: Das taiwanische Meinungsforschungsinstitut ‚Trendforce' hat kürzlich prognostiziert, dass auch bei einer Nichtannexion durch China der Anteil Taiwans an High-End-Chips in den nächsten Jahren obwohl leicht zurückgehend dominierend (über 50 %) bleiben dürfte.

7.6 Zu Kap. 6: Herausforderungen und Reformentwicklung Chinas im Überblick

7.6.1 Abschnitt „6.1.1 Trilemma-Lösung"

Zum *„Trilemma-Problem" und seiner vielschichtigen Anwendung in den Wirtschaftswissenschaften*: siehe Mundell (1963); Rodrik (2000); Aizenman/Ito (2020); sowie Wagner (2021).

Hinter der Idee der Trilemma-Problematik in diesem Buch stehen folgende Überlegungen:

1. Jede Gesellschaft/Gemeinschaft (in der realen Welt) braucht ab einer gewissen Größe eine/n Regierung/Anführer.
2. Jede Regierung(spartei)/jeder Anführer hat in aller Regel ein Interesse, an der Macht zu bleiben (wiedergewählt/geduldet zu werden). Dies entspricht dem obigen **Ziel 1**.
3. Dies erfordert, dass die Gesellschaft/Gemeinschaft unter ihrer Führung nicht verarmt, sich wirtschaftlich schlechter entwickelt als Nachbar-(Vergleichs-)-Gesellschaften/-Gemeinschaften. Dies ist die Voraussetzung für die Erreichung von **Ziel 2**.
4. Wenn Ziel 2 nicht erreicht wird, kommt es zu Erwartungsenttäuschungen und in der Folge zu sozialen Unruhen/Konflikten. Dies gilt es für Regierungen/Anführer zu vermeiden. Dies entspricht dem **Ziel 3**. Ergänzung: Soziale Konflikte/Unruhen können auch bei Erreichen des Ziels 2 auftreten, wenn die Einkommens-/Vermögensverteilung ungleicher wird, oder andere soziale Disparitäten auftreten. Auch dies gilt es für Regierungen/Anführer zu vermeiden (gehört zu Ziel 3). Dies wird näher in Kap. 2 und 3 dieses Buches thematisiert.
5. Wenn Ziel 2 und/oder Ziel 3 nicht erreicht werden kann, droht eine politische Legitimationskrise. Die Abwahl der Regierung(spartei) bzw. des Anführers rückt dadurch näher. In Demokratien bedeutet dies Abwahl bei der nächsten Wahl, und in autoritären Systemen/Diktaturen droht ein Umsturz. Damit ist Ziel 1 in Gefahr (kann nicht erreicht werden).

7 Zur Vertiefung: Erläuterungen und Literaturhinweise

6. Einen Legitimationsentzug und in der Folge eine Abwahl/einen Umsturz können Regierungen/Anführer versuchen zu verhindern mittels a) Indoktrination der Gesellschaft/Gemeinschaft (Beispiel ideologische Gehirnwäsche –Massenindoktrination–, Verbreitung falscher Informationen, so auch in Sekten), b) Abschottung von Informationen über die Außenwelt, um z. B. eine relative wirtschaftliche Verschlechterung gegenüber Vergleichsgemeinschaften nicht zu offenbaren (Beispiel Nordkorea; zum Teil auch heutiges China); c) brutale Unterdrückung durch den Militär- und Polizeiapparat (wie in vielen Diktaturen, beispielsweise in Afrika). In autoritären Systemen gibt es in der Regel eine Mischung aus diesen drei Mitteln.
7. Zusammenfassend: Das für eine Regierung(spartei) dominierende Ziel 1 kann nur erreicht werden, wenn die Ziele 2 und 3 erreicht werden; bzw. wenn mithilfe der in 6. angegebenen Mittel auch bei einem Nichterreichen von Ziel 2 und/oder Ziel 3 kein Legitimationsentzug/Umsturz folgt.
8. In China galt in der Zeit nach 1949 immer die Priorisierung oder Mitpriorisierung von Ziel 1, wobei Ziel 2 versucht wurde zu erreichen mit Hilfe der Anwendung einer Planwirtschaft (unter Mao Zedong) bzw. einer Kombination von Plan- und Marktwirtschaft (unter Deng Xiaoping und unter Xi Jinping).
9. In der Deng-Ära wurde das Ziel 2 priorisiert gegenüber dem Ziel 3. In der Xi-Ära ist es dagegen umgekehrt (Priorisierung von Ziel 3 gegenüber Ziel 2). Dies wird – mit den jeweiligen Implikationen – erörtert in den Kapiteln 1 und 3 dieses Buches.
10. Das chinesische System steht heute in zunehmendem Wettbewerb gegenüber dem westlichen System, das geprägt ist von Demokratie (als Regierungsform) und Marktwirtschaft (als Mittel zur Erreichung von Ziel 2).
11. Dieser Systemwettbewerb ist erst in den letzten 10–15 Jahren so richtig virulent geworden, da vorher der Westen dem Glauben/der Hoffnung angehangen hatte, dass mit wirtschaftlichem Aufschwung auch eine Demokratisierung in China eintreten würde („politischer Wandel durch wirtschaftlichen Handel"). Diese Hoffnung hat man inzwischen weitgehend aufgegeben.

12. Vor dem Hintergrund der oben dargestellten Zusammenhänge hat ein autoritär geführtes Land mittleren Einkommens (wie China), das in eine länger andauernde Wirtschaftskrise und damit in Gefahr gerät, Ziel 2 zu verletzen, zumindest drei Versuchsoptionen, um einen Machtverlust für die Regierung zu vermeiden. Szenario 1: Es kann versuchen, die Erwartungen der Bevölkerung herunterzuschrauben, um auf diese Weise eine Erwartungsenttäuschung und in Folge eine Abwahl/einen Umsturz zu verhindern. Szenario 2: Es kann einen Systemwechsel hin zur Demokratie wagen, in der Hoffnung dadurch kreativ-innovative Wirtschaftskräfte und mithin mehr Wirtschaftswachstum zu generieren, so dass die Regierungspartei auch in einer Wahldemokratie an der Macht bleiben kann. Szenario 3: Es kann (im Fall Chinas) bei dem bisherigen autoritären Politiksystem und dem Politikkurs bleiben, jedoch dies ergänzen durch die in 6. a-c) beschriebenen Mittel: Manipulation, Informationsabschottung, Unterdrückung. Diese drei Szenarien werden in Kap. 5 dieses Buches eingehend beschrieben und die Auswirkungen für die Weltwirtschaft und die multinationalen Unternehmen erläutert.

7.6.2 Zu „6.1.2 MIT-Vermeidung"

Seit 2008 leidet China unter einem sinkenden Produktivitätswachstum. Dies gründet vor allem in den riesigen kredit-/schuldenfinanzierten Investitionen insbesondere der Lokalregierungen in Infrastruktur und Immobilien. Diese Investitionen wurden in erster Linie von staatseigenen Unternehmen (SOEs) durchgeführt, deren Produktivität seit 2008 stark abgenommen hat (siehe hierzu Brandt et al. 2020). Diese Investitionswelle, mit der China der Wachstumsverlangsamung (siehe Kap. 2 oben) entgegenwirken wollte, ging einher mit dem Aufbau von Überkapazitäten, dem Rückgang der Kapitalerträge, und der Abnahme der Produktivität und letztlich des Wirtschaftswachstums. Diesen Prozess versucht seit geraumer Zeit Xi Jinping mit seiner neuen innovationsbasierten Wachstumsstrategie, und mithilfe seiner Industriepolitik (siehe Kap. 3 oben), umzukehren.

7.6.3 Zu „6.1.3 Navigieren im neuen Systemwettbewerb"

- Zur Aussage, dass sich *„die Einkommenslücke zwischen der Hälfte der 75 ärmsten Ländern und den reichsten Ländern zum ersten Mal in diesem Jahrhundert wieder vergrößert"* hat: siehe die Weltbankstudie von T. Chrimes et al. (Mai 2024), The Great Reversal, MPRA Munich Personal RePEc Archive.
- Zum *„Ausblick nach Trumps Wahl"* am Ende von Abschn. 6.1: Da der neue US-Präsident Donald Trump vor allem auf US-Handelsdefizite „allergisch" reagiert, müssen alle Länder, die hohe Handelsüberschüsse im Handel mit den USA aufweisen – hierzu zählen vor allem China und Deutschland –, damit rechnen, Ziel amerikanischer Strafzölle zu werden. Indirekt betroffen sein werden auch Länder, die stark –insbesondere „sensible Güter" – nach China exportieren. Hierunter fallen auch Länder wie Australien, Indonesien, Südkorea und Taiwan. Was Deutschland/Europa anbelangt, dürfte Donald Trump ihre militärische Abhängigkeit von den USA vor dem Hintergrund der Aggression Russlands als Druckmittel einsetzen, um sie „gefügig" zu machen. Deutschlands/Europas Vergeltungsmöglichkeiten auf amerikanische Strafzölle sind dagegen sehr begrenzt. Erfolgreicher erscheinen „Deals", Angebote, in denen sich Europa zum Kauf von Waffensystemen oder anderer Gütergruppen aus den USA verpflichtet, um so Strafzölle der USA zu verhindern. Denkbar wäre auch, den europäischen CO_2-Grenzausgleichsmechanismus als Verhandlungsgegenstand oder Drohkulisse gegenüber US-Herstellern zu verwenden.

Die anvisierten Zollerhebungen sollen die chronischen Handelsdefizite der USA beseitigen, und Unternehmen dazu bewegen, ihre Produktion in die USA zu verlegen und so dort Arbeitsplätze zu schaffen. Zudem sollen sie nach Trumps Hoffnung den USA hohe Einnahmen generieren, mit denen angekündigte Steuersenkungen finanziert werden sollen, mit dem Ziel so die Wirtschaft anzukurbeln. Es ist jedoch sehr zweifelhaft, ob diese Einnahmen in ausreichender Menge erzielbar sind, da voraussehbar nicht genügend billige heimische Ersatzprodukte für die chinesischen Importe zur Verfügung stehen. Die Folge wird Inflation, Knappheit oder beides sein.

- Chinas bisheriger Ausweg im Zollkrieg mit den USA, über Drittländer (wie Mexiko) seine Güter unter Umgehung der Strafzölle in die USA zu exportieren, dürfte unter Donald Trump zunehmend erschwert werden. Chinas Exporterfolge könnten so stark eingeschränkt werden. Dadurch würde das heimische Überakkumulationsproblem in China verschärft werden mit der Folge heimischer Deflationsgefahren und weltweit intensiverer Preiskämpfe. Dies alles wird negative Wachstumseffekte für China generieren und seinen weiteren wirtschaftlichen Aufstieg bremsen.

Literatur

Acemoglu Daron, Naidu Suresh, Restrepo Pascual, Robinson James A (2019) Democracy Does Cause Growth. Journal of Political Economy 127(1), 47–100.

Aizenman Joshua, Ito Hiro (2020) The Political-Economy Trilemma. Open Economies Review 31, 945–975.

Allison Graham T (2017) Destined for War: Can America and China Escape Thucydides's Trap? Scribe Publications, London.

Baqaee David et al. (2024) Was wäre wenn? Die Auswirkungen einer harten Abkopplung von China auf die deutsche Wirtschaft. Kiel Policy Brief, No. 170, Kiel Institute for the World Economy (IfW Kiel), Kiel.

Baron Stefan, Yin-Baron Guangyan (2019) Die Chinesen: Psychogramm einer Weltmacht. Ullstein, Berlin.

Baumol William J, Bowen William G (1965) On the Performing Arts: The Anatomy of Their Economic Problems. The American Economic Review 55(1/2), 495–502.

Blanchard Olivier (2023) Fiscal Policy under Low Interest Rates. The MIT Press, Cambridge, MA.

Blanchard Olivier, Giavazzi Francesco (2006) Rebalancing Growth in China. A Three-Handed Approach. China & World Economy 14(4), 1–20.

Brandt Loren, Rawski Thomas G (2008) China's Great Economic Transformation. Cambridge University Press, Cambridge.

Brandt Loren et al. (2020) China's Productivity Slowdown and Future Growth Potential. Policy Research Working Paper 9298, World Bank, Washington D.C.

Brecht Bertolt (2005) Die Dreigroschenoper: Der Erstdruck 1928. Suhrkamp, Frankfurt a.M.

Cainey Andrew, Prange Christiane (2023) Xiconomics: What China's Dual Circulation Strategy Means for Global Business. Agenda Publishing, Newcastle upon Tyne.

Carter Erin B, Carter Brett L, Schick Stephen (2024) Do Chinese citizens conceal opposition to the CCP in surveys? Evidence from two experiments. The China Quarterly, published first online 10 January 2024, 1–10.

Chow Gregory C (2007) China's Economic Transformation. 2. Auflage. Blackwell Publishing, Malden, MA, Oxford.

Coe David T, Helpman Elhanan (1995) International R&D Spillovers. European Economic Review 39, 859–887.

Davies Ken (2013) China Investment Policy: An Update. OECD Working Paper on International Investment, 2013/01. OECD Publishing, Paris.

Demir Emre, Altun Sirma (2023) The Role of Democracy Discourse in the Emerging "New Cold War". Turkish Policy Quarterly 21(4), 107–116. https://doi.org/10.58867/QGBY1843

Dikötter Frank (2016): The Cultural Revolution: A People's History, 1962–1976. Bloomsbury, London.

Doucouliagos Hristos, Ulubasoglu Mehmet A (2008) Democracy and Economic Growth: A Meta- Analysis. American Journal of Political Science 52(1), 61–83.

Galor Oded (2022) The Journey of Humanity: Die Reise der Menschheit durch die Jahrtausende. dtv, München.

Glawe Linda, Wagner Helmut (2016) The middle-income trap—definitions, theories and countries concerned: a literature survey. Comparative Economic Studies 58(4), 507–538.

Glawe Linda, Wagner Helmut (2017) A Stylized Model of China's Growth Since 1978. SSRN Paper No. 2917433. Also published as CEAMeS Discussion Paper No. 5/2017.

Glawe Linda, Wagner Helmut (2020) China in the middle-income trap? China Economic Review 60:101264 (2020). https://doi.org/10.1016/j.chieco.2019.01.003

Glawe Linda, Wagner Helmut (2021a) The Economic Rise of East Asia: Development Paths of Japan, South Korea, and China. Springer, Cham.

Glawe Linda, Wagner Helmut (2021b) Convergence, divergence, or multiple steady states? New evidence on the institutional development within the European Union. Journal of Comparative Economics 49(3), 860–884.

Glawe Linda, Wagner Helmut (2021c) Divergence Tendencies in the European Integration Process: A Danger for the Sustainability of the E(M)U?). Journal of Risk and Financial Management 14(3), 1-22. https://doi.org/10.3390/jrfm14030104

Glawe Linda, Wagner Helmut (2022) New Evidence on the Impact of Institutions on Economic Development in China. In: Le Riche A, Parent A, Zhang L (Hrsg.), Institutional Change and China Capitalism. World Scientific, New Jersey, 137–161.

Glawe Linda, Wagner Helmut (2023) The ‚Double Trap' in China – Multiple Equilibria in Institutions and Income and Their Causal Relationship. Open Economies Review 34(3), 703–757.

Greenstone Michael, He Guojun, Li Shanjun, Zou Eric (2021) China's War on Pollution: Evidence from the First 5 Years. Review of Environmental Economics and Policy 15(2), 281–299.

Greif Avner, Tabellini Guido (2017) The Clan and the Corporation: Sustaining Cooperation in China and Europe. Journal of Comparative Economics 45(1), 1–35.

Guriev Sergei, Treisman Daniel (2022) Spin Dictators: The Changing Face of Tyranny in the 21st Century. Princeton University Press, Princeton, NJ.

Hirschman Albert O (1958) The Strategy of Economic Development. Yale University Press, New Haven.

Jinping Xi (2014–2022) The Governance of China I-IV. Foreign Languages Press, Beijing.

Jinping Xi (2018) Xi Jinping: China Regieren II. Verlag für fremdsprachige Literatur, Beijing.

Jisheng Yang (2012) The great Chinese famine, 1958-1962. Farrar, Straus and Giroux, New York.

Jones Charles I (2022) The end of economic growth? Unintended consequences of a declining population. American Economic Review 112(11), 3489–3527.

Kennedy Paul (1987) Aufstieg und Fall der großen Mächte. Ökonomischer Wandel und militärischer Konflikt von 1500 bis 2000. S. Fischer, Frankfurt am Main.

Klenner Wolfgang (2006) The East Asian development model. In: Kidd John B, Richter Frank-Jürgen (Hrsg.) Development Models, Globalization and Economies. Palgrave Macmillan, New York, Chapter 6, 90–104.

Korinek Anton, Stiglitz Joseph E (2021) Artificial Intelligence, Globalization, and Strategies for Economic Development. NBER Working Paper No. 28453, February 2021.

Lardy Nicholas R (2002) Integrating China into the global economy. Brookings Institution Press, Washington DC.

Mundell Robert A (1963) Capital mobility and stabilization policy under fixed and flexible exchange rates. The Canadian Journal of Economics and Political Science 29(4), 475–485.

Murach Michael, Wagner Helmut (2017) How severe will the growth slowdown in China caused by the structural change be? An evaluation based on experiences from Japan and South Korea. Journal of Chinese Economic and Business Studies 15(3), 269–287.

Nathan Andrew J (2016) Who is Xi? The New York Review of Books, May 12th Issue.

Naughton Barry (2017) Is China Socialist? Journal of Economic Perspectives 31(1), 3–24.

Naughton Barry (2018) The Chinese Economy: Adaptation and Growth. 2. Auflage. MIT Press, Cambridge, Mass.

Naughton Barry (2021) The rise of China's industrial policy, 1978 to 2020. Lynne Rienner Publishers, Boulder.

NBS (1997–2020) National Bureau of Statistics of China (1997–2020) China statistical yearbook. China Statistic Press. National Bureau of Statistics of China, Beijing.

Nordhaus William D (2021) Are we approaching an economic singularity? Information technology and the future of economic growth. American Economic Journal: Macroeconomics 13(1), 299–332.

Pei Minxin (2024) The Sentinel State: Surveillance and the Survival of Dictatorship in China. Harvard University Press, Cambridge MA.

Richardson Philip (1999) Economic Change in China, c. 1800–1950. Cambridge University Press, Cambridge.

Riskin Carl (1991) China's Political Economy: The Quest for Development Since 1949. Oxford University Press, New York.

Rodrik Dani (2000) How far will international economic integration go? Journal of Economic Perspectives 14(1), 177–186.

Schönfelder Nina, Wagner Helmut (2016) The impact of European integration on institutional development. Journal of Economic Integration 31(3), 472–530.
Shepard Wade (2015) Ghost Cities of China. Zed Books Ltd., London.
Shiller Robert J (2019) Narrative Economics: How Stories Go Viral and Drive Major Economic Events. Princeton University Press, Princeton NJ.
So Alvin Y (2019) The rise of authoritarianism in China in the early 21st century. International Review of Modern Sociology 45(1), 49–70.
Tsang Steve, Cheung Olivia (2024) The Political Thought of Xi Jinping. Oxford University Press, Oxford.
Van Neuss Leif (2019) The drivers of structural change. Journal of Economic Surveys 33(1): 309–49.
Von Glahn Richard (2016) An economic history of China: From antiquity to the nineteenth century. Cambridge University Press, Cambridge.
Wagner Helmut (2013) Challenges to China's policy: structural change. Comparative Economic Studies 55, 721–736.
Wagner Helmut (2014) Can We Expect Convergence Through Monetary Integration? (New) OCA Theory vs Empirical Evidence From European Integration. Comparative Economic Studies 56(2), 176–199.
Wagner Helmut (2015) Structural change and mid-income trap—under which conditions can China succeed in moving towards higher income status? European Journal of Comparative Economics 12(2), 165–188.
Wagner Helmut (2017) The building up of new imbalances in China: the dilemma with 'rebalancing'. International Economics and Economic Policy 14(4), 701–72.
Wagner Helmut (2019a) Structural change, rebalancing, and the danger of a middle income trap in China. International Journal of China Studies 10(1), 1–25 (also published as BOFIT Policy Brief 2018 No. 6, Bank of Finland, BOFIT).
Wagner Helmut (2019b) On the (non-) sustainability of China's development strategies. Chinese Economy 52(1), 1–23.
Wagner Helmut (2021) China's "political-economy trilemma": (how) can it be solved? Chinese Economy 54(5), 311–329. https://doi.org/10.1080/10971475.2021.1875158
Walder Andrew (2015) China under Mao: A Revolution Derailed. Harvard University Press, Cambridge, MA.

World Bank and Development Research Center of the State Council (PRC) (2013) China 2030: building a modern, harmonious and creative high-income society. The World Bank, Washington, DC.

Xiaoping Deng (1995) Selected Works of Deng Xiaoping Volume I, II, III. Foreign Languages Press, Beijing.

Xu Chenggang (2014) China's political-economic institution: Regionally decentralized authoritarianism (RDA). In: Fan Shenggen et al. (Hrsg.) The Oxford Companion to the Economics of China. Oxford University Press, Oxford, 515–519.

Yang Jisheng (2012) Tombstone: The Untold Story of Mao's Great Famine. Allen Lane, London.

Zhang Fan (2019) The Institutional Evolution of China: Government vs Market. Edward Elgar Publishing. Cheltenham, Northhampton, MA.

Zheng Jinghai et al. (2009) Can China's Growth be Sustained? A Productivity Perspective. World Development 37(4), 874–888.

GPSR Compliance
The European Union's (EU) General Product Safety Regulation (GPSR) is a set of rules that requires consumer products to be safe and our obligations to ensure this.

If you have any concerns about our products, you can contact us on

ProductSafety@springernature.com

In case Publisher is established outside the EU, the EU authorized representative is:

Springer Nature Customer Service Center GmbH
Europaplatz 3
69115 Heidelberg, Germany

www.ingramcontent.com/pod-product-compliance
Lightning Source LLC
LaVergne TN
LVHW020341260326
834688LV00045B/1481